English Grammar Guide

English Grammar Guide

임 운 지음

한국문화사

English Grammar Guide

초판인쇄 2010년 3월 05일
초판발행 2010년 3월 10일

지 은 이 임 운
펴 낸 이 김진수
꾸 민 이 노민경
펴 낸 곳 **한국문화사**
등　　록 1991년 11월 9일 제2-1276호
주　　소 서울특별시 성동구 구의로 3 두앤캔B/D 502
전　　화 (02)464-7708 / 3409-4488
전　　송 (02)499-0846
이 메 일 hkm77@korea.com
홈페이지 www.hankookmunhwasa.co.kr

책값은 뒤표지에 있습니다.

잘못된 책은 바꾸어 드립니다.

ISBN 978-89-5726-748-6 93740

■ 머리말

현대사회에서 영어의 중요성은 굳이 말할 필요가 없을 것입니다. 어느 학생에게 "당신에게 영어는?"이라는 질문을 하였을 때, 한 학생이 "영어는 나에게 돈과 같다."라는 답변을 하였습니다. "왜?"라고 다시 질문하자, "돈이 없으면, 불편하고 답답하지만, 돈이 있으면 마음이 편안하고 자신감이 생긴다."라고 답변을 하였습니다. 맞습니다. 영어 능력을 갖추고 있으면, 자신이 하는 일에 자신감을 가질 수 있고, 모든 것에 준비가 되어 있다고 할 수 있습니다.

그러나 많은 영어학습자들은 영어를 단기간에 성취하려는 경향이 있습니다. 영어를 공부한다는 것은 벽돌로 집을 짓는 것과 같습니다. 벽돌 한 장 한 장이 쌓여서 집이 완성되듯이, 영어를 공부한다는 것도 벽돌을 한 장 한 장씩 쌓아 올리는 것과 같습니다. 그리고 집이 튼튼하려면 기초공사가 탄탄해야 하듯이 문법에 대한 토대가 튼튼해야 합니다.

기초부터 차근차근 다지는 것은 영어를 정복하기 위한 첫 걸음이며, 제대로 된 길로 들어선 것이라 할 수 있습니다. 이러한 기초를 다지는 것은 영어의 뼈대를 형성하는 문법을 이해하는 것부터 시작되어야 합니다. 문법은 영어 독해뿐만 아니라 말하기의 기초라고 할 수 있습니다. 따라서 지금 영어를 공부하고자 한다면, 문법의 기초를 세우는 것이 무엇보다 중요하다고 할 수 있습니다.

이러한 생각에서 이 책은 여러분들이 문법의 기초를 쌓을 수 있도록 다음의 것들에 유의하면서 쓰여 졌습니다.

첫째, 문법에 대한 주요 설명과 예문에 중심을 두었습니다.
둘째, 시험은 여러분들이 오류를 범하기 쉬운 것을 대상으로 하기 때문에, 시험에서 여러분들이 범하기 쉬운 실수와 예문을 중심으로 구성하였습니다.
셋째, 문장의 형성과정과 변형과정을 쉽게 설명하였습니다.
넷째, 기존 출제 문제에 대한 설명을 예문, 그리고 정답으로의 변형과정을 간결하면서도 쉽게 설명하였습니다.

따라서 여러분들이 설명과 예문 그리고 문형의 형성·변형 과정을 잘 이해하신다면 영어문법을 독파 하실 수 있으리라 믿어 의심치 않습니다.

끝으로 이 책이 완성되기까지 많이 도와주신 Professor. Mark와 저에게 동기를 넣어 준 많은 학생들에게 감사드립니다.

2010. 2
저자 임운

■ 차례

제1장 동사와 문장 형식

동사(Verb)는 주어의 동작이나 상태 및 존재를 나타내기 위하여 사용됩니다. 그리고 동사는 목적어를 필요로 하지 않는 자동사(Intransitive Verb)와 목적어를 필요로 하는 타동사(Transitive)로 구분됩니다. 자동사는 보어를 필요로 하느냐 하지 않느냐에 따라 완전자동사(Complete Intransitive Verb)와 불완전자동사(Incomplete Intransitive Verb)로 구분됩니다. 타동사는 목적어의 개수와 보어에 의해 완전타동사(Complete Transitive Verb), 수여동사(Dative Verb), 불완전타동사(Incomplete Transitive Verb)로 구분됩니다.

완전자동사는 보어를 필요로 하지 않으며 1형식 문장을 구성합니다. 불완전자동사는 보어를 필요로 하고 2형식 문장을 구성합니다. 그리고 완전타동사는 3형식 문장을, 수여동사는 간접목적어(Indirect Object)와 직접목적어(Direct Object)의 어순으로 4형식 문장을, 불완전타동사는 목적어와 목적격보어(Objective Complement)의 어순으로 5형식 문장을 구성합니다.

1. 완전자동사와 1형식 문장

1.1 완전자동사

완전자동사는 보어를 필요로 하지 않으며, 주어의 동작이나 상태를 스스로 표현합니다. 1형식 문장은 '*주어* + <u>완전자동사</u>'의 어순을 취합니다.

Anything will <u>do</u>.
Something will <u>happen</u>.
It does not <u>matter</u> to me *what you will do*.

It rains.

The sun rises in the east and sinks in the west.

He smokes.

The sun shines.

Summer vacation starts.

자동사 cut, pay, peel, read, sell, translate, wash, write 등은 능동의 형태이지만 수동의 의미를 나타냅니다.

This knife cuts well.(이 칼은 잘 든다.)

These books sell well.(이 책들은 잘 팔린다.)

It pays to be honest.(정직한 것은 이익이 됩니다.)

This cloth will wash easily.(이 천은 잘 세탁된다.)

1.2 자동사 + 전치사

목적어를 취할 수 없는 자동사라 하더라도 전치사가 붙으면 타동사처럼 목적어를 취할 수 있습니다. 그러나 목적어가 필요 없으면, 전치사를 사용하지 않아야 합니다.

(1) agree about/on/to + **사물(의견, 제안, 조건) : ~에 동의하다.**
agree with + **사람 : ~에 동의하다 / ~와 의견이 일치하다.**

I **agree with** *him* in part.

I **agree about** *the term of a contract.*

I **agree on** *a compromise.*

I **agree to** *your idea.*

(2) answer for : **~을 보장하다/책임지다/부합하다.**
answer to : **~에 일치하다.**

I can **answer for** his honesty.

Our policy **answers for** the purpose.

The boss should **answer for** the consequence of his decision.

His features **answer to** the description of the witness.

(3) call at + 장소 : ~를 방문하다.
call on + 사람 : ~을 방문하다.

He sometimes **calls at** *my house.*

He often **calls on** *us.*

(4) complain of/about : ~에 대해 불평하다.

My children always **complain of** the food.

Most of the workers in this factory **complain about** their lower wages.

(5) consist in : ~안에 있다.
consist of : ~으로 구성되어 있다.

Many jazz trios **consist of** *a piano, guitar and double bass.*

= Many jazz trios **are made of** a *piano, guitar and double bass.*

= Many jazz trios **are composed of** a *piano, guitar and double bass.*

Cf. The committee **is composed of** *12 members.*
The committee **consists of** *12 members.*

Knowledge does not **consist in** *knowing facts.*

= Knowledge **is** not *knowing facts.*

(6) deal in : ~을 다루다/~을 장사하다.
deal with : ~을 다루다/~와 거래하다.

He **deals in** *wool.*

He **deals in** *used cars.*

He wants to **deal with** *a reliable company.*

You must **deal with** *complaints.*

(7) differ with + 사람 : ~와 의견이 다르다.
differ from + 사람/동물 : ~와 다르다.
differ in + 사물 : ~에서 차이가 있다.

Their requests **differ in** *degree* but not **in** *kind.*

I **differ with** *you* on this point.

Men **differ from** *beasts* in that they can think and speak.

※ in that ~ : ~라는 점에서

(8) experiment on/with : ~으로 실험하다.

Many scholars have **experimented on** *rats*, because they are similar to men in many points.

They **experimented with** *medicine* and reported the result.

(9) hear about/of : ~에 대해서 듣다.
hear from : ~부터 듣다.

I **heard of** *your accident.*

I **heard about** *all the details* of *your accident.*

I **heard from** *your friend* about your accident.

'hear of'는 '~에 대하여 대충 듣다'의 의미를 지니고, 'hear about'는 '~에 대하여 상세히 듣다'의 의미를 지닙니다.

(10) interfere in : 간섭하다.
interfere with : 방해하다/저해하다.

C.C. TV could **interfere in** *citizen's personal affairs.*
Don't try to **interfere in** *my personal affairs.*
Don't try to **interfere with** *cultural development.*
Excessive exercise could **interfere with** *your health.*

(11) result in : ~의 결과를 초래하다.
result from : ~에 유래하다.

His failure could **result in** *success* in next tries.
Errors or mistakes **results from** *no attention.*

(12) speak/talk of/about : ~에 관하여 이야기 하다.
speak/talk to : ~에게 이야기 하다.
speak/talk with : ~와 이야기 하다.

I will **speak of** *my dream.*
Let me **speak about** my plan for the future.
May I **speak to** *Mr. Jones*?
I want to **speak with** *Dean* about products.
Let's **talk about** the issue.
Can I **talk to** *you* for a moment?
This is Mr. Jones *whom* I **talked with** yesterday.

(13) start from : ~로부터 출발하다/시작하다.
start for : ~을 향해 출발하다.
arrive at : ~에 도착하다.

She **started from** *London* yesterday and will **arrive at** *New York* tomorrow.

Today, we will **start from** *page 11.*
She will **start for** *London.*

2. 불완전자동사와 2형식 문장

불완전자동사는 자체만으로 주어의 동작이나 상태를 표현할 수 없기 때문에 보어를 필요로 합니다. 이때의 보어를 주격 보어(Subjective Complement)라고 하며, 주격 보어는 주어의 성질, 상태, 신분 등을 나타냅니다. 주격 보어 역할을 할 수 있는 것은 명사 상당어구와 형용사, 전치사구 등이며, 2형식 문장은 '*주어*+ 불완전자동사+ **주격보어**'의 어순을 취합니다.

2.1 be 동사

I am **glad** to work with you.
I am **the one** whom you met at the conference.
The pleasure is **all mine**.
There is **no need** to introduce myself.

2.2 be 동사 외에 2형식에 쓰이는 동사

Be 동사 외에 2형식 문장에 주로 쓰이는 동사로는 appear, become, come, fall, feel, go, keep, look, prove, remain, run, seem, smell, sound, stay, taste 등이 있습니다.

(1) appear와 seem

동사 appear와 seem은 '~처럼 보이다'의 의미를 가지고 있습니다. 'It seems/appears that ~'의 구문에서는 종속절의 주어가 주절의 주어로 옮겨갈 수 있습니다. 이 때 종속절은 'to + 동사원형'의 형태로 바뀝니다.

It **seems** that *they* like *me*.
= *They* seem to like me.

It **appears** that *they* are *happy*.
= *They* appear to be happy.

(2) become과 come

동사 become과 come은 '~하게 되다'의 의미를 가지고 있습니다. 그러나 become은 형용사와 명사만을 보어로 취할 수 있고, come은 형용사, to 부정사, 전치사구 등을 보어로 취합니다.

They **became** *depressed.*
This tie **becomes** *your shirt.*
= This tie fits your shirt.
Your shirt **becomes** *your socks.*
= Your shirt suits your socks.
He **comes** *to realize his reality.*
His dream had **come** *true.*
His saying **came** *into question.*(그의 말이 문제가 되다.)
They **came** *to the point.*(요점에 이르다.)

(3) fall, go, run

동사 fall, go, run은 형용사, 전치사구 등을 보어로 취합니다.

They **fell** *into trap.*(계략에 빠지다.)
They **fell** *into temptation.*(유혹에 빠지다.)
They **fell** tight *asleep.*
He **fell** *in love with* her.
He **fell** *unconscious.*(의식불명이 되었다.)
He **fell** *insensible.*(인사불성이 되었다.)
They **went** *to prison.*

He has **gone** *mad.*

Food **went** *bad.*(음식이 상하다.)

They **ran** *into debt.*(빚을 지게 되었다.)

They **ran** *out of food.*

The price has **run** *high.*(가격이 오르다.)

(4) 지각동사

I **feel** so *lucky.*

It **tastes** *awful.*

He **looks** *happy.*

It **smells** *bad.*

That **sounds** *good.*

(5) remain, prove, stay

동사 remain, prove, stay 등은 형용사, 명사구, 전치사구 등을 보어로 취합니다.

Their motives **remain** *a secret.*

They struggled to **remain** *alive.*

He **remains** *in Seoul* now.

They **proved** *innocent.*

= They **turned out** *innocent.*

= They **paned out** *innocent.*

Alcohol **proved** *to be his undoing.*(알코올이 그를 파멸시킨 원인으로 들어났다.)

He **proved** *to be* a lier.

Please **stay** *calm.*

They **stay** *stock-still.*(그들은 꼼짝 않고 서 있다.)

Stay *vigilant* against theft.

※ stay vigilant : ~을 경계하다.

3. 완전타동사와 3형식 문장

3.1 3형식 문장형식

완전타동사는 동작의 대상인 목적어를 하나만 필요로 하는 타동사입니다. 3형식 문장은 '*주어*+타동사+**목적어**'의 어순을 취하며, 영어 문장에서 가장 흔히 접하게 되는 문장 형식입니다.

I hope that *you* remember **me**.

I am Kim, *Min-ho who* called **you** yesterday.

I am e-mailing **you**.

I am forwarding **my boss's message** to you.

We would like to establish **a good relationship** with you.

3.2 3형식 문장으로 주로 사용되는 동사

동사 announce, describe, explain, introduce, propose, say, suggest 등은 3형식 문장에서 주로 사용됩니다. 여기에 속하는 동사들은 주로 '∼에게 ∼하다'의 의미로 해석이 됩니다.

They are going to announce **today's winner**.

Who can describe **the beauty of the scene**?

She introduced **her friends** to her mother.

He explained **his plan** to us.

My mother proposed **to make an early start** tomorrow morning.

They said **that they would visit us soon**.

They asked **that we should leave right now**.

I suggested **that we should go over the project**.

I suggested **a sight seeing** to them.

3.3 부사의 역할을 하는 전치사

자동사에 전치사가 붙어 타동사 역할을 하게 되어 목적어를 취하게 되면, 목적어는 명사, 대명사를 구분하지 않고 전치사 뒤에 옵니다.

May I call on **him**.
Please, call at **my house** at 5 o'clock.
The success of learning consists in **the motivation**.
Our department consists of **five faculty members**.

그러나, 타동사에 전치사가 붙으면 이때의 전치사는 부사의 역할을 하게 됩니다. 타동사의 목적어로 대명사가 오게 되면, 대명사는 반드시 동사와 전치사 사이에 와야 하고, 목적어로 명사가 오게 되면 동사와 전치사 사이에 와도 되고, 전치사 뒤에 와도 됩니다.

The chairperson called off **the meeting**.
The chairperson called **the meeting** off.
The meeting is scheduled to be held tonight, but the chairperson called **it** off.
The meeting is scheduled to be held tonight, but the chairperson put **it** off tomorrow.

Please, turn on **the light**.
Please, turn **the light** on.
Turn **the light** off.
Turn **it** off.

4. 수여동사와 4형식 문장

4.1 4형식 문장형식

수여동사는 '~에게/~를 위하여'의 의미를 가지고 있는 간접목적어와 '~을'의 의미로 해석되는 직접목적어를 동시에 취합니다. 4형식 문장은 '*주어*+수여동사+**간접목적어**+간접목적어'의 어순을 취합니다.

I am sending **you** e-mail.

You have to bring **me** your documents.

Mr. Hong gave **me** his name card.

I hope *your company* will give **us** a lot of advice.

She is going to tell **you** the truth.

They asked **me** whether my brother would come or not.

4.2 4형식 문장의 3형식 문장으로의 전환

4형식 문장을 3형식 문장으로 전환할 때, 동사의 의미상 성격에 따라, 'to/for/of 계열'로 구분할 수 있습니다.

(1) '~에게 ~을 하다'의 의미를 가지고 있는 동사는 4형식을 3형식으로 전환할 때 '간접목적어 + 직접목적어'의 어순을 '직접목적어 + to + 간접목적어'의 어순으로 바꿉니다. 동사 allow, award, give, owe, send, show, leave(물려주다) 등이 여기에 포함됩니다.

They *allowed* **me** $100.

→ They allowed $100 **to** me.

They *awarded* **him** a prize.

→ They awarded a prize **to** him.

He *sent* **me** this letter.

→ He sent this letter **to** me.

He *gave* **me** a chocolate.

→ He gave a chocolate **to** me.

He *left* **his son** much debts.
→ He left much debts **to** his son.

I *owed* **John** $100.
→ I owed $100 **to** John.

They *showed* **me** much kindness.
→ They showed much kindness **to** me.

(2) '~를 위하여 ~을 하다', 즉 봉사의 의미를 가지고 있는 동사는 4형식을 3형식으로 전환할 때 '간접목적어 + 직접목적어'의 어순을 '직접목적어 + **for** + 간접목적어'의 어순으로 바꿉니다. 동사 build, buy, choose, cook, find, get, leave(남겨놓다), make, order 등이 여기에 포함됩니다.

He *bought* **the girl** a new dress.
→ He bought a new dress **for** the girl.

A charity has *built* **the poor** houses since three years ago.
→ A charity has built houses **for** the poor since three years ago.

My father *cooks* **my mother** spaghetti.
→ My father cooks spaghetti **for** my mother.

She *left* **her husband** a note.
→ She left a note **for** her husband.

A doctor *ordered* **a patient** a medicine.
→ A doctor ordered a medicine **for** a patient.

My mom *made* **me** a new coat.
→ My mom made a new coat **for** me.

My friend *chose* **me** a good present.

→ My friend chose a good present **for** me.

(3) '묻다, 요구하다'의 의미를 가지고 있는 동사는 4형식을 3형식으로 전환할 때 '간접목적어 + 직접목적어'의 어순을 '직접목적어 + **of** + 간접목적어'의 어순으로 바꿉니다. 동사 ask, demand, inquire, make(~을 ~으로 만들다), require 등이 여기에 포함됩니다.

He *asked* **me** a question.

→ He asked a question **of** me.

They *demanded* **the child** the name.

→ They demanded the name **of** the child.

He *made* **an enemy** a friend.

→ He made a friend **of** an enemy.

He *made* **a girl** his wife.

→ He made his wife **of** a girl.

My teacher *required* **each student** a term paper.

→ My teacher required a term paper **of**/from each student.

I *inquired* **the weather bureau** weather conditions.

→ I inquired weather conditions **of** the weather bureau.

(4) 3형식으로 전환할 수 없는 동사

4형식 문장형식에 주로 사용되는 동사 answer, cost, envy, forgive, pardon, save(덜다, 면하게 되다), spare(나누어주다, 빌려주다), strike 등의 수여동사는 3형식으로 전환할 수 없습니다.

Answer **me** this question, will you?

They *envied* **us** our new house.

My father *forgave* **me** my severe mistakes.

They will *save* **us** a lot of trouble.

Please *save* **me** a place. (좋은 장소 좀 찾아줘.)

Save **me** some of those sweets.(사탕 좀 남겨줘.)

The God *spared* **him** his life.(신은 그의 생명을 빼앗지 않았다.)

Could you *spare* **me** a cigarette?

He *struck* **me** a hard blow.

5. 불완전타동사와 5형식 문장

불완전타동사는 목적어 하나만으로는 문장의 의미를 완전히 전달할 수 없기 때문에 목적어를 보충설명하기 위한 목적격보어(Objective Complement)를 필요로 합니다. 따라서 불완전타동사는 목적어와 목적격보어를 필요로 합니다. 5형식 문장은 '주어+불완전타동사+**목적어**+목적격보어'의 어순을 취합니다.

You have to allow **me** to introduce myself.

Customers will find **the product** excellent.

The news of your boss's death made **us** sad.

I think **your company** believable.

They asked **me** to leave now.

5.1 5형식 문장을 주로 취하는 동사

동사의 의미적 성격에 따라 다음과 같은 동사들은 5형식 문장형식을 주로 취합니다.

5.1.1 판단의 의미를 가지는 동사(believe, regard, think 등과 같은 인식 동사)

I believe **him** gentle.

They regard **it** as a success.

I think **him** an honest man.

(1) define/look on(upon)/refer to/regard/think of + A(목적어) + as + B(보어)

They define **Ethics** as a principle of right and good conduct.

They define **English education** as the art.

People think of **watching TV** as a waste of time.

People regard **the freedom** as essential in democracy.

People look on **him** as a genius.

Columbus might refer to **this continent** as New thought.

(2) consider A(목적어) + (to be/as) + B(보어)

I consider **him** to be competent.

I consider **him** honest

I consider **his** as chairperson.

(3) know/believe + A(목적어) + (to be) + B(보어)

I know **him** (to be) an able man.

We believe **them** to be good scholars.

(4) think/imagine/expect/suppose(생각/추측하다) + A(목적어) + to 부정사/ to be B(보어)

I thought **him** to be a fool.

I expect **him** to do his best.

I <u>imagine</u> **John** to be at a party.

Nobody <u>supposed</u> **her** to have told a lie.

5.1.2 호칭 · 선언의 의미를 가지는 동사(call, name)

My boy <u>named</u> **his toy train** Thomas.

You may <u>call</u> **Mr. Kim** a great scholar, but I don't think so.

5.1.3 선출 · 임명의 의미를 가지는 동사(appoint, choose, elect, select)

They <u>appointed</u> **him** one of the committee.

They <u>elected</u> **him** chairperson of the labor union.

They <u>selected</u> **her** as our candidate.

We will <u>choose</u> **your company (as)** a business partner.

※ 보어가 한 사람이 차지하는 계급·신분을 나타낼 때는 관사를 사용하지 않습니다.

5.1.4 지속의 의미를 가지는 동사(keep, leave)

I am sorry to have <u>kept</u> **you** waiting so long.

My son <u>leaves</u> **the door** open.

He always <u>leaves</u> **me** in trouble.

5.1.5 사역동사(make, let, have)

This event would <u>make</u> **him** a hero.

My father <u>made</u> **me** what I am.

Would you <u>let</u> **me** go?

Would you <u>let</u> **me** introduce myself briefly?

I <u>have</u> **my parents** coming tonight.

I <u>have</u> **my hair** cut.

❙ 연습문제 ❙

1. Why do you object to ____________ the directions? [고시]
   ① following ② follow ③ have followed
   ④ have been followed ⑤ for following

2. In the fall of 1976, I ______ Jane Simpson and moved to San Diego. [홍익대대학원]
   ① was married ② married with ③ marriaged ④ married

3. If you ask nicely, mother will probably _______ a piece of cake. [단국대편입]
   ① let you to have ② allow you have ③ allow that you have
   ④ let you have ⑤ let you that you have

4. The main speaker _____________ from his seat. [카톨릭대편입]
   ① raise ② raisen ③ rise ④ has risen

5. The employer wanted ____________ quickly and without mistakes. [고려대편입]
   ① that the job is done ② that the job to be done
   ③ the job done ④ that the job was done

6. Please do a favor __________ me? [TOEFL]
   ① by ② to ③ in ④ for

7. Don't _________ in that broken chair. [TOEFL]
   ① sit ② set ③ sitting ④ sat

8. In order to proceed, we must agree ______ a plan of action. [연세대대학원]
   ① with ② on ③ at ④ in

9. The people in general looked upon the situation _____________. [행시]
   ① critical ② to be critical ③ being critical
   ④ as to be critical ⑤ as critical

10. I would appreciate __________ it a secret. [고시]
① you to keep ② that you would keep ③ that you are keeping
④ that you kept ⑤ your keeping

11. We ________ to read Macbeth for tomorrow. [고려대대학원]
① suppose ② are supposing ③ are to suppose ④ are supposed

12. "Who is responsible for sending out misinformation?"
"Most of the fault _________ with the adminstration." [고시]
① lies ② has lied ③ is laying
④ had lied ⑤ lays

13. After locking the door, it ________ to Mrs. Kim that she had left he key inside. [성신여대편입]
① seemed ② appeared ③ occurred ④ became

14. When deciding what presents to buy for kids, ______ is always best to choose presents that can be available for them.
① there ② what ③ that ④ it

15. His doctor has forbidden him <u>from drinking</u>(①) alcoholic beverages until his conditions <u>improves</u>(②) <u>enough</u>(③) to stop <u>taking</u>(④) anibiotics. [한양대대학원]

16. The mist <u>raised</u>(①) from Lake Leman <u>as we</u>(②) watched, <u>reminding us</u>(③) of Brigadoon and <u>other magical places</u>(④). [TOEFL]

17. It is compulsory to _____ a student identification card when you first enter a university.
① receive ② receiving ③ receipt ④ received

18. He <u>keeps on</u> <u>phone</u> me, and I <u>really</u> don't want <u>to talk</u> to him. [홍익대편입]
① ② ③ ④

19. Korea Communications Standards Commission recommend TV stations to apology when there are _______ of fact in previous news.

① errs ② erroneous ③ errors ④ erred

20. I really hope that ________ exists a position fulfilling my interest and ability somewhere in this city.

① there ② it ③ he ③ what

▌실전문제▐

21. Most employees _______ a 3 percent decrease in wages last year because of the economic crisis.

① receipt ② to receive ③ received ④ receiving

22. "그는 오늘 밤 회의에 참석한다."의 올바른 영역은? [4급 감사직]

① He will present this evening's meeting.
② He will present himself tonight's meeting.
③ He will join at the meeting tonight.
④ He will attend the meeting this evening.

23. 다음 중 문법적으로 옳은 것은? [행시]

① He prevented the children from entering the room.
② He succeeded to swim across the river.
③ Do you mind for me to smoke in this room?
④ Father got me translate the letter into English.

24. 다음 중 문법적으로 옳은 것은? [3급 행정직]

① He asked to me if the bell had rung yet.

② She inquired us that we were ready then and there.

③ I told him that I would not accept it if I were in his place.

④ John said to his son, "Don't speak till you're spoken."

⑤ He asked me I would do.

25. 밑줄 친 부분이 문법적으로 틀렸다. 옳게 고치면? [건국대 편입]

The desire for public acclaim and recognition is universal, <u>yet it is rarely achieved</u>.

① yet it is achieved rarely

② yet it is rarely satisfied

③ yet it is difficult to achieve

④ however it is rarely achieved

26. Kathy laid her glasses on the table, and ____________ beside her sister. [고시]

① seated down in the chair　② seated herself on the chair

③ seated the chair　④ was seated the chair

⑤ seat herself the chair

27. Frederick the Great of Prussia _____________ the foundation of the greatness of modern Germany. [서울대대학원]

① laid　② had　③ undermined　④ did

28. Tears <u>do</u>(①) the eye <u>surface</u>(②) wet in order <u>to provide</u>(③) lubrication <u>under normal circumstance</u>(④). [TOEFL]

29. If you want to remodel your house, you should check whether the changes you make ________ with the stipulations of construction or not.

① compliant　② complying　③ compliance　④ comply

30. The sudden ________ of the president has left the company in the state of uncertainty.

① die　② death　③ dead　④ died

▎연습문제▎

1. <해석> 당신은 지시에 따르는 것을 왜 반대하십니까?

<해설> 동사 object는 자동사로서는 '~에 반대하다'의 의미를 가지고, 목적어를 취하려면 'object to + 명사'의 형태를 취해야 합니다. 그리고 타동사로서는 '~라고 반대하다'의 의미를 가집니다.

I object to **following** the directions. : 나는 지시에 따르는 것을 반대합니다.

I objected **that his proposal was not practicable**. : 그의 제안이 실현불가능하다고 반대하였다.

2. <해석> 1976년 가을에, 나는 Jane Simpson과 결혼하고 San Diego로 이사했다.

<해설> 동사 marry는 완전타동사로 목적어를 필요로 합니다. Jane Simpson이라는 목적어가 있고, 과거를 나타내는 부사가 있으므로 과거시제를 나타내는 동사만 오면 됩니다.

3. <해석> 공손하게 부탁한다면, 아마도 어머니는 너에게 케이크 한 조각을 주실 거야.

<해설> 동사 allow는 '누가 ~하도록 허락하다'의 의미는 지니고 있을 때는 5형식 문장을 취합니다. 이때의 allow는 목적보어로 to 부정사를 필요로 합니다. 그리고 '누구에게 ~을 주다'의 의미를 가지고 있을 때는 수여동사로 4형식의 문장을 취합니다.

Mrs. Jones allowed her husband $100 per a month as an allowance.

→ Mrs. Jones allowed $100 to her husband per a month as an allowance.

My father allowed me to receive $10 per a week as an allowance.

→ I was allowed to receive $10 per a week as an allowance by my father.

동사 let은 사역동사로 목적보어로 원형부정사(동사원형)를 필요로 하는 전형적인 5형식 문장에 사용되는 동사입니다.

I let him go free. : 자유롭게 가게 했다.

4. <해석> 기조 강연자가 자리에서 일어났다.

<해설> 동사 rise(rise-rose-risen)는 자동사이고 동사 raise는 '올리다, 끌어올리다'의 의미를 지닌 타동사입니다. 이 문제는 주어가 3인칭 단수이고 현재시제를 나타내야 합니다.

My father rises from his seat. / My father has risen from his seat.

5. <해석> 고용주는 그 일이 실수 없이 빨리 끝나기를 바란다.

<해설> 동사 want는 'want + 목적어 + to 부정사'의 형식을 취하는 불완전타동사입니다. 그러나 want의 목적어가 to 부정사의 의미상 주어가 아니라 동작 또는 행동의 대상이 될 경우에는 수동의 의미를 지니고 있는 'want + 목적어 + (to be) + 과거분사'의 형태가 되어야 합니다.

I want him to do the job quickly and without mistakes.

I want the job (to be) done quickly and without mistakes.

= I want the job done quickly and without mistakes.

6. <해석> 부탁 좀 들어주시겠어요.

<해설> Could you do a favor for me?(3형식)

Could you do me a favor?는 동사 do가 ask의 의미를 지니고 있으므로 3형식 문장으로 만들 수 있습니다. Could you do me a favor? → Could you do a favor of me? = May I ask/beg a favor of you?

7. <해석> 부서진 의자위에 앉지 마라.

<해설> 동사 sit(sit-sat-sat)은 '앉다'의 의미를 지닌 자동사이고 동사 set(set-set-set)은 '~을 놓다'의 의미를 지닌 타동사입니다.

I sit in/on the yellow chair.

8. <해석> 일을 진행하기 위해서는 우리가 행동계획에 동의해야 합니다.

<해설> '동의하다'는 'agree about/on/to+사물(의견, 제안, 조건), agree with +사람'의 형태로 나타냅니다.

I agree with him in part. I agree about/on/to the term of a contract.

9. <해석> 일반 사람들은 이 상황을 위기로 봅니다.

<해설> 'A를 B로 여기다/간주하다'의 의미를 나타내는 형식은 아래와 같습니다.

1) define/look on(upon)/refer to/regard/think of + A(목적어) + as + B(보어)

2) consider A(목적어) + (to be/as) + B(보어)

3) know/believe + A(목적어) + to be + B(보어)

4) think/imagine/expect/suppose + A(목적어) + to 부정사

10. <해석> 네가 그것을 비밀로 해 주어서 고맙습니다.

<해설> 동사 appreciate가 '감사합니다'의 의미를 지닐 때는 목적어 하나만을 필요로 합니다. 그리고 appreciate는 동명사를 목적으로 취합니다. 따라서 3형식의 문장을 취합니다. '고맙다'의 의미를 지닌 다른 표현은 다음과 같습니다.

be obliged to + 사람 + for + 사물/ Thank + 사람 + for + 사물 / appreciate + 사물/동명사/ be grateful/thankful to + 사람 + for + 사물

I appreciate your help. I appreciate your keeping it secret.

I am obliged to you for helping us. Thank you for helping us.

I am grateful/thankful to you for your help.

keep it a secret.는 '그것을 비밀로 하다'의 의미를 지닙니다.

11. <해석> 우리는 내일 Macbeth를 읽어야 한다.

<해설> 동사 suppose는 'suppose + 목적어 + to 동사원형' 또는 'be supposed to + 동사원형'의 형식을 취하며, '~가 ~을 해야 한다'의 의미를 지닙니다. '~가 ~을 해야 한다'의 의미를 지닌 다른 표현은 다음과 같습니다. 'be expected/forced/obliged/compelled to + 동사원형' 또는 '주어 + compel/force/oblige + 목적어 + to + 동사원형'의 형식을 취해야 합니다.

We are forced to go school this Saturday. / They compel/force/oblige him to leave at once.

12. <해석> "잘 못된 정보를 보낸 것은 누구의 책임인가?" "대부분의 잘 못은 관리자에게 있습니다."

<해설> 동사 lie(lie-lay-lain)은 '눕다, 놓여있다'의 의미를 지닌 자동사이고 동사 lay (lay-laid-laid)은 '눕히다, 놓다'의 의미를 지닌 타동사입니다.

Let me lie for a moment. Cf. Please, lay the books on the table.

그러나 같은 동사원형을 가지고 있는 lie는 '거짓말 하다'의 의미를 지닌 자동사이면서, '거짓말을 하여 ～을 하다'의 의미를 지닌 타동사이기도 합니다.

They lied to me. Cf. They lied my reputation away.(거짓말을 하여 평판을 떨어뜨리다.)

They lied me into a trap.(거짓말을 하여 나를 계략에 빠뜨리다.)

13. <해석> 문을 잠그고 나서야 그녀가 키를 집안에 두었다는 생각이 Mrs. 김에게 갑자기 났다.

<해설> '생각이 갑자기 나다'의 의미를 전달 할 수 있는 방법은 동사 occur to와 strike를 사용하는 것입니다.

The idea that I forgot to write occurred to me.

A good idea struck her.

14. <해석> 아이들을 위해 어떤 선물을 살지 결정할 때는, 아이들에게 유용한 선물을 선택하는 것이 항상 가장 좋다.

<해설> be 동사 앞이 비어 있으므로 주어가 필요합니다. 주어가 너무 길 때는 가주어 it을 사용합니다.

To choose presents that can be available for them is always best.

→ **It** is always best **to choose presents that can be available for them.**

15. <해석> 그의 주치의는 그의 상태가 항생제 사용을 중단해도 될 만큼 좋아질 때까지 알코올성 음료 섭취를 금지시켰다.

<해설> '～가 ～을 못하도록 막다/방해하다'의 표현은 'forbid+목적어+to+동사원형'과 'deter/keep/prevent/prohibit/restrain/stop+목적어+동명사' 또는 'deter/keep/prevent/prohibit/restrain/stop+목적어+from+동명사'형입니다.

My father forbade me to stay away from home.

My father deters/keeps/prevents/prohibits/restrains/stops me (from) going out after 10 o'clock.

I had to restrain myself from saying something rude.

16. <해석> 우리가 보고 있는 Leman 호수로부터 안개가 피어올랐다. 그리고 안개는 Brigadoon과 다른 멋진 장소들을 연상시켰다.

<해설> 동사 rise(rise-rose-risen)은 '오르다, 올라가다'의 의미를 지닌 자동사이고, 동사 raise(raise-raised-raised)는 '올리다'의 의미를 지닌 타동사이다. '안개가 피어오르다'

는 자동사가 필요합니다.

The price has risen. They have raised the price.

'연상시키다'의 표현은 다음과 같습니다.

The scenary reminds me that I had a good time with a family.

The scenary reminds me of the mountain.

17. <해석> 대학에 처음 입학했을 때, 학생증을 받는 것은 당연하다.

<해설> 'It is compulsory/mandatory to + 동사원형'은 '~하는 것은 필수적이다'의 의미를 지니고 있습니다. 주어가 너무 길 때는 가주어 it을 사용합니다.

To receive a student identification card when you first enter a university is compulsory.

It is compulsory **to receive a student identification card when you first enter a university**.

18. <해석> 그는 계속해서 나에게 전화를 하는데, 나는 정말 그와 말하고 싶지 않다.

<해설> 단어 phone은 '전화'의 의미를 지닌 명사이면서 '전화를 걸다'의 의미를 지닌 동사입니다. phone 다음에 목적어가 있으므로 동사입니다. 'keep/go on + 동명사'는 '계속해서 ~하다'의 표현입니다.

19. <해석> 한국방송위원회는 뉴스에 오류가 있을 때는 방송국이 사과하도록 권고한다.

<해설> There는 2형식 문장을 취하는 유도부사입니다. 특별한 의미가 없이 '~이 있다'로 해석이 됩니다. 동사의 수는 뒤의 보어의 수와 일치시킵니다.

There **are** some **books** on the table. There **is** a **book** on the table.

20. <해석> 나는 이 도시 어딘가에 나의 관심과 능력을 채워줄 직장이 있기를 간절히 희망한다.

<해설> A position fulfilling my interest and ability somewhere in this city exists.에서처럼 주어가 긴 경우에 가주어를 사용합니다. 그러나 가주어가 '~이 있다/존재하다'처럼 의미상 주어의 역할을 할 때는, 특별한 의미가 없는 there를 사용합니다. **There** exists a position fulfilling my interest and ability somewhere in this city.

❙ 실전문제 ❙

21. <해석> 많은 고용인들이 작년에 경제위기 때문에 3퍼센트의 임금삭감을 받았다.

<해설> 동사의 자리가 비어 있으므로, 동사가 와야 합니다. to 부정사 또는 동명사는 동사의 의미를 지니고 있지만, 동사의 역할은 할 수 없습니다.

22. <해설> '~에 참석하다'의 표현은 be present at/be presented at/present oneself at/attend/join in/participate in/take part in/sit in on 등이 있습니다.

I was present(presented) at the meeting./ I presented myself at the meeting./I attended the meeting./I participated in the meeting./I took part in the meeting./I sat in on the meeting./I joined in the meeting.

23. <해설> ①에서 '~하는 것을 막다/방해하다'의 의미를 나타내는 형식은 'prevent + 목적어

+ (from) + 동명사' 형태입니다. <문제 15번 참조>

②에서 동사 succeed는 '성공하다'의 의미일 때는 'succeed in + 동명사', '승계하다, 계승하다'의 의미일 때는 'succeed to + 명사'의 형태로 사용됩니다.

③에서 동사 mind는 '~하는 것을 꺼리다'의 의미로 동명사를 목적어로 취합니다.

④에서 동사 get은 사역적인 의미를 지니고 있지만 사역동사가 아니기 때문에 'get + 목적어 + to 동사원형/동명사/과거분사'의 형태를 취합니다.

24. <해설> ①의 동사 ask는 4형식문장을 취하므로 He asked me if the bell had rung yet.

②의 동사 inquire는 4형식문장을 취하고, '물어 보다'의 의미를 지니고 있기 때문에 whether/if 절이나 간접의문문을 직접목적어로 취하므로 She inquired us if we were ready then and there.가 되어야 합니다.

④ 동사 say는 3형식을 취하고, 동사 speak/talk는 전치사 to(~에게)/about(~에 관하여)/with(~와 함께) 등을 취하므로 John said to his son, "Don't speak till you're spoken to."가 되어야 합니다.

⑤ ask는 4형식을 취하는 동사이고 직접목적어로 whether/if 절이나 간접의문문이 필요로 하므로, He asked me what I would do. 또는 He asked me whether I would do or not.가 되어야 합니다.

25. <해석> 대중적인 갈채와 인정에 대한 욕망은 공통적인 것이지만, 그것은 좀처럼 채워질 수 없다.

<해설> **The desire** for public acclaim and recognition is universal, yet **it** is rarely achieved.에서 it은 desire를 받는 대명사입니다. 그리고 desire는 satisfy를 동사로 필요로 합니다.

achieve + goal/success/victory : 목표 따위를 달성하다.

satisfy + desire/hunger : 욕구 따위를 채우다.

26. <해석> Kathy는 잔을 테이블위에 올려놓고, 동생 옆에 있는 의자에 앉았다.

<해설> 동사 seat는 '앉히다'의 의미를 지니고 있는 타동사로, '자리에 앉다'의 의미를 나타낼 때는 재귀대명사나 수동태를 사용합니다. seat oneself on the chair/ be seated on the chair로 표현합니다.

27. <해석> 프러시아의 Frederick 대제는 현대 독일 위대성의 토대를 마련했다.

<해설> foundation과 관련한 표현은 'provide the foundation : 토대를 제공하다. lie the foundation: 토대를 놓다' 등이 있습니다.

28. <해석> 보통 때 눈물은 매끄럽게 할 목적으로 눈 표면을 촉촉하게 만든다.

<해설> Tears ____ the eye surface wet.은 5형식 문장이므로 do 보다는 make, keep 등의 동사가 적합합니다.

29. <해석> 만약 당신이 집을 리모델링하기를 원한다면, 당신이 추진할 변화들이 건축법에 맞는지를 확인해야만 합니다.

<해설> 'be sure to do/that + (should) + 동사원형'은 '반드시 ~하다'의 의미를 나타냅니다.

주어가 the changes이고 동사자리가 비어 있습니다. 'comply with + 법률/규칙/조건'은 '~에 따르다/일치하다/부합 된다'의 의미를 나타냅니다.

30. <해석> 사장의 갑작스러운 죽음은 회사를 불안정한 상태를 만들었다.
<해설> 문장의 주어자리가 비어 있으므로 주어가 와야 합니다.

<정답>

1. ① 2. ④ 3. ④ 4. ④ 5. ③ 6. ④ 7. ① 8. ② 9. ⑤ 10. ⑤ 11. ④ 12. ① 13. ③ 14. ④ 15. ① 16. ① 17. ① 18. ② 19. ③ 20. ① 21. ③ 22. ④ 23. ① 24. ③ 25. ② 26. ② 27. ① 28. ① 29. ④ 30. ②

제2장 대명사

대명사는 명사의 반복 사용을 피하기 위하여 사용하는 것입니다. 대명사에는 사람을 지칭하는 인칭대명사(Personal Pronoun), '～자신'의 의미를 가지는 재귀대명사(Reflexive Pronoun), 문장의 앞뒤에 나온 사람이나 사물을 지칭하는 지시대명사(Demonstrative Pronoun), 의문문에 사용되는 의문대명사(Interrogative Pronoun), 정해지지 않은 사람이나 사물을 지칭하는 부정대명사(Indefinite Pronoun) 등이 있습니다. 대명사는 수, 성, 격에 맞게 사용되어야 합니다.

1. 인칭대명사

사람을 지칭하는 인칭대명사는 수에 따라 단수와 복수, 성에 따라 남성을 나타내는 대명사와 여성을 나타내는 대명사 그리고 격에 따라 주격, 소유격, 목적격, 소유대명사로 실현됩니다. 주격은 주어의 역할, 소유격은 명사 앞에서 한정사의 역할을 하며, 목적격은 동사나 전치사의 목적어로 실현됩니다. 소유대명사는 소유와 명사의 역할을 같이 하는 것으로 '～의 것'이란 뜻을 가지며 격에 따라서 주어, 목적어, 보어의 역할을 합니다.

격		주격	소유격	목적격	소유대명사
인칭 \ 문장성분		주어	한정사 (형용사적 용법)	목적어	주어/목적어/보어
1인칭	단수	I	my	me	mine
	복수	we	our	us	ours
2인칭	단수	you	your	you	yours
	복수	you	your	you	yours
3인칭	단수	he	his	him	his
		she	her	her	hers
		it	its	it	없음
	복수	they	their	them	theirs

1.1 1인칭 (주격, *소유격*, 목적격, 소유대명사)

I am a graduate.

My major is Computer Engineering.

My major has given me a good opportunity for the future.

That computer is **mine** (my computer).

We know each other.

People have to gain *our* permission.

These cars don't belong to us.

These cars are not **ours**.

Mr. Kim and I will do our best in playing football.

1.2 2인칭 (주격, *소유격*, 목적격, 소유대명사)

You have to believe me.

People will give you a new opportunity.

You have to believe *your* ability.

That computer is **yours** (your computer).

1.3 3인칭 (주격, *소유격*, 목적격, 소유대명사)

<Jane is a good student.>

She is a good singer, too.

Her mother is making cookies for her.

Tom's mother is taller than **hers** (her mother).

<There are many monkeys.>

They like bananas.

A zoo keeper gives them many bananas.

Their bananas are delicious.

They will not give other animals **theirs** (their bananas).

People complain when **they** have unfair service.

1.4 소유대명사

소유대명사는 소유격과 다른 한정사(정관사, 소유격, 지시형용사)를 같이 나타내기 위해서 사용합니다.

the book(책 한권) + my(나의) = my the book(X) → the book of mine

this book(이 책) + her(그녀의) = her this book(X) → this book of hers

that book(저 책) + his(그의) = his that book(X) → that book of his

소유대명사는 비교구문에서 반복을 피하기 위하여 많이 사용됩니다.

My son is more brave than your son.

→ My son is more brave than **yours**.

My point on this matter is different from your point.

→ My point on this matter is different from **yours**.

2. 재귀대명사

'~ 자신'의 의미를 나타내는 말을 재귀대명사라고 하는데, 문장의 주어와 관련하여 가지는 대명사를 일컫습니다. 재귀대명사는 인칭대명사의 소유격이나 목적격 단수일 때는 -self를, 복수일 때는 -selves를 붙여 나타내는데, 재귀용법과 강조용법으로 사용됩니다.

수/인칭	단수					복수		
	1인칭	2인칭	3인칭			1인칭	2인칭	3인칭
	I	you	he	she	it	we	you	they
형태	myself	yourself	himself	herself	itself	ourselves	yourselves	themselves

2.1 재귀용법

동사나 전치사의 목적어가 문장의 주어와 같을 때, 주어의 동작이나 행위가 '자기 자신'에게 영향을 미침을 나타내기 위하여 재귀용법을 사용합니다. 이 때 주어의 인칭, 성, 수에 일치하는 재귀대명사 형태를 사용해야 합니다.

(1) 동사의 목적어

He killed **himself**.(그는 다른 남자가 아닌 자기 자신을 죽였다.)
vs. He killed **him**.(그는 다른 남자를 죽였다.)
She blamed **herself** for the shortage of supply.
He cut **himself** with a knife.

(2) 전치사의 목적어

She looked **at herself** in the mirror.
You should be proud **of yourself**.
He sometimes **talks to himself**.
I am angry **with myself**.

2.2 강조용법

주어, 목적어, 보어의 행위나 상태를 강조하기 위해 사용하는 재귀대명사로, 생략해도 문법적으로 옳은 문장입니다.

He hit the ball. (그가 공을 쳤다.)

vs. He **himself** hit the ball. (다른 사람이 아닌 그가 공을 쳤다.)

He made a decision (그가 결정을 했다.)

vs. He made a decision **himself**. (다른 사람이 아닌 그 스스로가 결정했다.)

2.3 '전치사 +재귀대명사'의 관용표현

'for oneself(혼자 힘으로)', 'by oneself(홀로)', 'of oneself(저절로)', 'beside oneself (흥분하여, 제 정신을 잃고)', 'in oneself(그 자체는)' 등은 관용적으로 쓰이는 표현들입니다.

He has built his log house **for himself**.

= He has built his log house **without others' help**.

He has travelled **by himself**.

= He has travelled **alone**.

He was **beside himself** with anger.(그는 화가 나서 이성을 잃었다.)

She was **beside herself** with joy.(그녀는 미칠 듯이 기뻤다.)

Water, **in itself**, is the source of life.

3. 지시대명사

지시대명사는 사람 또는 사물을 가리키거나 이전에 언급된 내용을 가리킬 때 사용하는 것으로, 거리, 시간상 가까운 것을 가리킬 때에는 this(these), 먼 것을 가리킬 때는 that(those)를 사용합니다. 그리고 지시대명사는 주어, 목적, 보어로 사용되는 명사적 용법, 명사를 한정하는 형용사적 용법, 그리고 형용사나 부사를 수식하는 부사적 용법의 기능을 가지고 있습니다.

3.1 명사적 용법

This is a good car. vs. A car *here* is good.

These are my new books.

That is a new car. vs. A car *there* is new.

Virtue and *vice* are before you; *this* leads to misery, **that** leads to peace.

The chairperson showed us a new method. This convinced us.

Let's move this bunch of pipes. That seems good to me.

한정수식어가 뒤따라 나올 때에는 this를 사용하지 않고 that을 사용합니다.

The scenery of Korea is more wonderful than **that** *of Japan.*

Our policies are better than **those** *of others.*

Our students are more enthusiastic than **those** *of other classes.*

The power of the pen is more powerful than **that** *of the knife.*

Those는 일반적인 사람들을 가리키는 대명사로 사용됩니다.

Those who live near my house are neighbors.

We are going to hire **those (who are)** interested in our policy.

3.2 형용사적 용법

This picture is good. vs. **The picture here** is good.

These flowers are beautiful. vs. **The flowers here** are beautiful.

That woman is beautiful. vs. **The woman there** is beautiful.

Those houses are big. vs. **The houses there** are big.

3.3 부사적 용법

I have eaten **this** much.

The comedy was not **that** funny.

All athletes usually eat **this** much.

4. 의문대명사

의문문에서 사용되는 대명사로 사람 또는 사물을 지칭합니다.

문장성분 / 의문사	주어	한정사 (형용사적 용법)	목적어
who	who	whose	whom
which	which	of which/which	which
what	what	what	what

4.1 who

주격, 목적격, 소유격으로 쓰이는 의문대명사로 사람을 지칭합니다.

Someone is your fiance. → **Who** is your fiance?
This is **someone's** bike. → **Whose** bike is this?
This book is **someone's**. → **Whose** is this book?

A: **Someone** saw Mary. → **Who** saw Mary?
B: Fred. Fred saw Mary.

A: Fred saw **someone**. → **Who(m)** did Fred see?
B: Mary. Fred saw Mary.

You like **someone** the best. → **Who(m)** do you like the best?
You went there with **someone**. → With **whom** did you go there?

Who is taller, Bill or Tom?

4.2 what

주격과 목적격으로 쓰이는 의문대명사로 사물을 지칭합니다. 혹은 사람이나 사물을 한정하는 형용사로도 쓰입니다.

Something happened to him. → **What** happened to him?
Something is wrong with him. → **What** is wrong with him?
You want to order **something**. → **What** do you want to order?
Something needs you. → **What** needs you?
Your car is **some color**. → **What color** is your car?

You want to visit **some foreign country**.
→ **What foreign country** do you want to visit?

You invented **some kind of machine**.
→ **What kind of machine** did you invent?

4.3 which

주격과 목적격으로 쓰이는 의문대명사로 사물을 지칭합니다. 혹은 사람이나 사물을 한정하는 형용사로도 쓰입니다.

Something is the worst. → **Which** is the worst?
Something is more expensive, a PDP or an LCD TV.
→ **Which** is more expensive, a PDP or an LCD TV?

You like to have beer or wine.
→ **Which** do you like to have beer or wine?
You like **some season** the best.
→ **Which season** do you like the best?

You belong to **some soccer team**.

→ **Which soccer team** do you belong to?

4.4 what과 which

의문대명사 which는 보통은 4개 이하 범위 내에서 언급할 때 사용하고, 그 이상은 what을 사용합니다. 4개 이상의 경우라 하더라도 한정 받는 경우에는 which를 사용합니다.

We can go **this way or that way**. **Which** way shall we go?

There are **five umbrellas** *here*. **Which** is your umbrella?

There are **many cities** in Mexico. **What** is the capital of Mexico?

There are very **various music styles**. **What music style** do you like?

What color are your eyes?

Cf. **Which color** do you prefer, **pink or yellow**?

5. 부정대명사

'부정'이란 특정한 것이 아니라는 뜻으로, 정해지지 않은 사람 또는 사물을 가리킬 때 사용하는 것이 부정대명사입니다. 즉, 지칭하는 명확한 대상이 없어 적용 범위가 광범위 하거나 막연한 대명사입니다.

5.1 one

(1) 일반적인 사람을 지칭할 때 one을 사용합니다. 이때 one을 one으로 받거나 he/she로 받을 수도 있습니다.

One should keep **one's** promise.

One can't have **his table**, but **his chair**.

(2) 앞에 나온 명사의 반복을 피하기 위해서 사용합니다.

I don't like the black **coat** but I like the brown **one**.
I don't like the red **shoes** but I like the green **ones**.

(3) 둘 중의 하나를 가리킬 때 사용합니다.

There are **two pencils**. **One** is long and **the other** is short.
We have **two chairs**. **One** is for you and **the other** is for me.

(4) 세 개 중 하나를 가리킬 때 사용합니다.

We have **three chairs**. **One** is for you, **another** is for me and **the other** is for Tom.
We have **three chairs**. **One** is for you, **a second** for me and **the third** for Tom.
We have **three chairs**. **One** is for you, **another** for me and **the third** for Tom.
We have **three chairs**. **One** is for you, **a second** for me and **the other** for Tom.

(5) 세 개 이상 중에서 하나를 가리킬 때 사용합니다.

We have **many things** to do.
One thing will be done today and **others** will be done tomorrow.
하나는 오늘 그리고 다른 것들은 내일 행해질 것이다.
One thing will be done today, **the others** will be done tomorrow.
하나는 오늘 그리고 나머지 전부는 내일 행해질 것이다.

(6) one을 사용할 수 없는 경우

물질명사와 추상명사처럼 셀 수 없는 명사를 대신해서 one을 사용할 수는 없습니다.

I like red wine better than white one. (X)
I like red wine better than white. (O)

소유격 다음에는 one을 사용할 수 없습니다. '소유격+one'은 소유대명사로 표현하면 됩니다. 그리고 one이 형용사에 의해 수식받는 경우에는 사용할 수 있습니다.

His house is better than **my one**. (X)
His house is better than **mine**. (O)
His house is better than **my new one**. (O)

기수 다음이나 최상급의 형용사, 그리고 'the + 비교급' 뒤에는 one을 사용하지 못합니다. 그러나 서수 다음이나 '기수 +형용사'의 형태에서는 사용할 수 있습니다.

He has two sister.
The elder one is more beautiful than **the younger one**.(X)
The elder is more beautiful than **the younger**.(O)

Our family member is 5.
The oldest member is grand father, and **the youngest one** is my younger brother.(X)
The oldest member is grand father, and **the youngest** is my younger brother.(O)
I have five books. : **the first two ones** are fictions, **the next two ones** are novels, **the last one** is English book.(X)
→ I have five books. : **the first two** are fictions, **the next two** are novels, **the last one** is English book.(O)
I have two books. : **the first one** is fiction and **the second one** is an English book. (O)
I really like to read a **interesting book**. (O)
So I bought **three interesting ones** yesterday. (O)

부정대명사 one은 단수지시형용사 this/that 다음에는 올 수 있으나, 복수 지시형용사 these/ those 뒤에는 올 수 없습니다.

Do you want to buy these apples or **those ones**? (X)
Do you want to buy these apples or **those**? (O)
Look! There are many kinds of apples. **This one** is yellow, **that one** is green. (O)

5.2 all

(1) all이 사람을 지칭할 때는 '모든 사람'의 의미를 가지고, 사물을 지칭할 때는 '모든 것' 또는 '유일한 것'의 의미를 가집니다.

All respect their ancestors.

All roads lead to Rome.

That is **all** I can do now.

(2) 명사를 수식할 경우에는 '모든'의 의미를 가지며, 관사, 소유격 그리고 형용사와 같이 쓰일 경우에는 관사, 소유격 그리고 형용사 앞에 위치합니다. 그리고 of를 사용할 수도 있고 사용할지 않을 수도 있습니다.

All big cities have the same environment problems.

All the students failed the exam.

She has lived in Paris **all (of) her** life.

He is **all** kindness.

(3) 'all (of) the + 명사'는 일정수와 일정량의 것에 한하며, 'all + 명사'는 일반적으로 총칭의 뜻을 가집니다.

All (of) the students *in this class* are very good.(이반의 모든 학생들은 착하다.)

All students are eager to study.(모든 학생들은 공부하고자 한다.)

(4) 부사적 용법으로 사용될 경우는 강조의 의미를 지닙니다.

We **all** go out and fight now for the victory.

We **all** are coming to depend more and more on one another.

5.3 each

(1) 형용사의 역할로 단수 명사 앞에서 '각각'의 의미를 지닙니다.

Each man has his own right.
There are many shops on **each** side of the street.

(2) 복수 명사 뒤에서 동격의 대명사로 사용됩니다.

President assigned them **each** a suitable position.(사장은 그들 각자에게 알맞은 자리를 주었다.)
We **each** know that.(우리 각자는 그것을 안다.)
They **each** received a inheritance of $5,000.(그들 각각은 $5,000의 유산을 받았다.)

(3) each 앞에는 정관사나 소유격이 오지 않습니다. 정관사나 소유격을 사용하고자 하는 경우에는 of를 사용해야 합니다.

The each side of the river.(X)
Her each notebook.(X)
Each of students has own desk.(O)
Each of the products sold very well.(O)

5.4 every/everybody(everyone)/everything

(1) 개개의 것을 통해서 전체를 나타냅니다. 즉 '각기 모두'의 뜻을 가집니다.

Every summer we take a vacation at the beach.
Sue has been to **every country** in South America.
(Sue는 남아메리카의 국가를 하나하나씩 모두 가보았다.)
Cf. Sue has been to **all countries** in South America.
(Sue는 남아메리카에 있는 모든 국가를 가보았다.)

(2) every 뒤에는 단수 명사가 옵니다. 그러나 'every +수 + 복수명사'의 경우는 복수로 쓰일 수 있습니다.

Every hill of this country **is** low.

Every country has a national flag.

The National Conference has been held **every four years**.

You have to take a pill **every six hours**.

(3) every vs. all vs. each

My daughter studies English **every night**.

= My daughter studies English *on all nights of the week.*

My daughter watched TV **all day**.

= My daughter watched TV *during the complete day from beginning to end.*

Each와 every는 구성 요소의 각각을 의미하지만, each는 2개 이상의 구성요소를 의미하고, every는 3개 이상의 구성요소를 의미합니다. 또한 every는 '하나 남김없이, 모두'의 의미를 강조합니다.

5.5 everybody/everyone/everything/everywhere

Everybody (Everyone) needs help. = **All people** need help.

I prepared **everything** I need. = I prepared **all the things** I need.

I lost my wallet. I've looked for it **everywhere**.

= I've looked in **all places** for looking for it.

5.6 some/any

부정수량을 나타내는 대명사로, 수와 양을 나타내기 위하여 쓰입니다. 그리고 셀 수 있는 명사에 있어서는 단수와 복수 양쪽에 모두 쓰입니다. 일반적으로 some은 긍정문에 사용되고, any는 부정문, 의문문 그리고 조건문에 사용됩니다.

(1) 긍정문

There is **some** water in the bucket.
There are **some** apples on the table.

그러나 양이 많을 때나, 주격보어일 때는 some을 사용하지 않습니다.

There is water in the sea.
They are graduates.

(2) 의문문

Do you have **any** questions?
Is there **any** ice in the refrigerator?

(3) 부정문

I am not going to buy **any** apples?
I don't make **any** mistakes.

(4) 조건문

If you need **any** money, I will lend some money.
If you need **any** help, please contact me anytime.

(5) 의문문에 사용된 some

의문문에 some이 사용되면 제안이나 요청의 의미를 지니며, 긍정적인 대답을 기다린다는 것을 암시하고 있습니다.

Would you like **some** drink?
Can I have **some** food?
Can you lend me **some** money?

(6) 평서문에 사용된 any

평서문에 any가 사용되면 '모든'의 의미를 지니면서 양보를 나타냅니다.

Any students can solve that problem.
Any food in the cafeteria is good.

5.7 no/none

No는 명사 앞에서 사용되어 'not any'의 의미로 부정을 뜻을 지닙니다. none은 '어떤 누구도'로 'no + 명사'의 의미를 지니므로 명사를 수식하지 않고, 단독으로 사용됩니다.

I have **no** money.
= I do**n't** have **any** money.

I have **no** idea.
= I do**n't** have **any** idea.

How many apples do you have? **None.** = **No apples**.
How much money do you have? **None.** = **No money**.

5.8 someone(somebody)/anyone(anybody)/nobody/no one/something/anything/nothing

Someone, somebody, anybody, anyone은 '어떤 사람', something과 anything '어떤 것'의 의미를 지니며, someone, somebody, something은 긍정문에 anybody, anyone, anything은 부정문, 의문문, 조건문에 사용됩니다. 즉 some~ 과 any~는 some과 any의 용법과 같습니다. Nobody는 'not anybody', no one은 'not anyone' 그리고 nothing은 'not anything'의 의미를 지닙니다.

There is **someone/somebody** in the room.
There is not **anybody/anyone** here.

There is **nobody** in the room.
= There is **not anybody** in the room.

There is **no one** here.
= There is **not anyone** here.

I have **something** to do.
There is **not anything** in the bag.
= There is **nothing** in the bag.

I have **nothing** to do.
= I do**n't** have **anything** to do.

Nobody can solve this problem.
= Not anyone can solve this problem.

5.9 most

'대개의', '대부분의'의 의미를 지니면서 명사를 수식하는 형용사의 역할을 합니다. 명사가 한정을 받을 경우에는 'most + of + 명사'의 형태를 취하게 됩니다.

Most people like to play soccer.
= Most people generally like to paly soccer.
Most of the people *in the gym* like to play badminton.

5.10 both/either/neither

두 사람 또는 두 사물에 관하여 이야기 할 때 사용되는 대명사로서 both는 긍정적으로 '둘 다', either는 '둘 중의 하나', neither는 부정적으로 '둘 다'의 의미를 지닙니다.

(1) 명사를 수식하는 형용사로 사용될 경우 both는 복수 명사를 수식하고, either와 neither는 단수 명사를 수식합니다.

I have two sisters. **Both** sisters are not married.

I read two fictions, but **neither** fiction was interesting.

There are two methods to solve the problem. You can use **either** method.

(2) both, either, neither 뒤에 of ~로 수식될 경우 both 뒤에는 인칭대명사의 목적격만이 올 수 있습니다. 'either/neither + of' 뒤에는 관사, 지시대명사, 소유격, 인칭대명사의 목적격 등이 올 수 있습니다.

I'd like to have both of those books.(X)

Both of mom's bags are old.(X)

You can have **either of** these two books.(O)

Neither of my parents can buy a new car.(O)

<Jane has two children.>

Both of them are elementary students.

Either of them is a boy.

Neither of them is married.

5.10 부정대명사 종합

(1) 대부분의 부정대명사는 명사를 수식하는 기능을 합니다. 그러나 none은 명사를 수식하지 않고 독립적으로 사용된다.

All countries have their own cultures.

Most students study very hard.

There are **no** buses in this street.

I have to hurry. I have **no time**.

all most some no any both either neither		명사(cities, people, buses....)

(2) 복수명사 앞에 한정사가 붙거나 인칭대명사가 붙으면 '부정대명사 + of + 한정사 + 복수명사'의 형태가 와야 합니다. 그러나 both의 경우에는 한정사가 붙지 않고 인칭대명사만이 올 수 있습니다. no는 'no + of'의 형태를 취하지 않고 명사만을 수식하는 형용사의 기능만을 합니다. 그리고 all, both, half, most의 경우에는 of가 와도 되고 그렇지 않아도 됩니다. 그러나 인칭대명사가 올 때는 반드시 of가 와야 합니다.

All the countries have their own cultures.
= Usually all countries have their cultures.
All of the countries in this continent have strange customs.

Most students have high motivation for studying.
= Generally most students have high motivation for studying.
But **most of the** students in this class have low motivation.
And **most of them** don't even try to study.

all most some none any either neither	of	the... this(these)/that(those)... my/your/someone's... it, them, us, you
both	of	it, them, us, you

(3) 배수사가 한정사 앞에 오면 of를 사용하지 않습니다.

The price of an apple is **double times of that** of a banana.(X)
→ The price of an apple is **double times that** of a banana.(O)

This mountain is **two times of the height** of Mt. Halla.(X)
→ This mountain is **two times the height** of Mt. Halla.(O)

5.11 대명사와 관련된 관용어구

(1) Make oneself understood : 이해시키다.

I can **make myself understood** in French.
Can you **make yourself understood** in English?

(2) In spite of oneself : 자신도 모르게

In spite of myself, I started when I saw the girl.
In spite of myself, I fell in love with her.

(3) Help oneself to : 마음껏 먹다/마음껏 사용하다.

We **helped ourselves to** many kinds of food in the buffet.
Help yourself to what you need.

(4) A is one thing and B is another : A와 B는 서로 다르다.

To hear **is one thing and** to see **is another**.
To donate **is one thing and** to serve **is another**.

(5) such as : 예를 들면

I like fruits **such as** apples, peaches, and lemons.

I like yellow fruits **such as** bananas, pineapples, and lemons.
I like fruits **including** apple, peach, and lemon.

(6) as such :그러한 것/사람으로서

He is a famous scholar, and has been respected **as such**.
The office as the law, **as such**, are entitled to respect.
I am a civilian, and I want to be treated **as such**.

(7) such as it is/such as they are : 변변치 않지만

You can have my car, **such as it is**.
We will be happy if you join us for supper, **such as it is**, we're only having soup and bread?
You can have my used text-books, **such as they are**.

| 연습문제 |

1. When tourists arrived at the folk museum, _______ were guided.
   ① them ② theirs ③ their ④ they

2. Learning is one thing, and teaching is __________. [성균관대편입]
   ① any ② the other ③ another ④ others

3. Aren't they friends _________? [건국대대학원]
   ① of yours ② of you ③ to yours ④ to you

4. One of Shaw's ________, *Pygmalion*, was the story that formed the basis for the musical play *My Fair Lady*. [TOEFL]
   ① greatest work ② greatest works
   ③ the greatest work ④ the greatest works

5. ____________ made by animal serve as language. [한양대대학원]
   ① Not all sounds ② Not of all sounds
   ③ Not every sound ④ Not any sounds

6. I have not been able to mark examination papers _________ although students took the final test two weeks ago.
   ① me ② myself ③ mine ④ my

7. This factory's televisions can be different from _______ of another factory because of the color and easy function.
   ① this ② them ③ that ④ those

8. A few years <u>from now</u>(①), if all <u>go</u>(②), I mean <u>to retire</u>(③) from teaching, which I'll have been at <u>for four decades</u>(④). [서울대대학원]

9. He has used three styles of shoes. ______ is for walking, _______ for running, _______ for working. [TOEFL]

① one, the other, the last ② the first, other, another

③ one, other, another ④ one, another, the other

10. In the past, some(①) of the most highly stressed areas(②) in education was(③) the moral improvement(④) of students. [TOEFL]

11. Although Julia Adams was almost totally(①) deaf in one ear and had weak(②) hearing in another(③) she overcame(④) the handicap and became an internationally renowned(⑤) pianist. [행시]

12. Every(①) boy and girl(②) must(③) develop their(④) personality. [TOEFL]

13. _____ of the clerks in the restaurant faulted themselves for not serving customers gently.

① No ② One ③ Some ④ Any

14. We reconsider the last year MOU with your company, but we found that there appeared to be ____________ of disagreement.

① something ② everything ③ anything ④ nothing

15. Although the company received forty applications, ________of which were not appropriate for it.

① most ② the most ③ any ④ almost

16. The current economic crisis caught _________________ by surprise. [고시]

① almost everyone ② the most everyone ③ most anyone

④ each one and everyone ⑤ almost anyone

17. In the 15th century, most people thought that the earth was flat, but Chirstopher Columbus didn't think ____________. [홍익대대학원]

① it ② that ③ thus ④ so

18. Those who live in a big city like Seoul are always being annoyed by noise of one sort or ________. [덕성여대편입]

① other ② others ③ another ④ the other

19. The first <u>three books</u>① are novels, the next <u>two ones</u>② <u>are</u>③ biographies and <u>the last one</u>④ is a guidebook. [TOEFL]

20. If one reads a <u>great many</u>① articles in Elementary English, <u>you</u>② will become <u>familiar with</u>③ the problems of the <u>beginning</u>④ teacher of reading. [TOEFL]

❙ 실전문제 ❙

21. No <u>one</u>① <u>can</u>② blame him <u>for</u>③ <u>doing</u>④ <u>one's</u>⑤ duty. [행시]

22. He was <u>too</u>① <u>angry</u>② to <u>say</u>③ <u>something</u>④ <u>at all</u>⑤. [행시]

23. The president refuses <u>to accept</u>① <u>either</u>② of the four <u>new proposals</u>③ <u>made by</u>④ the contractors. [홍익대대학원]

24. The library has its own collection of rare books, but _____ also sponsors local exhibits with books loaned by other libraries. [TOEFL]

① they ② he ③ it ④ we

25. During the orientation for freshmen of our department, it was discovered that two of them already knew each _______.

① ones ② other ③ another ④ others

26. For _______ hoping to enter our university, an application form has been made available online to facilitate an application and increase the application rate.

① those ② who ③ ones ④ them

27. Product price rose nearly 5 percent, but food price in general rose nearly 14 percent because _________ of vegetables has gone up by 5.8 percent.

① this ② that ③ these ④ those

28. 다음 주어진 문장의 내용과 일치하는 것은? [한양대편입]

My library, such as it is, is a at your disposal.

① Such being the case, my library is at your dealing.

② My library, without any changes, is at your disposal.

③ As my library is useful, you can use it as you want.

④ Poor as it is, you can use my library as you wish.

29. 다음 중 문법적으로 틀린 것은? [행시]

① None of the man will introduce you to the lady.

② I don't have a pencil.

③ I have done nothing with it.

④ That is not a proper method of reading.

⑤ Neither of them went there yesterday.

30. The company offered him a number of positions in the company, ________ of which was exactly what he was seeking for.

① few ② none ③ both ④ all

❙ 연습문제 ❙

1. <해석> 관광객들이 민속박물관에 도착했을 때, 그들은 안내되었다.
   <해설> 주어자리가 비어 있기 때문에, 종속절의 주어인 tourists와 수가 격이 일치하는 주격 인칭대명사가 필요합니다.
2. <해석> 배우는 것과 가르치는 것은 다른 것이다.
   <해설> 'A is one thing, and B (is) another.' A와 B는 다른 것이다.
3. <해석> 그들은 당신의 친구들이 아닙니까?
   <해설> '소유격 + 명사'를 '명사 + of + 소유대명사'로 나타낼 수 있습니다.
   They are your friends.
   = They are friends of yours.
4. <해석> Shaw의 위대한 작품들 중 하나인 Pygmalion은 뮤지컬 My Fair Lady의 토대가 되었던 소설이다.
   <해설> 소유격, 정관사, 지시형용사 등과 같은 한정사는 두 개가 같이 사용될 수 없으므로 One of the Shaw's greatest works.처럼 사용할 수 없습니다. 따라서 One of Shaw's greatest works가 되어야 합니다. '~들 중 하나'는 'One of +한정사+복수명사'로 나타냅니다.
   One of his merits is that he is very brave.
5. <해석> 동물들이 내는 모든 소리가 언어의 역할을 하는 것은 아니다.
   <해설> '부정어 + all/every'는 '전체가 ~하는 것은 아니다'의 의미로서 부분부정을 나타냅니다. 부정대명사 all은 복수명사와 같이 사용되어 복수취급을 하고, every는 단수명사와 같이 사용되어 단수취급을 받습니다. 문제에서 ____ made by animals.이기 때문에 주어는 복수가 되어야 합니다. not of all sounds에서 not은 부정대명사가 아니기 때문에 전치사를 취할 수 없습니다. 따라서 부정의 의미를 포함하고 있는 none으로 바뀌어야 합니다. 그러나 none은 형용사의 역할을 할 수 없습니다.
   Not all sounds made by animals serve as language.(O)
   None of sounds made by animals serve as language.(O)
   None of their sounds made by animals serve as language.(O)
   None of them made by animals serve as language.(O)
6. <해석> 학생들이 기말시험을 2주전에 보았지만, 나는 시험지를 채점할 수 없었다.
   <해설> I have not been able to mark examination papers ____. 동사 mark는 직접목적어 하나만을 필요로 하는 3형식을 취하는 동사이므로, 이 문장은 문법적으로 틀린 곳이 없습니다. 따라서 강조의 용법을 가진 재귀대명사만이 사용될 수 있습니다.
7. <해석> 이 공장의 TV는 색깔과 쉬운 기능 때문에 다른 공장의 것들과는 구별될 수 있다.
   <해설> This factory's **televisions** can be distinguished from **televisions** of another factory.

televisions가 반복되는 것을 피하기 위하여 이런 경우에 지시대명사를 사용합니다. 지시대명사가 한정을 받으면 that/those를 사용합니다. 'be different from'은 '차이가 나다, 다르다'의 의미를 가지고 있으며, 같은 표현으로는 'be distinguished from, differ from' 등이 있습니다.

8. <해석> 모든 것이 제대로 되어간다면, 나는 지금부터 몇 년 후에 교직에서 은퇴할 생각인데, 그 때가 되면 나는 40년 동안 교직생활을 하게 되는 셈이다.

<해설> 'all of + 복수명사'는 복수취급을 하고, 'all of +불가산명사'는 단수취급을 합니다. if all go에서는 all이 상황/사정을 의미하므로 불가산명사입니다. 따라서 단수취급을 해야 합니다.

9. <해석> 그는 세 종류의 신발을 사용해 왔는데, 하나는 걷기 위한 것이고, 다른 하나는 달리기 위한 것이고, 나머지 하나는 작업을 위한 것이다.

<해설> '세 개 중에서 하나는, 두 번째는, 나머지 하나'의 의미를 나타낼 때는 'one, a second(another), the third(the other)를 사용합니다.

'네 개 중에서 하나는, 두 번째는, 세 번째는, 그리고 나머지 하나'의 의미를 나타낼 때는 'one, a second(another), a third, the fourth(the other)'를 사용합니다.

10. <해석> 과거의 교육에 있어서 가장 크게 강조되었던 분야 중 하나는 학생들의 도덕의식 함양이었다.

<해설> Some of the most highly stressed areas in education was the moral improvement of students.에서 보어인 the moral improvement of students가 단수이어서 주어도 단수가 되어야 하나 복수를 의미하는 some이 왔기 때문에, 단수를 의미하는 one으로 바뀌어야 합니다. 따라서 정확한 표현은 One of the most highly stressed areas in education was the moral improvement of students.입니다.

11. <해석> 비록 Julia Adams는 한쪽 귀가 거의 귀머거리였고, 다른 한쪽은 난청이었음에도 불구하고, 그녀는 그런 장애를 극복하고 세계적 명성을 얻은 피아니스트가 되었다.

<해설> 비록 2개라는 언급이 없지만, 인간은 보통 귀를 2개 가지고 있으므로 'one~, the other'~의 형식을 사용합니다.

Mr. Jones was near sighted in one eye, and long sighted in the other.

12. <해석> 모든 소년과 소녀들은 자신의 능력의 개발해야 한다.

<해설> 비록 boy and girl이 왔지만 every는 단수취급을 받기 때문에 their를 his and her로 바꾸어 주어야 합니다.

13. <해석> 레스토랑의 점원 몇 명이 손님들을 정중하게 서빙하지 않은 것에 대해 자신들의 잘못을 시인했다.

<해설> faulted themselves for에서 재귀대명사가 복수이므로 주어가 복수임을 알 수 있습니다. Some of 복수명사는 복수취급을 하고, one of 복수명사는 단수취급을 합니다. 'fault oneself for ~'는 '~한 잘못을 인정하다'의 의미를 지니고 있습니다.

14. <해석> 우리는 지난 해 당신회사와 맺은 양해각서를 재검토해 보았는데, 다소간의 불만족함이 있는 것 같다.

<해설> something of + 명사 : 다소, 약간의

He is something of a liar.(그는 약간 거짓말 장이다.)

He has been something of a rebel.(그는 다소 반항자적인 행동을 해오고 있다.)

15. <해석> 그 회사는 40개의 지원서를 받았는데, 이들 중 대부분은 그 회사에 적절하지 않은 것이었다.

<해설> '대부분의' 의미를 나타낼 때는 'most of + 복수명사'의 형태를 사용합니다. 'most + 복수명사'는 '많은 ~은'의 의미를 지니고 있습니다. almost는 all, every, none, half 등과 같은 부정대명사를 수식할 수 있습니다. Almost all students attend the class today.

16. <해석> 현재의 경제 위기가 거의 모든 사람들에게 갑자기 닥쳐왔다.

<해설> most everyone/most anyone처럼 부정대명사는 2개가 같이 사용될 수 없습니다. 부정대명사를 수식할 경우에는 주로 almost가 사용됩니다. 따라서 almost는 all, every, none, half 등과 같은 부정대명사를 수식할 수 있지만, anyone은 자체가 '거의 모든'의 의미를 포함하고 있기 때문에 수식할 수 없습니다. <문제 15번 참조>

17. <해석> 15세기에 대부분의 사람들은 지구가 평평하다고 생각했지만, Columbus는 그렇게 생각하지 않았다.

<해설> 앞에 나온 절의 반복을 피하기 위하여 so와 not을 사용합니다.

People thought **that the earth was flat**, but Columbus didn't think that the earth was flat.

→ People thought **that the earth was flat,** but Columbus didn't think **so**.

I thought **that my leg was broken.** But I hope **that my leg was** not **broken.**

→ I thought **that my leg was broken.** But I hope not.

이러한 표현에는 hope/believe/say/think/suppose/be afraid 등의 동사들이 사용됩니다.

18. <해석> 서울과 같은 대도시에 살고 있는 사람들은 항상 이러저러한 종류의 소음에 시달리고 있다.

<해설> '이러저러한 종류의'는 'one sort or another'로 표현합니다.

19. <해석> 먼저 세권은 소설이고, 다음 두 권은 전기이고, 마지막 한 권은 안내책자이다.

<해설> 대명사 one은 기수 다음에 올 수 없습니다. 만약 기수 다음에 쓰고자 한다면, ones 앞에 형용사를 넣어야 합니다. the next two ones(X) the next two interesting ones(O)

20. <해석> 여러분들이 Elementary English에 실려 있는 많은 논문을 읽게 되면 신참독본교사가 겪는 많은 문제에 대해 인식을 새로이 하게 될 것이다.

<해설> if절의 주어가 one이기 때문에 종속절의 주어도 one이 되어야 합니다.

| 실전문제 |

21. <해석> 누구도 자신의 의무를 다하고 있는 그를 비난할 수 없다.

<해설> 'blame A for B'는 'A를 B 때문에 비난하다'의 의미를 가지고 있기 때문에 B의 의미상 주어는 A가 됩니다. No onc can blame him for doing his duty.가 되어야 합니다.

22. <해석> 그는 너무 화가 나서 아무 말도 할 수 없었다.

<해설> 'too + 형용사 + to 동사원형'은 '너무 ~해서 ~할 수 없다'의 의미를 가지고 있어서 부정의 의미를 내포하고 있으므로 부정문으로 취급해야 합니다. something은 긍정문에 사용되고, anything은 부정, 의문, 조건문에 사용됩니다.

23. <해석> 사장은 계약자들이 제시한 새로운 네 개의 제안 중 그 어느 것도 받아들이기를 거부하고 있다.

<해설> either/neither는 '두 개 중에서 하나/ 둘 다'의 의미를 가지고 있습니다. 따라서 올 수 있는 것은 one of the four new proposals/ all of the four new proposals 등이 될 수 있습니다.

24. <해석> 그 도서관은 희귀 도서를 소장하고 있지만, 또한 다른 도서관에서 대여한 책으로 지역 전시회에 지원한다.

<해설> the library가 주어자리에 들어가야 하지만, 같은 명사의 반복을 피하여 위하여 it을 사용합니다.

25. <해석> 학과신입생을 위한 오리엔테이션 중에, 신입생 중 두 명이 이미 서로 아는 사이임이 밝혀졌다.

<해설> '2명이 서로서로'의 의미는 'each other'로 표현합니다.

26. <해석> 우리대학에 지원하기를 희망하는 사람들을 위하여, 쉬운 등록과 등록률을 증가시키기 위해서 신청서가 온라인상에서 이용 가능하게 되었다.

<해설> '~하는 사람들'의 표현은 'those (who + be 동사) ~'로 표현합니다.

Those (who are) hoping to participate in the meeting, fill out this form.

Those (who are) interested in leisure sports, join in this club.

27. <해석> 공산품은 5% 올랐지만, 야채 가격이 5.8퍼센트 올랐기 때문에 음식 가격은 일반적으로 거의 14퍼센트 올랐다.

<해설> **the price** of vegetables by 5.8 percent.에서 the price의 반복을 피하여 위하여 지시대명사 this/that을 사용해야 하나, 한정 받는 경우에는 that/those를 사용합니다. 따라서 **that** of vegetables by 5.8 percent가 되어야 합니다.

28. <해석> 변변치 못하지만, 당신 마음대로 제 서재를 사용하십시오.

<해설> 'such as it is (they are)'는 '변변치 못하지만(poor as it is)'의 의미를 가지고 있습니다.

You can use my computers, such as they are. = Poor as they are, you can use my computers.

'be at one's disposal'은 '마음대로 ~하시오'의 의미를 지니고 있습니다.

These books are at your disposal. = If you want to read these books, you can read them.

29. <해석> ① 그 사람들 중 어느 누구도 당신을 그 부인에게 소개해 주지 않을 것입니다.

② 내게는 연필 한 자루도 없다.

③ 나는 그것으로 아무 것도 하지 않는다.

④ 이것은 적절한 독서법이 아니다.

⑤ 그들 중 어느 누구도 어제 그곳에 가지 않았다.

<해설> ① 부정대명사 none은 명사를 수식하지 않기 때문에 명사를 수식해야 할 때는 'none of + 가산명사의 복수', 'none of + 불가산명사'의 형태를 취합니다. <문제 5번 참조>

None of the men will introduce you to the lady.

None of the money goes into real productive activity.

None of the cake was left.

30. <해석> 회사가 그에게 많은 직을 제의 했지만, 그 중 아무것도 정확히 그가 찾고 있던 것은 아니었다.

<해설> 'None of + 가산명사의 복수'의 형태로 '그것들 중 무엇도 ~아니다.'의 의미를 나타내야 하므로 None of which/a number of positions was exactly what he was looking for.가 되어야 합니다. 'None of + 가산명사의 복수'이지만 동사의 수에서는 단수 혹은 복수 둘 다 가능합니다. 'None of + 불가산명사'는 단수 취급합니다. <문제 29번 참조>

None of the books **has/have** been placed on the shelves.

None of this money **is** mine.

<정답>

1. ④ 2. ③ 3. ① 4. ② 5. ① 6. ② 7. ④ 8. ② 9. ④ 10. ① 11. ③ 12. ④ 13. ③ 14. ① 15. ① 16. ① 17. ④ 18. ③ 19. ② 20. ② 21. ⑤ 22. ④ 23. ② 24. ③ 25. ② 26. ① 27. ② 28. ④ 29. ① 30. ②

제3장 관계사

관계사에는 관계대명사, 관계부사, 관계형용사, 복합관계대명사, 복합관계부사, 복합관계형용사, 유사관계대명사 등이 있습니다.

1. 관계대명사

관계대명사는 접속사 역할과 대명사 역할을 동시에 하는 형용사절로서, 두 개의 절에 공통된 요소가 있을 때 사용합니다. 즉, 주절의 명사와 종속절의 명사가 동일물 또는 동일인일 때, 종속절이 주절의 명사를 수식하는 형용사절 역할을 합니다. 이때 주절의 명사는 관계대명사절(종속절)의 선행사가 됩니다.

1.1 관계대명사의 종류

관계대명사는 선행사의 종류에 따라, 즉 선행사가 사람이면 who나 that을 사용하고 선행사가 사물 또는 동물이면 which나 that을 사용합니다.

This is **my teacher**. **He** teaches me English.
→ This is my teacher **who/that** teaches me English.

The corporation will grow rapidly. **It** sells the most.
→ The corporation **which/that** sells the most will grow rapidly.

1.2 관계대명사의 격

관계대명사의 격은 관계대명사절에서의 선행사 격에 의해 결정됩니다. 관계대명사절의 주어 자리가 비어 있으면 주격 관계대명사가 됩니다.

My aunt had **two sons**. **They** became doctors.
→ My aunt had two sons **who/that** became doctors.

I borrowed **two books**. **They** belonged to my friend.
→ I borrowed two books **which/that** belonged to my friend.

관계대명사절이 완전한 절이면 소유격 관계대명사가 됩니다. 즉 선행사가 관계대명사절의 주어인 명사를 소유할 때, 소유격 관계대명사가 사용됩니다.

A child is called an orphan. **Its** parents are dead.
→ A child **whose** parents are dead is called an orphan.

He has **problems**. **Their** consequences are serious.
→ He has problems **of which/whose** consequences are serious.

관계대명사절의 목적어 자리가 비어 있으면 목적격 관계대명사가 됩니다.

This is **the lady**. I liked **her** the most.
→ This is the lady **whom** I liked the most.

This is **the car**. I have wanted to buy **it**.
→ This is the car **which/that** I have wanted to buy.

1.3 관계대명사와 전치사

관계대명사절에 전치사가 붙어 있으면 목적격 관계대명사가 됩니다. 이때 '전치사 +관계대명사'가 장소, 시간, 방법, 이유 등을 나타낼 때는 관계부사와 같은 역할을 하게 됩니다. 이때 적절한 관계부사로 바꾸어 쓸 수 있습니다.

Korea has a long history. He has been proud of **it**.
→ Korea **of which** he has been proud has a long history.
→ Korea **which/that** he has been proud **of** has a long history.

This is **the house**. I was born **in this house**.
→ This is the house **which/that** I was born **in**.
→ This is the house **in which** I was born.
→ This is the house **where** I was born.

I lost **the pen**. I have written the book with **it**.
→ I lost the pen **with which** I have written the book.

This is **my reason**. I became a professor with **this reason**.
→ This is my reason **with which** I became a professor.
→ This is my reason **why** I became a professor.

1.4 관계대명사의 수

관계대명사의 수는 선행사의 수와 일치시킵니다. 그러나 주의해야할 경우가 있습니다.

(1) 'one of + **복수명사**'**의 경우에는 관계대명사절의 수는 복수가 됩니다.**

He is **one of those people** who **believe** in the perfectibility of man.
He is **one of those** who **do** solve this problem.

(2) 'the only one of + **복수명사**'**의 경우에는 관계대명사절의 수는 단수가 됩니다.**

He is **the only one of those people** who **believes** in the perfectibility of man.
He is **the only one of those** who **does** solve this problem.

(3) **관계대명사의 선행사 위치에 있지 않고, 문장의 주어가 될 때는** 'one of + **복수명사**'**와** 'the only one of + **복수명사**'**의 수는 단수가 됩니다.**

One of those **does** solve this problem.

The only one of those **does** solve this problem.

One of those people **believes** in the perfectibility of man.

The only one of those people **believes** in the perfectibility of man.

(4) those who**와** those which**는 복수취급하고** he who**와** that which**는 단수취급 합니다.**

God helps **those who help** themselves.

Those which were true once **are** not true any longer.

He who is afraid of taking a risk **does** not success.

That which looks old **is** always not an antique.

선행사의 종류와 격에 의해서 관계대명사를 정리하면 아래의 표와 같습니다. 선행사가 사람이고 동사 또는 전치사의 목적격일 때는 whom 또는 who를 사용할 수 있습니다. 그러나 전치사와 같이 쓰이면 항상 목적격이어야 합니다.

Look at some people. We have to help them.

→ Look at some people **whom/who** we have to help.

This is my son. I am always proud of him.

→ This is my son **whom/who** I am always proud **of**.

→ This is my son **of whom** I am always proud.

선행사 / 격	사람	사물
주격	who, that	which, that
소유격	whose	whose, of which
목적격	whom, who, that	which, that

1.5 관계대명사의 생략

(1) 관계대명사가 관계대명사절속에서 타동사의 목적격일 때 생략할 수 있습니다.

The movie was very good. We saw **it** last night.
→ The movie (**which/that**) we saw last night was very good.
→ The movie we saw last night was very good.

This is **the new brand**. We expected to develop **it**.
→ This is the new brand (**which/that**) we expected to develop.
→ This is the new brand we expected to develop.

(2) 관계대명사가 관계대명사절속에서 전치사의 목적격일 때 생략할 수 있습니다. 단 전치사와 관계대명사가 붙어 있는 경우에는 생략할 수 없습니다. 그리고 전치사와 관계대명사가 붙어 있는 경우에는 관계대명사 that을 사용할 수 없습니다.

The music was good. We listened to **it** last night.
→ The music **which/that** we listened **to** last night was good.
→ The music **to which** we listened last night was good.
→ The music **to that** we listened last night was good.(X)
→ The music we listened **to** last night was good.

This is **the man**. I talked with **him** yesterday.
→ This is the man **whom/that/who** I talked **with** yesterday.
→ This is the man **with whom** I talked yesterday.
→ This is the man I talked **with** yesterday.

(3) '관계대명사 + be'동사는 생략할 수 있습니다.

Members were fired. **They** were involved in the strike.

→ Members **who were** involved in the strike were fired.

→ Members involved in the strike were fired.

I watch my **daughter**. **She** is playing on the ground.

→ I watch my daughter **who is** playing on the ground.

→ I watch my daughter playing on the ground.

(4) 주격관계대명사의 생략

① 관계대명사가 관계대명사절에서 be 동사의 보어 역할을 할 때는 주격 관계대명사를 생략할 수 있습니다.

He is not **the man**. He once was **the man.**

→ He is not the man **who/that** he once was.

→ He is not the man he once was.

I am not **the man**. I used to be **the man.**

→ I am not the man **who/that** I used to be.

→ I am not the man I used to be.

② There is～의 구문에서 주격 관계대명사는 생략할 수 있습니다.

There is **a man. He** helped us yesterday.

→ There is a man helped us yesterday.

그러나 주어 자리가 비어 있는 주격 관계대명사는 절대 생략할 수 없습니다.

This is **the woman. She** helped us yesterday.

→ This is the woman **who/that** helped us yesterday.

Look at **the girl and her dog**. **They** are coming to us.
→ Look at the girl and her dog **that** are coming to us.

1.6 관계대명사의 두 가지 용법

(1) 한정적 용법

선행사가 구체적이지 않기 때문에, 관계대명사절이 선행사를 수식하여 한정하는 형용사절이 됩니다. 이러한 용법을 한정적 용법이라고 합니다. 한정적용법의 관계대명사 앞에는 comma가 없는 경우가 일반적이며, 관계대명사절을 먼저 해석 합니다.

This is **the woman**. **She** wanted to see you.
→ This is the woman **who/that** wanted to see you.
이 사람이 너를 만나기를 원했던 그 여자이다.

The lady was my friend. You met **her** at the airport.
→ The lady **whom** you met at the airport is my friend.
네가 공항에서 만난 숙녀는 나의 친구였다.

(2) 계속적 용법

관계대명사의 계속적 용법은 선행사가 구체적이고 명확하기 때문에, 관계대명사가 선행사를 한정하지 않고 추가·부연 설명하는 용법입니다. 관계대명사 앞에 comma가 사용되며, '접속사 + 대명사'로 바꿔 쓸 수 있습니다.

I met **a boy**. **And he** showed me the way.
→ I met a boy**, who** showed me the way.
소년을 만났는데, 그가 길을 가르쳐 주었다.

I sent an e-mail to **Jane**. **Because** she was absent from school.
→ I sent an e-mail to Jane**, who** was absent from school.
Jane이 학교에 결석했기 때문에 그녀에게 메일을 보냈다.

(3) 두 용법의 의미 차이

She has two sons **who** became professors.
그녀에게는 교수가 된 두 명의 아들이 있다. *(아들이 더 있을 수 있음을 암시)*
She has two sons**, who** became professors.
그녀는 아들이 둘 있는데, 그들은 교수가 되었다. (*아들이 둘 밖에 없음을 암시*)
There were few survivors **who** were rescued without injury.
부상 없이 구조된 생존자가 거의 없다./구조된 사람은 모두 부상을 입었다.
There were few survivors**, who** were rescued without injury.
생존자는 거의 없는데, 그들은 부상 없이 구조되었다.

1.7 관계대명사 that

(1) that은 한정적 용법에만 쓰입니다.

He has two **sons**. **They** are students.
→ He has two sons **that** are students. (O)
→ He has two sons**, that** are students. (X)

(2) 관계대명사 that 앞에는 전치사가 올 수 없습니다.

This is **the hospital**. He was born in **the hospital**.
→ This is the hospital **in which** he was born. (O)
→ This is the hospital **that** he was born **in**. (O)
→ This is the hospital **in that** he was born. (X)

(3) 아래와 같은 경우에는 관계대명사 that 만을 사용합니다.

① 선행사가 '사람+동물' 또는 '사람+사물'인 경우

Look at **the girl and her dog. They** are coming to us.
→ Look at the girl and her dog **that** are coming to us.

There are **the girl and her scarf**. **They** look beautiful.
→ There are the girl and her scarf **that** look beautiful.

② 선행사가 'the + 최상급', 'the + 서수', 'the same + 명사', 'the very + 명사', 'the only + 명사'인 경우

This is **the best thing**. I have **it** now.
→ This is the best thing **that** I have now.

This problem is **the only thing**. I can not solve **it**.
→ This problem is the only thing **that** I can not solve.

She is **the very person**. We have talked about **her**.
→ She is the very person **that** we have talked about.

You have **the same watch**. I lost **it** yesterday.
→ You have the same watch **that** I lost yesterday.(내가 잃어버린 그 시계)
Cf. You have the same watch **as** I lost yesterday.(내가 잃어버린 것과 같은 종류의 시계)

그러나 위의 수식어 뒤에 사람이 올 때는 that과 who 둘 다 쓸 수 있습니다.

You are the best friend **that** I have ever known.
You are the best driver **who** I have ever known.
You are the only people **that/who** I can believe.
You are the only people **that/whom** I can believe.

③ 선행사가 all, every, something, anything, no 등과 같이 부정대명사인 경우

All is not gold. **It** glitters.
→ All **that** glitters is not gold.

I read **everything**. **It** came into my hand.
→ I read everything **that** came into my hand.

I don't have **anything**. I have to do **it**.
→ I don't have anything **that** I have to do.

④ 선행사가 who, what 등과 같이 의문대명사인 경우

Who does not look up to him? **Somebody** knows him.
→ Who **that** knows him does not look up to him?

Who can forget her? **Somebody** loves her smile.
→ Who **that** loves her smile can forget her?

⑤ It is ~ that의 강조 구문

It is you **that** broke the promise.
It is you **that** made a mistake.

1.8 관계대명사 which

관계대명사 which의 선행사는 다른 관계대명사처럼 명사 또는 대명사뿐만 아니라, 형용사, 구, 절이 되기도 합니다.

Teacher Kim was wearing **a hat**. **The hat** was too big for him.
→ Teacher Kim was wearing a hat **which** was too big for him. (명사)

You are **honest**. But I am not **so**.
→ You are honest, **which** I am not. (형용사)

Teacher Kim tried **to persuade his students**. But **it** was useless.
→ Teacher Kim tried to persuade his students, **which** was useless. (구)

They promised me they would do their best. But **it** was a lie.
→ They promised me they would do their best, **which** was a lie. (절)

1.9 관계대명사 what

관계대명사 what은 'the thing which(that)'의 의미를 가지고 있고, 이미 선행사를 포함하고 있기 때문에 선행사를 필요로 하지 않습니다. 관계대명사 what절은 '~하는 것'으로 해석되며, 문장 내에서 주어, 목적어, 보어의 역할을 하는 명사절입니다. 관계대명사 what은 명사절의 역할 외에 많은 관용용법을 가지고 있습니다.

(1) 명사절

He said **(the thing which)**. **It** was crystal clear.
→ **What** he said was crystal clear.

I can not believe **that**. He reported **(the thing which)**.
→ I can not believe **what** he reported.

This is **it**. We asked **(the thing which)**.
→ This is **what** we asked.

(2) what의 관용용법

① 'what + 주어 + 동사'는 주어의 상태 또는 모습을 의미합니다.

What he is reflects **what he was**.
What she is is owed to her mother.
I respect my teacher not **what he does** now but **what he has tried**.

② 'A is to B what C is to D'는 'A와 B의 관계는 C와 D의 관계와 같다'를 의미합니다.

Reading **is to** the mind **what** food **is to** the body.
Reading **is to** writing **what** listening **is to** speaking.

③ 'what with A and what with B'는 '한편으로는 A이고 다른 한편으로는 B 때문에'라는 의미를 가지고 있습니다.

What with financial problems **and (what with)** labors' strike, we decided to give up this new project.
What with fatigue **and (what with)** hunger, we were knocked down.

④ 'what little'은 '적은 양이지만 모든'의 의미를 가지고 있으므로 'what little + 불가산명사'의 형태를 취합니다.

I am happy to give you **what little** money I have.
It was good to help him **what little** capability I have.

⑤ 'what few'은 '적은 수지만 모든'의 의미를 가지고 있으므로 'what few + 가산명사의 복수형'의 형태를 취합니다.

I can borrow **what few** books he had.
What few footballs were blew out.

⑥ 'what is called'와 'what we call'은 '소위'의 의미를 가지고 있습니다.

He is, **what is called**, a self-made man.
He is, **what we call**, a bookworm.

⑦ 'what is better'는 '금상첨화로'의 의미를 가지고 있습니다.

He is handsome, tall, and **what is better**, clever.
He is rich, and **what is better**, handsome.
He is rich, **moreover** handsome.

⑧ 'what is worse'는 '설상가상으로'의 의미를 가지고 있습니다.

She had a cold, and **what is worse**, a headache.
We are stuck in the mud, and **what is worse**, it begins to rain.
= We are stuck in the mud, **to make us miserable**, it begins to rain.
= We are stuck in the mud, **to make matters worse**, it begins to rain.

2. 유사관계대명사

접속사인 as, but, than 등이 관계대명사와 유사하게 사용되는데 이를 유사관계대명사라고 합니다.

2.1 as의 용법

'as + 형용사 + 가산명사의 복수형/불가산명사 + as'는 '~와 같은', 'such +(관사) + (형용사) + 가산명사의 복수형/단수명사+ as'는 '~와 같은', 'the same ~ as'는 '~와 같은 종류', 'as'는 '그것은 ~이지만, 그 사실은 ~이지만, ~처럼' 등의 의미를 가집니다. 그리고 관계대명사와 마찬가지로 유사관계대명사 뒤에도 불완전한 문장이 옵니다.

As many children **as** came late did not receive any gifts.
Give me **as** much money **as** you have.
We usually read **such** books **as** we can understand.

Don't watch **such** comic programs **as** are not worth watching.

He was an Australian, **as** I knew from his accent.

As may be expected, it is very important.

Mary bought **the same** watch **as** I lost. (같은 종류의 시계)

Cf. Mary have **the same** watch **that** I lost. (잃어버린 그 시계)

'the same + 추상명사'의 형태가 되면 as나 that의 차이 없이 둘 다 사용할 수 있습니다.

Cf. He has **the same** reputation **as** his father did.

= He has **the same** reputation **that** his father did.

'the same + 추상명사 + as/that'의 형태에서 as/that절에서 동사가 생략되면 as만을 사용해야 합니다.

I am going to attend **the same** school **that** my brother does.

I am going to attend **the same** school **as** my brother.

2.2 but의 용법

But은 'who ~not', 'that(which) ~not'으로 '~하지 않는 사람' 또는 '~하지 않는 것'의 의미를 지니고 있는 유사 관계대명사입니다. 항상 부정표현이 but 앞에 나옵니다.

There is **no** one **but** believes it.

= There is **no** one **who does not** believe it.

There is **no** rule **but** has exception.

= There is **no** rule **which does not** have exception.

No man is so old **but** understand this situation.
= **No** man is so old **who** can **not** understand this situation.

There are **few** students **but** solve this problem.
= There are **few** students **who** can **not** solve this problem.

2.3 than의 용법

일반적으로 than앞에는 비교의 의미를 지니는 more가 사용됩니다.

My father gave me **more** money **than** I expected.
Don't use **more** materials **than** needed.
This company offers **more** salary **than** we expected.
We are inclined to eat **more** in a buffet **than** we usually do.

3. 복합관계대명사

복합관계대명사는 '관계대명사 + ever'의 형태를 취하며, 관계대명사 what처럼 선행사가 없습니다. 그리고 복합관계대명사절은 명사절 또는 양보구문을 이끕니다.

3.1 명사절

Whoever wants to succeed has to do his best.
Whatever you said is meaningless.
Human beings usually follow **whosever** idea is right.
You can have **whichever** you want.
Choose **whatever** you like.

3.2 양보절

Whoever you are, you have to be polite to the old.

Whoever calls me tonight, they will not be welcomed.

Whomever you meet, be polite.

Whichever you buy, cut down the price.

Whatever happens, do not give up.

Whatever questions you have, don't hesitate to contact me.

복합관계대명사 whichever는 보통은 4개 이하 범위 내에서 언급할 때 사용하고 그 이상은 whatever를 사용합니다. 그리고 제한되어 범위가 정해진 경우에는 whichever를 사용합니다. 즉, whatever는 범위가 정해지지 않은 막연한 것을 의미하고, whichever는 범위가 정해진 경우에서의 선택을 의미합니다.

Whatever you do, you will succeed.

Whichever products *provided* you take, there is a one-year guarantee.

3.3 복합관계대명사의 수

복합관계대명사는 항상 **단수**취급을 합니다.

Whatever has a beginning also **has** an end.

Whoever knows him **respects** him.

3.4 복합관계대명사의 격

복합관계대명사의 격은 앞에 있는 동사나 전치사와 무관하게 복합관계대명사절 내에서의 역할에 의해서 결정됩니다.

They will welcome **whoever** drops by.

= They will welcome **anyone who** drops by.

He told the story **to whoever** would listen.
= He told the story to **anyone who** would listen.

Cf. He told the story **to whom** would listen.
He told the story **who** would listen **to.**

4. 관계부사

관계부사는 접속사와 부사의 역할을 동시에 합니다. 관계부사도 관계대명사와 마찬가지로 선행사를 수식하는 형용사절 입니다.

4.1 관계대명사와 관계부사의 차이점

관계대명사는 접속사와 대명사의 역할을 하므로 선행사가 관계대명사절에서 주어나 목적어 역할을 합니다. 따라서 뒤에 불완전한 문장이 오지만, 관계부사는 접속사와 부사의 역할을 하므로 뒤에 완전한 문장이 옵니다. 그리고 관계부사는 '전치사 + 관계대명사'로 바꿀 수 있습니다.

This is **the motel**. I stayed at **it.**
→ This is the motel **which** I stayed **at.**
→ This is the motel **at which** I stayed.
→ This is the motel **where** I stayed.

This is **the motel**. I stay **here**.
→ This is the motel where I stay.

4.2 관계부사의 종류

(1) 장소

This building is **the place**. A national conference was held at **this building**.
→ This building is **the place**. A national conference was held **here**.
→ This building is the place **at which** a national conference was held.
→ This building is the place **where** a national conference was held.

(2) 시간

Tell me **the day**. It will rain **on day**.
→ Tell me the day **on which** it will rain.
→ Tell me the day **when** it will rain.

Do you know **the date**. I have to submit my report **by date**.
→ Do you know the date **by which** I have to submit my report.
→ Do you know the date **when** I have to submit my report.

(3) 이유

Tell me **the reason**. I have to do this **by the reason**.
→ Tell me the reason **by which** I have to do this.
→ Tell me the reason **why** I have to do this.
→ Tell me **the reason** I have to do this.
→ Tell me **why** I have to do this.

This is **the reason**. He did it **with the reason**.
→ This is the reason **with which** he did it.
→ This is the reason **why** he did it.
→ This is **the reason** he did it.
→ This is **why** he did it.

(4) 방법

시간, 이유, 장소를 나타내는 관계부사에는 선행사가 있어야 하나, 방법을 나타내는 관계부사 how는 선행사와 같이 쓰이지 않습니다.

This is **the way**. The accident happened **in this way**.
→ This is the way **in which** the accident happened.
→ This is **how** the accident happened.

This is **the way**. I solved my financial problems **by this way**.
→ This is the way **by which** I solved my financial problems
→ This is **how** I solved my financial problems.

5. 복합관계부사

복합관계부사는 '관계부사 + ever'의 형태를 취하면서 양보절을 이끕니다. 그리고 'no matter + 관계부사'의 의미를 지닙니다. 복합관계부사 however는 'however + 형용사 또는 부사 + 주어 + 동사'의 형태를 취합니다.

I will follow you **no matter where** you go.
→ I will follow you **wherever** you go.

No matter where you go, take care of yourself.
→ **Wherever** you go, take care of yourself.

You may come **no matter when** you want to come.
→ You may come **whenever** you want to come.

No matter when you come, you will be welcomed.
→ **Whenever** you come, you will be welcomed.

No matter how stupid he is, he will not believe your words.
→ **However** stupid he is, he will not believe your words.

No matter how hard he tries, he will not execute his ends.
→ **However** hard he tries, he will not execute his ends.

▎연습문제▐

1. Pride was a quality ________ did not like very much, since they were all very modest. [서울대대학원]

① which they ② for which ③ of which ④ in that

2. Most of the products and goods _______ are purchased on-line are delivered directly by Home delivery service.

① they ② those ③ that ④ these

3. Recently the director released the list of engineers who _______ to lead the bridge project. [TOFLE]

① have nominated ② nominated
③ have been nominated ④ will be nominating

4. I am glad to give you _______ little money I have. [경기대편입]

① any ② all ③ which ④ what

5. The senator depended upon ________________. [외시]

① whomever was willing to assist him.
② whoever was willing to assist him.
③ whoever he wanted to assist.
④ whoever will assist him.
⑤ whosever was willing to assist him.

6. Dietary supplements ______ are made of plants are generally known to be safe, but doctors warn the danger of abusing them.

① whatever ② what ③ whichever ④ which

7. She is one of the few girls who ________ passed the examination. [행시]

① had ② was ③ have
④ were ⑤ has

8. One ________ desires and impulses are not his own has no character. [고시]

① whose ② who ③ whom
④ of whom ⑤ for whom

9. The reason ______ I was feeling happy that morning was that the conference was over. [서울대대학원]

① because ② why ③ for ④ of

10. The life of Benjamin Franklin, a practical man ________ many stories have been told, was usually productive. [TOEFL]

① of ② about whom ③ about ④ of which

11. More than 100 graduate students applied for our company, many of ________ had prior work experience.

① who ② whom ③ them ④ that

12. However much ________ it will be worth it. [홍익대편입]

① does the watch cost ② cost the watch
③ costs the watch ④ the watch costs

13. Teddy Roosevelt demonstrated(①) his competitive(②) spirit and tireless energy in 1905 whenever(③) he led the Rough Riders up(④) San Huan Hill. [한양대편입]

14. We hear dissent(①) from a young man whom(②), we firmly believe, is not about to pay(③) compliment to our political leaders or(④) to the local draft board. [TOEFL]

15. A wise and(①) experienced administrator will assign(②) a job to whomever(③) is best qualified(④). [TOEFL]

16. The futurists <u>point out</u> that ideas about the future <u>are</u> extremely important in everyone's
①　②
thinking <u>regardless of whatever</u> one thinks of oneself <u>as a futurist</u>. [서울대대학원]
③　④

17. <u>Hairy leaves</u> and stems enable desert plants <u>to capture</u>, absorb, and retain
①　②
<u>whichever</u> moisture is <u>in the air</u>. [연세대편입]
③　④

18. The shore patrol <u>has found</u> the body of a man <u>who</u> they believe <u>to be</u> the <u>missing</u>
①　②　③　④
marine biologist. [TOEFL]

❙ 실전문제 ❙

19. ______ is discussed on this conference is confidential and should be between you and me at any reason.
① Whichever　② Whatever　③ Whenever　④ However

20. The manager told us that _______ wanted to take a rest could do.
① who　② whenever　③ whoever　④ whomever

21. _____ department of this company has sold the highest track record will receive the Department of the Month award.
① Which　② Some　③ Whichever　④ These

22. In order to advertise effectively, it is absolutely necessary to understand _______ most customer need and want to get from products.
① how　② that　③ what　④ whether

23. <u>No matter how</u> crises of the moment <u>dominate</u> the headlines, the <u>world's energy</u>
①　②　③
shortage is the <u>most critical challenge</u> of the next decade and <u>beyond</u>. [고시]
④　⑤

24. Somewhat, <u>to their own surprise</u>, scholars are discovering that it is possible to study
①
the future. The surprise is only natural because <u>serious-minded people</u> have traditionally
②
felt that the future is unknowable <u>for the simple reason which</u> it does not exist -until
③
it becomes the present, <u>at which</u> point it has ceased to be the future. [서울대대학원]
④

25. Among the four candidates ________ for a managerial position, only two had an experience in working in the field of managing.
① eligibility ② eligible ③ eligibly ④ eligibleness

26. Any law ______ is not agreed by Congress would have no legal power even though it was made by government.
① who ② which ③ whom ④ of which

27. Many departments offer a variety of services that ________ both on and off line.
① are utilized ② utilize ③ utilization ④ utilizing

28. She applied to the same company ________ she had previously worked as an internship worker.
① which ② what ③ of which ④ where

❙ 연습문제 ❙

1. <해석> 그들은 매우 겸손하였기 때문에, 자만심은 그들이 매우 싫어하는 자질이다.
   <해설> 종속절에서 like의 목적어가 빠져 있어 불완전한 문장이므로 관계대명사사절이 와야 합니다. 또한 주어가 없기 때문에 주어가 필요합니다. 관계대명사 that 앞에는 전치사가 올 수 없습니다. '전치사 + 관계대명사'는 관계부사와 비슷한 성격을 지니고 있기 때문에, 그리고 '전치사 + 관계대명사'절은 완벽한 문장이 되어야 합니다.
2. <해석> 온라인으로 구매된 생산품과 물품의 대부분은 택배에 의해 직접 배달된다.
   <해설> 주절 'Most of the products and goods are delivered ~.'는 완벽한 문장이고 종속절 'are traded on-line'은 주어가 빠져있으므로 관계대명사절이 와야 합니다. 관계대명사절은 항상 불완전한 문장입니다. 즉 종속절이 주절의 주어를 수식하는 관계형용사절입니다.

   Most of the products and goods are purchased on-line. **Most of the products and goods** are delivered directly by home delivery service. → **Most of the products and goods** (**which/that** are) purchased on-line are delivered directly by home delivery service.
3. <해석> 최근 감독관은 교량 프로젝트를 지휘하도록 지명된 기술자 명단을 공개했다.
   <해설> 관계대명사 who절이 engineers를 수식하는 관계형용사절입니다. 동사 nominate는 타동사이고 주어의 관계에서 보면 수동의 의미를 지니고 있기 때문에 수동태가 되어야 합니다.

   The director released the list of **engineers. Engineers** have been nominated to lead the bridge project.

   → The director released the list of **engineers (who** have been) nominated to lead the bridge project.

   ② nominated가 될 수 없는 것은 who 때문입니다. '관계대명사 + 주어 + be' 전체가 생략되어야 합니다.
4. <해석> 얼마 안 되는 돈이지만 제 수중의 모든 돈을 당신께 드리게 되어 기쁩니다.
   <해설> 'what little +불가산명사', 'what few +가산명사의 복수형'은 '작은 양/수이지만'의 의미를 나타냅니다.

   I could spend **what little** time with my family.

   I gave **what little** books I had.
5. <해석> 그 상원의원은 누구든지 자신을 기꺼이 지지해주는 사람에게 의존했다.
   <해설> 복합관계대명사의 격은 복합관계대명사 구문에서의 역할에 의해 결정됩니다. 주어자리가 비어 있으므로 주어가 와야 합니다.

   The senator depended upon **whoever** was willing to assist him.
6. <해석> 식물로 만들어진 보충 식이용품은 일반적으로 안전한 것으로 알려져 있으나, 의사들은

그것들의 남용의 위험을 경고한다.

<해설> 주절 'Dietary supplements are generally known to be safe.'는 완전한 문장이고 종속절 'are made of plants'는 불완전한 문장이므로 관계대명사가 와야 합니다.

Dietary supplements are generally known to be safe. **Dietary supplements** are made of plants. → **Dietary supplements** (**which** are) made of plants are generally known to be safe.

7. <해석> 그녀는 그 시험에 합격한 몇몇 소녀들 중 한명이다.

<해설> 'one of + 복수 명사 + 관계대명사'는 복수취급하고, 'the only one of + 복수명사 + 관계대명사'는 단수취급을 합니다. 주절의 시제가 현재일 때는 종속절의 시제는 현재, 미래, 과거가 올 수 있고, 주절의 시제가 과거이면 종속절의 시제는 과거와 과거완료만이 올 수 있습니다.

8. <해석> 욕구와 충동이 자기 자신의 것이 아닌 사람은 개성이 없는 사람이다.

<해설> One has no character. Desires and impulses are not his own. 두 문장 모두 완벽한 문장일 때는 관계대명사의 소유격을 이용하여 하나의 문장으로 만듭니다. One **whose** desires and impulses are not his own has no character.

9. <해석> 내가 그날 아침 기분이 좋았던 것은 회의가 끝났기 때문이다.

<해설> 이유를 나타내는 선행사 the reason 때문에 이유의 관계부사 why가 필요합니다.

The reason was that the conference was over. I was feeling happy that morning with the reason.

→ The reason with which I was feeling happy that morning was that the conference was over.

→ The reason why I was feeling happy that morning was that the conference was over.

10. <해석> 많은 이야기가 전해지는 실용적인 사람, Benjamin Franklin의 생애는 특별히 생산적이었다.

<해설> Benjamin Franklin과 a practical man은 동격이므로 이 문제는 다음과 같이 바꿀 수 있습니다.

The life of Benjamin Franklin ____ many stories have been told was usually productive. 에서 The life of Benjamin Franklin was usually productive.는 완벽한 문장이지만, many stories have been told는 목적어가 없으므로 불완전한 문장입니다. 따라서 관계대명사절이 필요합니다. 동사 'tell/speak/talk + on/about(~에 관해서), tell/speak/talk + to(~에게), tell/speak/talk + with(~와)'의 형식으로 사용될 수 있습니다.

The life of Benjamin Franklin was usually productive. Many stories have been told about **it**.

→ **The life of Benjamin Franklin about which** many stories have been told was usually productive.

11. <해석> 100명 이상의 대학원생이 우리 회사에 지원하였고, 그 중 많은 사람들은 이전 근무 경력을 가지고 있었다.

<해설> 수량표현(one/each, some/any, many/much/most, all/both, several, half/the rest)+of+관계대명사

More than **100 graduate students** applied for our company.

And many of **them** had prior work experience.

→ More than **100 graduate students** applied for our company, many of **whom** had prior work experiences. 관계대명사의 계속적 용법은 접속사 + 주어의 역할을 합니다.

12. <해석> 아무리 그 시계가 비싸더라도, 그 만한 가치가 있을 것이다.

<해설> 양보의 관계부사 however는 'however + 형용사/부사 + 주어 + 동사'의 형태를 취합니다.

13. <해석> Teddy Roosevelt는 Rough Rider팀을 San Huan 언덕위로 이끌고 갔었던 1950에 자신의 경쟁적인 정신과 지칠 줄 모르는 열정을 설명해 보여주었다.

<해설> Teddy Roosevelt demonstrated his competitive spirit and tireless energy **in 1905**. And he led the Rough Riders up San Huan Hill **then**. 복합관계부사 앞에는 선행사가 올 수 없고, 두 문장의 공통적 요소는 시간이므로 시간의 관계부사를 사용하여야 합니다.

→ Teddy Roosevelt demonstrated his competitive spirit and tireless energy **in 1905 when** he led the Rough Riders up San Huan Hill.

14. <해석> 우리는 정치 지도자들과 지방 징병위원회에 듣기 좋은 말을 할 생각이 전혀 없을 것이라고 굳게 믿었던 한 젊은이로부터 다른 견해를 들었다.

<해설> We hear dissent from a young man whom, we firmly believe, is not about to pay compliment to our political leaders or to the local draft board.에서 we firmly believe는 삽입절이기 때문에 관계대명사 구문에 영향을 미치지 않습니다. 선행사 a young man이 관계절에서 be동사의 주어 역할을 하기 때문에 who가 되어야 합니다.

15. <해석> 현명하고 경험 많은 관리자는 누구든지 최고의 자격을 갖춘 사람에게 일을 할당할 것이다.

<해설> 복합관계부사는 위치에 관계없이 복합관계부사절에서의 역할에 의해 격이 결정됩니다. 비록 전치사 뒤에 위치하지만 동사의 주어역할을 하기 때문에 주격이어야 합니다. <문제 5번 참조>

16. <해석> 미래에 대한 생각들은 자신을 미래학자로 생각하든 안 하든 관계없이 모든 사람들의 사고에 있어서 아주 중요하다고 미래학자들은 지적한다.

<해설> The futurists point out that ideas about the future are extremely important in everyone's thinking regardless of whatever one thinks of oneself as a futurist.

Ideas about the future are extremely important in everyone's thinking. One thinks of oneself as a futurist.의 두 문장에서 공통된 요소가 없어서 관계사 구문으로 만들 수

없습니다. One thinks of oneself as a futurist.는 전치사 of의 목적절 역할을 할 수 있는 명사절로 바뀌어야 합니다.

→ The futurists point out that ideas about the future are extremely important in everyone's thinking regardless of **whether** one thinks of oneself as a futurist.

17. <해석> 털이 많은 잎과 줄기를 이용해서 사막 식물들은 공기 중의 어떤 수분이든지 받아들여 흡수하고 간직할 수 있다.

<해설> whichever와 whatever의 차이점은 4개 이하의 경우에는 whichever를 사용하고 그 이상인 경우에는 whatever를 사용합니다. 혹은 범위가 정해져 있을 때는 whichever, 그렇지 않은 경우에는 whatever를 사용합니다.

You can breath with whatever the air. You can breath with whichever the air in the bottle.

18. <해석> 해안 경비대는 실종된 해양 생물학자로 믿어지는 남자의 시체를 발견했다.

<해설> The shore patrol has found **the body of a man**. They believe **it** to be the missing marine biologist. → The shore patrol has found **the body of a man which/whom** they believe to be the missing marine biologist.

▌실전문제▐

19. <해석> 이 회의에서 논의되는 것은 무엇이든 기밀이며, 어떤 이유로든 비밀입니다.

<해설> whichever와 whatever의 차이점은 4개 이하의 경우에는 whichever를 사용하고 그 이상인 경우에는 whatever를 사용합니다. 혹은 범위가 정해져 있을 때는 whichever, 그렇지 않은 경우에는 whatever를 사용합니다. <문제 17번 참조>

학습자들 중 on this conference가 범위를 제한하고 있다고 생각할지 모르나 on this conference는 부사구입니다.

Whichever materials **provided** in this conference you take, it will be helpful.

20. <해석> 매니저는 휴식을 취하고 싶은 사람은 누구나 휴식을 취할 수 있다고 말해 주었다.

<해설> _____ could do.에서 주어가 비었기 때문에 주어역할을 할 수 있는 것이 필요합니다. _______ wanted to take a rest.에서는 선행사 없이 주어의 역할을 할 수 있는 것이 필요하고, 가정법과거 시제로 되어 있어서, '필요한 사람은 누구나'의 의미를 지니고 있으므로 복합관계대명사 주격이 필요합니다.

21. <해석> 이 회사에서 가장 높은 실적을 올린 부서는 이달의 부서 상을 받을 것이다.

<해설> 주어인 department를 수식할 수 있는 복합관계형용사가 와야 합니다.

A department of this company has sold the highest track record. The department will receive the Department of the Month award.

→ A department of this company which has sold the highest track record will receive the Department of the Month award.

→ Whichever department of this company has sold the highest track record will receive the Department of the Month award.

22. <해석> 광고를 효과적으로 하기 위해서는 대부분의 고객들이 상품에서 무엇을 필요로 하며, 무엇을 얻기 원하는 가를 이해하는 것이 절대적으로 필요하다.

<해설> _______ most customer expect and want to get from products.은 목적어가 없는 비문입니다. 따라서 관계대명사나 복합관계대명사가 와야 합니다. it is absolutely necessary to understand.에서 선행사가 없으므로 선행사를 포함한 관계사가 와야 합니다.

23. <해석> 당대의 어떤 위기가 머리기사를 장식하든지 간에 세계의 에너지 부족 위기는 다음 십년 또는 그 이상에서 가장 중대한 도전 과제이다.

<해설> No matter how는 부사나 형용사를 수식하는 복합관계부사입니다. 여기에서는 crises를 수식하는 복합관계형용사가 필요합니다.

No matter which crises of the moment ~.

24. <해석> 학자들은 다소 그들 스스로가 놀라울 정도로 미래를 연구하는 것이 가능하다는 것을 발견하고 있다. 신중한 사람들은 미래가 더 이상 미래가 되지 않는 시점인 현재가 될 때까지 미래는 존재하는 않는다는 단순한 이유로 미래를 알 수 없는 것이라고 전통적으로 믿어왔기 때문에 그들의 놀라움은 지극히 당연한 것이다.

<해설> for the simple reason which it does not exist에서 it does not exist는 완전한 문장을 이루고 있기 때문에 관계사 구문으로 만들 수 없습니다. '~라는 단순한 이유 때문에'는 'for the simple reason that 절'로 표현할 수 있습니다.

25. <해석> 관리자 자리에 적합한 네 명의 후보자들 중에, 단지 두 명은 관리 분야에서 근무한 경험이 있다.

<해설> Among **the four candidates**, only two had an experiences in working in the filed of managing. **They** are eligible for a managerial position. → Among **the four candidated** (**who** are) eligible for a managerial position, only two had an experience in working in the field of managing. '관계대명사 + be동사'는 생략할 수 있습니다.

26. <해석> 정부에 의해 만들어진 법이라도 의회의 동의가 없으면 법적인 효력이 없다.

<해설> any law를 선행사로 하는 주격 관계대명사가 필요합니다.

27. <해석> 많은 백화점들이 on line과 off line을 모두 이용하는 다양한 서비스를 제공하고 있다.

<해설> Many departments offer **a variety of services**. **They** utilize on and off line.

→ Many departments offer a variety of services **that** utilize on and off line.

28. <해석> 그녀는 인턴십 일꾼으로 일한 적이 있는 회사에 지원했다.

<해설> She applied to the company. She had previously worked at the company as an internship worker.

→ She applied to the company at which she had previously worked as an internship worker.

→ She applied to the company where she had previously worked as an internship worker.

<정답>

1. ① 2. ③ 3. ③ 4. ④ 5. ② 6. ④ 7. ③ 8. ① 9. ② 10. ② 11. ② 12. ④ 13. ③ 14. ② 15. ③ 16. ③ 17. ③ 18. ② 19. ② 20. ③ 21. ③ 22. ③ 23. ① 24. ③ 25. ② 26. ② 27. ② 28. ④

제4장 시제

시제는 행동 또는 사건의 발생, 사물의 상태에 대한 시점을 알려주는 것으로, 화자의 발화시점을 기준으로 발화시점의 시간을 나타내는 것을 현재시제, 그 이전의 시간을 나타내는 것을 과거시제, 그 이후의 시간을 나타내는 것을 미래시제라고 합니다. 과거와 현재는 동사의 굴절을 이용하여 나타내며, 미래는 조동사 또는 미래를 나타내는 부사를 이용하여 나타냅니다. 과거시제와 관련하여서는 단순과거시제, 과거진행시제, 과거완료시제, 과거완료진행시제 등으로 구분되며, 현재시제는 단순현재시제, 현재진행시제, 현재완료시제, 현재완료진행시제 등으로 구분됩니다. 그리고 미래시제는 단순미래시제, 미래진행시제, 미래완료시제, 미래완료진행시제 등으로 구분됩니다.

1. 기본시제

1.1 현재시제

현재시제는 진리, 일반적인 사실, 현재의 동작이나 상태, 반복되는 사건이나 습관 등을 나타낼 때 사용됩니다. 현재시제에는 always, as usual, usually, every morning, every Sunday, twice a week 등과 같이 현재를 나타내는 부사가 같이 사용됩니다.

(1) 진리와 일반적인 사실

The earth **rounds** the sun.
Water **consists of** hydrogen and oxygen.
The earth **is** round.

(2) 반복적인 습관 또는 사건

I usually **get up** at six *in the morning.*
Our first class **begins** at nine ten *usually.*
People usually **eat** meals *three times a day.*
My son **goes** for a swim *every morning.*

(3) 현재의 동작이나 상태

Here **comes** my English teacher.
She **runs** her own shop.
They *always* **play** football on the ground.

(4) 조건과 시간의 부사절에서는 미래의 의미를 지니고 있지만 현재시제로 표현합니다.

If she **analyzes** the matter, she **will** find the means of solution. (조건의 부사절)
If he **finds** a new job, everybody **will** congratulate him. (조건의 부사절)
When she **comes**, we **will** meet her. (시간의 부사절)
When he **finishes** his works, he **will** feel free. (시간의 부사절)
It **will** not be long before she **comes** back. (시간의 부사절)

조건과 시간의 부사절에서는 미래의 의미를 현재시제로 표현합니다. 그렇지만, 명사절, 형용사절 그리고 선행사를 수식하는 관계부사절에서는 미래시제로 표현합니다.

Everybody **believes** that he **will** succeed. (명사절)
I **don't** know when it **will** rain. (명사절)
I **am** not sure if he **will** come or not. (명사절)
The day **will** come when he **will** succeed. (관계부사절)
The time **will** come when he **will** paly an important role in his team. (관계부사절)

(5) 동사 go, come, leave, arrive, start, end 등이 교통편의 출발이나 도착, 공연의 시작과 끝과 같이 계획된 일정을 나타내는 경우 미래의 일이라도 현재시제로 표현합니다. 이러한 동사들을 왕래발착동사라고 부르기도 합니다.

This train **starts** at 7:30.
The exhibition **ends** on May 5.
This plane **arrives at** the airport.

(6) 동사 know, learn, hear 등은 현재시제로 현재완료시제를 대신하기도 합니다.

I have known him from childhood. (O)
→ I know him from childhood. (O)

I have learned how to play the piano. (O)
→ I learn how to play the piano. (O)

1.2 과거시제

과거시제는 과거의 동작이나 상태, 경험, 역사적 사실을 나타낼 때 사용됩니다. 과거시제에는 just now, in 2000, two years ago, yesterday, last nigh/week/month/year, in those days, then 등과 같은 과거를 나타내는 부사가 같이 쓰입니다.

(1) 과거의 동작이나 상태

My son **was** just 4 years old *in 2005.*
She **was** a little girl *twenty years ago.*
They **were** ordinary folks *whey they were young.*
They **came** back *just now.*

(2) 경험

He never **felt** the freedom *before.*
Did you *ever* **see** a monkey?

(3) 과거의 습관

I **spent** my summer vacation in my hometown to help my mom.
He **used to** live here.
He **would** *often* **go** hiking with class mates.

(4) 역사적 사실

The Korean War **broke out** *in 1950.*
The war of Independence **started** *in 1775.*
Columbus **found** a new continent.

(5) 연도의 표현

My father **was** just a baby **in 1950**. (1950년에)
The Korean War **happened in the year 1950**. (1950년 그 해에)
It **was** very difficult to live in peace **in the 1950's**. (1950년대에)
People **would** be mature **in their 50's**. (50대에)

1.3 미래시제

미래시제는 미래의 일에 대한 추측, 계획, 의지 등을 나타낼 때 사용합니다. 미래시제에는 in the future, soon, tomorrow, not before long, this evening/afternoon 등과 같이 미래를 나타내는 부사가 같이 사용됩니다.

(1) 추측이나 예언

According to the weather report, it **will** snow tomorrow.
Environmentally friendly products **will** replace many things.

(2) 미리 계획한 일

We **are going to** marry.

What **are** you **going to** do tomorrow?

We **are going to** meet *this evening.*

Cf. We will meet this evening.

'be going to'와 'will'은 같이 미래의 의미를 나타내지만, 'be going to'은 미리 계획된 것을 나타내고 'will'은 발화시점에서의 계획 또는 주어의 의지를 나타냅니다.

(3) 화자의 의지

I **will** do my best.

I **will** tell the truth.

I **will** be a doctor in the future.

2. 진행시제

현재진행시제는 현재 진행 중인 동작이나 사건 혹은 가까운 미래에 계획된 일을 나타낼 때, 과거진행시제는 과거 시점에 진행 중이던 동작이나 사건을 나타낼 때, 미래진행시제는 미래 시점에 진행 중일 동작이나 사건을 나타낼 때 사용됩니다. 따라서 진행시제는 오랜 기간이 아니라 짧은 기간 동안의 동작이나 사건의 지속과 진행을 표현할 때 사용됩니다. 그리고 진행시제에는 주로 동작동사가 사용되며, 상태동사가 사용될 경우에는 의미가 달라집니다.

2.1 현재진행시제

(1) 말해지는 시점에서 진행되고 있는 동작을 나타낼 때

Mary and Kim **are talking** on the phone.
The conference **is proceeding** now.
Mary **is playing** the piano. = Mary is playing the piano now.
Cf. Mary **plays** the piano. = Mary plays the piano often.

현재진행형은 현재 시점에서의 동작의 진행을 나타내고, 단순현재형은 현재의 습관을 나타냅니다.

(2) 가까운 미래를 나타낼 때

Mary **is leaving** America *tomorrow*.
They **are marrying** *soon*.
Take an umbrella. It **is raining**.
The committee **is gathering** *next Monday*.

(3) 일정기간(주, 월, 학기, 연간) 동안의 동작의 반복을 나타낼 때

Heymin **is taking** 7 courses *this semester*.
Mary **is getting** up at six *this week*.
Nayeon **is attending** several difficult courses *this year*.

(4) 진행형을 사용할 수 없는 동사

진행형은 짧은 기간 동안의 동작의 진행을 의미하기 때문에 영속적인 의미나 상태, 판단의 뜻을 지닌 동사들은 진행형을 사용할 수 없습니다.

① be, exist, resemble, possess, belong to, live 등과 같이 존재, 상태, 소유의 의미를 지닌 동사

He **is possessing** many things.(X)
He **possesses** many things.(O)

They **are resembling** each other. (X)
They **resemble** each other. (O)

② hear, see, feel, taste, love, hate, wish, hope 등과 같이 무의지 지각, 감각 및 감정을 나타내는 동사

I **am seeing** a mosquito. (X)
I **see** a mosquito. (O)
It **is tasting** good. (X)
It **tastes** good. (O)

③ know, believe, remember, forget, understand 등과 같이 사고 및 인지의 의미를 나타내는 동사

I **am remembering** him. (X)
I **remember** him. (O)
I **am understanding** him. (X)
I **understand** him. (O)

(5) 진행형을 쓰는 예외적인 경우

① 본래의 뜻을 상실하고 다른 의미로 사용될 때

I **am thinking of** taking a break for a moment.
= I **considering** to take a break for a moment.
The chef **is tasting** the sauce. = The chef **appreciates** the sauce.
The doctor **is seeing** a patient. = The doctor **follows up** a patient.
We **are having** a very good time. = We **enjoy** a very good time.
We **are having** a breakfast. = We **eat** a breakfast.
We **are hearing** lecture. = We **are attending** lecture.
We **are seeing** the sight of this city. = We **are traveling** the sight of this city.

② 감정이나 의지 강조

I will **be loving** you forever.
I will **be exiting** eternally only for you.

③ 일시적 상태

I **am living** in New York *now*.
She **is being** here *temporary*.

2.2 과거진행시제

(1) 과거의 한 시점에서의 동작의 진행을 나타낼 때

At eleven o'clock yesterday, I **was sleeping**.
I **was watching** TV last night.
She **was playing** tennis at 4 yesterday.

(2) 과거의 습관을 나타낼 때

He **was** always **complaining** of being hard up.
He **was sleeping** without doing anything

2.3 미래진행시제

We will **be conducting** registration *tomorrow morning*.
We will **be attending** a seminar *tomorrow night*.
We will **be studying** at 6 *tomorrow*.

3. 완료시제

시점을 달리하여 발생한 또는 발생할 두 사건이나 행동을 연관 짓기 위하여 사용하는 것이 완료시제입니다. 현재완료시제는 과거의 사건이나 행동을 현재에 연관시키는 것이고, 과거완료시제는 시점을 달리하는 과거의 두 사건이나 행동을 연관시키는 것이고, 미래완료시제는 현재의 행동이나 사건을 미래의 한 시점에 연관시키는 것입니다.

3.1 현재완료시제

현재완료시제는 과거 어느 한 시점의 사건이나 행동을 현재에 연관시키는 것으로, 과거의 사건이나 행동이 현재까지 계속되는 **계속의 용법**, 과거부터 현재까지의 어떤 일에 대한 경험을 나타내는 **경험의 용법**, 과거의 사건이나 행동이 현재에 완료되는 **완료의 용법**, 그리고 과거의 사건이나 행동의 결과가 현재까지 영향을 미치는 **결과의 용법** 등으로 구분됩니다. 현재완료시제는 **'have(has) + p.p.(과거분사)'**의 형태를 취합니다.

(1) 계속의 용법

계속의 용법은 과거의 사건이나 행동의 결과가 현재까지 영향을 미치는 것으로 for, since, so far 등과 같이 쓰입니다.

I **have been** here *since* you left.
He **has been** sick *for* ten months.
Jane **has been** <u>in</u> Korea for 5 years.

Since는 접속사와 전치사의 역할을 할 수 있습니다. 접속사로 사용될 경우에는 '현재완료 + since + 과거시제'의 형태로 사용되며, 전치사로 사용될 경우에는 '현재완료 + since + 과거를 나타내는 시간명사'의 형태로 사용됩니다.

It **has been** three years *since* I came to Wonju.

I **have been** in Wonju *since* 2006.

My family **have been** with me *since* two years ago.

'~동안'의 의미를 나타낼 때 전치사 for와 during을 사용합니다. 전치사 for 뒤에는 for two years, for a year, for two hours 등과 같이 수사를 동반한 시간 명사가 사용되며, during 뒤에는 during the lecture, during 1950, during the week 등과 같이 특정한 기간을 나타내는 보통명사가 옵니다. 그러나 숫자 앞에 last나 past 등이 쓰이면 for나 during 둘 다 사용할 수 있습니다.

I **have studied** English grammar *for* 20 years.

During the lecture, I met my best friend.

I **have lived** at the dormitory *for* the last four years.

I **have lived** at the dormitory *during* the last four years.

(2) 경험의 용법

경험의 용법은 과거부터 현재까지의 어떤 일에 대한 경험을 나타내는 것으로 before, ever, never, ~ times 등의 부사와 같이 쓰입니다.

I **have met** him *before*.

Have you *ever* **been** to Washington?

I **have read** this novel *three times*.

I **have** *never* **seen** her.

Jane **has been** to Korea.

(3) 완료의 용법

완료의 용법은 과거의 사건이나 행동이 현재에 완료되는 것으로 already, just, yet 등의 부사와 같이 쓰입니다.

I **have** *already* **done** my homework.

I **have** *just* **finished** doing my homework.

I **have** not **left** *yet* for New York.

(4) 결과의 용법

결과의 용법은 과거의 사건이나 행동의 결과가 현재까지 영향을 미치는 것입니다.

I **have lost** my English dictionary.

= I lost my English dictionary. So I have not any English dictionary.

I **have painted** the house.

= I painted the house. It looks clear now.

My cousin **has immigrated** to America.

= My cousin immigrated to America. So he is not here.

Jane **has gone** to Korea.

= Jane went to Korea, so she is not here.

(5) 현재완료시제와 과거시제의 의미 차이

He **has worked** for this company since two years ago.

= He worked for this company from two years ago, and he works for that now.

He **worked** for this company two years ago.

= He worked for this company two years ago, but it is not sure whether he does or not.

Do you see this movie? Yes, I **have seen** that movie.

Cf. *When* **did** you see this movie? I **saw** that movie *last month.*

My car **has broken** down.
= My car broke down before, but I did not fix it yet.

My car **broke down**.
= My car broke down, but I don't know if it is fixed or not.

I **have** just **finished** doing my homework.
= I started doing my homework before and just now I finished it.

Cf. *When* **did** you finish your homework? I **finished** it *long before.*

2.2 과거완료시제

과거완료시제는 과거 이전의 사건이나 행동이 과거의 한 시점에 연관되는 것으로, 과거 이전의 사건이나 행동이 과거의 한 시점까지 계속되는 **계속의 용법**, 과거 이전의 한 시점부터 과거의 한 시점까지 어떤 일에 대한 경험을 나타내는 **경험의 용법**, 과거 이전의 사건이나 행동이 과거의 한 시점에 완료되는 **완료의 용법**, 그리고 과거 이전의 사건이나 행동의 결과가 과거 한 시점까지 영향을 미치는 **결과의 용법** 등으로 구분됩니다. 과거완료시제는 **'had + p.p.(과거분사)'**의 형태를 취합니다.

(1) 계속의 용법

계속의 용법은 과거 이전의 사건이나 행동이 과거의 한 시점까지 계속되는 것으로 for와 같이 쓰입니다.

We lived in this apartment for three years, after then it was burnt down.
→ We **had lived** in this apartment for three years, when it was burnt down.

She was sick for a week, after then I came by her.
→ She **had been** sick for a week when I came by her.

(2) 경험의 용법

경험의 용법은 과거 이전의 한 시점부터 과거의 한 시점까지의 어떤 일에 대한 경험을 나타내는 것으로 before, ever, never, ~ times 등의 부사와 같이 쓰입니다.

I **had** never **seen** such a beautiful woman before.
= It was the first time when I saw a such a beautiful woman.

I **had read** this magazine three times.

(3) 완료의 용법

완료의 용법은 과거 이전의 사건이나 행동이 과거의 한 시점에 완료되는 것으로 already, just, yet 등과 같이 쓰입니다.

I finished writing an essay. After then my teacher came in the class.
→ I **had** *just* **finished** writing an essay when my teacher came in the class.

The train started. After then I got to the station.
→ The train **had started** when I got to the station.

A : Were not in your office?
B : No, we **had** already **gone** home.

(4) 결과의 용법

결과의 용법은 과거 이전의 사건이나 행동의 결과가 과거 한 시점까지 영향을 미치는 것입니다.

He lost his watch. After then I met him.
→ He **had lost** his watch when I met him.

Winter came by the time. After then I served army.
→ Winter **had come** by the time when I served army.

The house was dirty. They **had** not **cleaned** it for weeks.

2.3 미래완료시제

미래완료시제는 현재의 사건이나 행동이 미래의 한 시점에 연관되는 것으로, 현재의 사건이나 행동이 미래의 한 시점까지 계속되는 **계속의 용법**, 현재부터 미래의 한 시점까지 어떤 일에 대한 경험을 나타내는 **경험의 용법**, 현재의 사건이나 행동이 미래의 한 시점에 완료되는 **완료의 용법**, 그리고 현재의 사건이나 행동의 결과가 미래 한 시점까지 영향을 미치는 **결과의 용법** 등으로 구분됩니다. 과거완료시제는 **'will(shall) + have + p.p.(과거분사)'**의 형태를 취합니다.

(1) 계속의 용법

계속적 용법은 현재의 사건이나 행동이 미래의 한 시점까지 계속되는 것입니다.

I **will have lived** here by next year.
I **will have run** this company by retirement.

(2) 경험의 용법

경험의 용법은 현재부터 미래의 한 시점까지의 어떤 일에 대한 경험을 나타내는 것입니다.

I **will have read** this book five times, if I read it again.
I **will have visited** Europe three times, if I visit there again.

(3) 완료의 용법

완료의 용법은 현재의 사건이나 행동이 미래의 한 시점에 완료되는 것으로 **by**와 같이 쓰입니다.

I **will have read** this book by tomorrow.
I **will have finish** writing a fiction by next month.

(4) 결과의 용법

결과의 용법은 현재의 사건이나 행동의 결과가 미래 한 시점까지 영향을 미치는 것입니다.

He **will have gone** there by this time tomorrow.
He **will have left** for New York by this time tomorrow.

4. 완료진행시제

완료진행시제는 완료용법 중 계속적 용법의 경우에 주로 해당됩니다.

4.1 현재완료진행시제

She **has been feeling** better these days.
I **have been sitting** here since five o'clock.
I **have been living** here since 1995.

4.2 과거완료진행시제

He **had been walking** in the park all that day.
My friends **had been studying** English for two years in Canada before he came back to Korea.

4.3 미래완료진행시제

My parents **will have been living** in Wonju for two years by next year.
I **will have been writing** an essay by tomorrow.

5. 시제 일치

5.1 주절이 현재시제일 때, 종속절에는 시간부사에 맞는 시제가 옵니다.

I think that my father **will** come here *tomorrow*.
I think that my father **came** here *yesterday*.
I think that my father **has** *just* **come** here.

5.2 주절이 과거시제일 때, 종속절에는 과거시제 또는 과거완료시제가 옵니다. 그러나 과거의 사건이나 행동이 시간순서로 나열될 때는 과거시제를 사용합니다.

I **thought** that she **was** a good student.
My father **bought** me a watch. But I **lost** it.
= I **lost** the watch that my father **had bought** for me.

5.3 시제 일치의 예외

(1) 역사적 사실은 항상 과거로 표현합니다.

I **know** that the Korean War **broke** out in 1950.
They **told** me that General Lee **was** dead in 1598.

(2) 일반적 사실, 진리, 과거의 사실이 현재까지 영향을 미칠 때는 현재시제로 표현합니다.

I **knew** that the morning train **leaves** at 5.

Lightning rarely **strikes** twice in the same place.

He **told** me this morning that the problems **are** still not settled.

(3) 조건과 시간의 부사절에서 미래의 의미를 지니고 있지만 현재시제로 표현합니다.

When you **start** for Moscow, it **will snow**.

It **will snow** be long before he **comes** back.

If you **solve** this problem, you **can** go out.

I **will ask** him as soon as I **see** him.

(4) go, come, leave, arrive, start, end 등과 같은 왕래발착 동사들이 교통편의 출발이나 도착, 공연의 시작과 끝과 같이 계획된 일정을 나타내는 경우 미래의 일이라도 현재시제로 표현합니다.

This train **starts** at 7:30.

The exhibition **ends** on May 5.

(5) 동시동작의 표현

I **had** *scarcely* **locked** the door *when(before)* the key **broke**.

= Scarcely had I locked the door when the key broke.

He **had** *no sooner* **heard** the news *than* he **fell** down.

= No sooner had he heard the news than he fell down.

He **started** *as soon as* the rain **stopped**.

The moment(instant, minute) he **left** his house, it **began** to rain.

On his **leaving** his house, it **began** to rain.

| 연습문제 |

1. In the 1960's, pop art ______ to discover artistic significance in the commercial artifacts of the consumer culture. [TOEFL]

① seeking ② to seek ③ has sought ④ sought

2. It _______ every day so far this moth. [TOEFL]

① is raining ② rained ③ rains ④ has rained

3. The package containing books and records ______________ last week. [TOEFL]

① is delivered ② are delivered ③ was delivered ④ were delivered

4. When Mr. Lee returns from his trip tomorrow, I ________ the matter with him. [TOEFL]

① discuss ② discusses ③ discussed ④ will discuss

5. We had to stop because the rain started after we __________ for about half an hour and the field was flooded. [서울대대학원]

① were playing ② had been playing

③ have been playing ④ have been played

6. We could not cross the river, because the water ______ during the night. [연세대대학원]

① rose ② had risen ③ has risen ④ had been risen

7. Irene _______ New Hampshire in 1976 and ________ in Virginia since then. [연세대대학원]

① left-worked ② has left-has worked

③ left-has worked ④ has left-worked

8. ________ a baby turtle is hatched, it must be able to fend for itself. [연세대대학원]

① Not sooner than ② No sooner

③ So soon that ④ As soon as

9. "Did you take the medicine?"
"Yes, but when I took it, it ____________any good." [고려대대학원]
① didn't do ② didn't ③ hasn't ④ doesn't

10. We _______ for three years. [3급행정직]
① have married ② are married ③ have been married
④ were married ⑤ get married

11. The President _______ out of his office until next weekend on business trip, but you can contact him by his cell phone in case of emergency.
① is being ② will be ③ will have been ④ has been

12. If management _______ employees to work overtime over this weekend, they will have to give her overtime pay.
① will ask ② asks ③ will have asked ④ would ask

13. No sooner ______ he caught sight of me than he went out. [서울대대학원]
① did ② had ③ was ④ would

14. The majority of future scholars believe that more people in Korea ______ in metropolitan cities like by the year 2020.
① had been lived ② lived ③ will be living ④ is living

15. "I have to go under any circumstances."
"If you do follow my advice, I _______ you." [TOEFL]
① don't punish ② would punish ③ would to punish ④ won't punish

16. ________, his mother has not approved of his study program. [외시]
① After he left for school ② Because he left for school
③ Since he left for school ④ On his leaving for school

17. Next fall, Professor Kim ________ employed with his university for over four decades as a good scholar.
① has been ② is ③ had ④ will have been

18. As soon as ________ with an acid, salt and sometimes water is formed. [TOEFL]

① a base will react ② a base reacts
③ a base is reacting ④ the reaction of a base

19. Making cloth from synthetic fibers is requiring less labor than making cloth from
① ② ③ ④
natural fibers. [TOEFL]

20. Almost every morning I receive cards inviting me to art exhibitions, and on the cards
① ② ③
had been photographs of the works exhibited.
④

Ⅰ 실전문제 Ⅰ

21. By swimming at the pool after work, she could relieve work-related stress that ________ built up from the morning.

① are ② would ③ has been ④ had been

22. On the theory that the protein causes the disorder by travelling from other tissues
① ② ③
to the brain, researchers may now seek to devise drugs that would block the protein
④
before it will get there. [고려대대학원]
⑤

23. Last year in the middle of the most severe drought in recent history, the already dwindling tribe finally ______ to leave its ancestral land and to look for a new place to live in. [서울대대학원]

① decides ② decided ③ has decided ④ had decided

24. Facilities at the university recreational center ________ an Olympic-sized swimming pool, five racquetball courts, and an indoor track. [TOEFL]

① are including ② include ③ includes ④ has included

25. No one was more _____ than the company president to discover that their company should be abolished by the financial problems.

① shocking ② shock ③ shocked ④ being shocked

26. The number of readers to subscribe newspaper ______ slightly since the using of the Internet and the supplies of the personal computer.

① drop ② will drop ③ has dropped ④ dropping

27. Last week, a doctor ______ an article on cancer lung that triggered people's interests who had suffered from cancer.

① writes ② has written ③ wrote ④ have written

28. "여자 아이가 누워서 잠들자마자 그 아이의 어머니가 들어왔다"의 올바른 영역은? [고시]

① The girl had no sooner lain down and fallen asleep than her mother entered.
② Before the girl lay down and fell asleep, her mother entered.
③ Immediately after her mother entered, the girl lay down and fell asleep.
④ When her mother entered, the gril did not lie down and fall asleep.
⑤ As soon as her mother entered, the girl lay down and fell asleep.

29. 다음 중 문법적으로 틀린 것은? [행시]

① She came back just now.
② She has just left for Pusan.
③ Why haven't you brought a pencil with you?
④ A lot of butter has been sold this year.
⑤ He has written the book five days ago.

30. I was informed that the product that we asked ______ the following Thursday.

① arriving ② would arrive ③ have arrived ④ has arrived

❙ 연습문제 ❙

1. <해석> 1960년대에, 팝아트는 소비문화의 상업적 품목에서 예술적 중요성을 발견했다.
   <해설> 과거를 나타내는 in the 1960's 때문에 과거시제가 와야 합니다.
2. <해석> 이번 달에는 지금까지 매일 비가 오고 있다.
   <해설> 'so far'가 있기 때문에 과거의 한 시점부터 현재까지 계속되는 것을 나타내야 하므로, 현재완료의 계속적 용법이 와야 합니다. 그리고 어느 기간 동안의 계속적인 동작을 의미하므로 'It has been raining every day so far this moth.'처럼 현재완료진행형으로 표현해도 괜찮습니다.
3. <해석> 책들과 음반들이 들어있는 소포가 지난주 배달되었다.
   <해설> 과거를 나타내는 'last week'가 있기 때문에 과거시제와 사용되어야 합니다. 그리고 주어가 'the package containing books and records'에서 'the package'로 단수이기 때문에 단수동사가 와야 합니다.
4. <해석> 내일 이 선생님이 여행에서 돌아오면 그와 그 문제를 논의할 것입니다.
   <해설> 종속절 'When Mr. Lee returns from his trip tomorrow.'이 시간의 부사절이기 때문에 현재가 미래를 대신합니다. 그러나 주절에서는 미래의 시제를 사용합니다. 따라서 When Mr. Lee returns from his trip tomorrow, I will discuss the matter with him.처럼 되어야 합니다.
5. <해석> 약 30분 동안 경기를 한 후에 비가 와서 경기장이 범람했기 때문에 우리는 경기를 중단해야만 했다.
   <해설> 비가 오기 시작한 것보다 경기를 한 것이 먼저이기 때문에 완료시제가 와야 하고, 비가 온 것이 과거시제이기 때문에 과거완료시제가 와야 하고 for about half an hour처럼 일정기간 동안의 동작의 연속을 나타낼 때는 과거완료진행형을 사용해야 합니다.
   The rain started after we had been playing football for about half an hour.
   그러나 사건의 발생순서대로 나타낼 경우에는 과거시제로 나타내면 됩니다.
   We were playing football for about half an hour, after then the rain started.
6. <해석> 밤사이에 물이 불어났기 때문에 우리는 강을 건널 수가 없었다.
   <해설> '물이 불어난 것'이 '강을 건널 수 없는 것' 보다 먼저 일어난 사건입니다. 그리고 '강을 건널 수 없었다.'는 과거시제 이므로 '물이 불어났다'는 과거완료로 표현되어야 합니다.
   The water rose during the night, so we could not cross the river
   = We could not cross the river, because the water had risen during the night.
7. <해석> Irene은 1976년에 New Hampshire를 떠났고, 그 이후로 Virginia 주에서 살아왔다.
   <해설> Irene _______ New Hampshire in 1976 and _________ in Virginia since then.에서 in 1976년은 과거를 나타내는 부사구이므로 과거시제로 사용되고, since then은 그 이후로 계속의 의미를 나타내고 있으므로 현재완료시제가 되어야 합니다.

Irene left New Hampshire in 1976 and has lived in Virginia since then.

8. <해석> 새끼 거북이 부화하자마자 곧 자활할 수 있어야 한다.

<해설> '~하자마자, ~하다'처럼 동시동작을 나타내는 표현은 다음과 같습니다.

I **had** *scarcely/hardly* **locked** the door *when/before* the key **broke.**

He **had** *no sooner* **heard** the news *than* he **fell** down.

He **started** *as soon as* the rain **stopped.**

The moment(instant, minute) he **left** his house, it **began** to rain.

On his **leaving** his house, it **began** to rain.

9. <해석> "그 약 먹었니?" "그래, 그 약 먹었을 때 효과가 없었다."

<해설> When I took it, it didn't do any good. 먹은 것이 먼저이고, 효과가 없다가 나중의 일로 연속적인 사건을 나열할 때는 과거시제로 표현합니다. 그리고 '~했을 때, ~했다.'처럼 동시동작을 나타낼 때는 과거의 사건을 나열하는 것이 좋습니다.

10. <해석> 우리는 결혼한 지 3년 됐다.

<해설> 기간을 나타내는 for three years가 왔으므로 현재완료시제가 사용되어야 합니다. 그리고 동사 marry는 동작동사이기 때문에, 상태의 지속을 나타낼 때는 수동태로 표현하는 것이 좋습니다.

We have been married for three years.

그렇지만, 수동태이지만 동작에 강조를 둘 때는 Marry got married.로 표현합니다.

11. <해석> 사장님은 다음 주말까지 출장으로 해외에 있을 예정이지만, 긴급한 경우에는 핸드폰으로 그와 연락할 수 있다.

<해설> 전치사 until은 미래완료시제에는 사용될 수 없고 과거완료시제, 과거시제, 현재완료시제, 현재시제, 미래시제에는 사용될 수 있습니다. 만약 미래의 어느 시점까지 계속을 표현하고 싶으면 by를 사용해서 미래완료로 나타내야 합니다.

I **had not understood** what she said **until** she **explained.**

She **have lived** alone **until now.**

Let's wait **until** the rain **stops**.

You'd better wait **until tomorrow.**

The president **will** be out of the country **until** next Friday.

The president **will have been** out of the country **by** next Friday.

12. <해석> 경영진이 고용인들에게 이번 주말 동안 잔업을 요구한다면, 그들은 고용인들에게 초과 근무수당을 지불해야 할 것이다.

<해설> 조건의 부사절이므로 현재시제가 미래시제를 대신합니다. <문제 4번 참조>

If management asks employees to work overtime during this weekend, they will have to give them overtime pay.

13. <해석> 그는 나를 보자마자 나가 버렸다.

<해설> 과거완료의 표현을 가지고 '~하자마자'의 의미를 나타낼 수 있는 방법은 'no sooner + 과거완료 + than + 과거' 또는 'scarcely/hardly + 과거완료 + when/before + 과거'의 형태를 사용하는 것이 좋습니다. <문제 8번 참조>

No sooner had he caught sight of me than he went out.

He had hardly caught sight of me before he went out.

He had scarcely caught sight of me when he went out.

14. <해석> 대다수의 미래학자들은 2020까지 한국의 더 많은 사람들이 대도시에 거주할 것이라고 믿고 있다.

<해설> 미래의 한 시점을 나타내고 있으므로 미래시제를 사용해야 합니다. 'by the year 2020'에서 현재 주어의 동작이나 상태가 미래에까지 계속되면 미래완료진행형을 쓰는 것이 좋습니다. 그러나 '현재보다 더 많은 사람이 살게 될 것이다'이기 때문에 미래진행형으로 하는 것이 좋습니다.

15. <해석> "저는 어떤 상황 하에서도 가야 합니다." "네가 나의 충고를 따른다면 처벌하지 않겠다."

<해설> 조건절과 시간의 부사절에서는 현재시제로 미래를 대신합니다. 그러나 주절은 미래시제를 사용해야 합니다. <문제 4번, 12번 참조>

16. <해석> 그가 공부하러 학교로 떠난 이후로 그의 어머니는 그의 공부 계획에 찬성하지 않았다.

<해설> 주절이 현재완료시제로 표현되어 있으므로, 종속절은 'since + 과거'로 표현되어야 합니다.<문제 7번 참조>

17. <해석> 내년 가을이면 김 교수는 유능한 학자로서 40년 넘게 이 대학에서 일한 셈이 된다.

<해설> 지금 일하는 것이 미래의 한 시점까지 계속될 경우에는 미래완료시제를 사용해야 합니다.

18. <해석> 염기가 산과 반응하자마자, 소금과 때때로 물이 형성된다.

<해설> as soon as는 시간의 부사절이므로 현재가 미래를 대신합니다.<문제 4번, 12번, 15번 참조>

19. <해석> 합성 섬유로 천을 만드는 것은 천연 섬유로 천을 만드는 것보다 적은 노동을 요구한다.

<해설> require는 상태동사이므로 진행형을 사용할 수 없습니다. 따라서 requires로 해야 합니다. 다음과 같은 동사들은 진행형을 사용할 수 없습니다.

① be, exist, resemble, possess, belong to, live, require 등과 같이 존재, 상태, 소유의 의미를 지닌 동사

② hear, see, feel, taste, love, hate, wish, hope 등과 같이 무의지 지각, 감각 및 감정을 나타내는 동사

③ know, believe, remember, forget, understand 등과 같이 사고 및 인지의 의미를 나타내는 동사

20. <해석> 거의 매일 아침 나는 미술 전시회에 나를 초대하는 가드를 받는데, 그 카드에는 전시

되는 작품의 사진들이 있다.

<해설> 현재의 일반적 사실이기 때문에 현재시제를 사용해야 합니다. had been이 are가 되어야 합니다.

❙ 실전문제 ❙

21. <해석> 퇴근 후에 수영장에서 수영함으로써, 그녀는 업무와 관련되어 아침부터 쌓인 스트레스를 풀 수 있었다.

<해설> 아침부터 퇴근까지 쌓인 스트레스를 의미하므로 완료시제로로 표현하는 것이 좋습니다. 그러나 스트레스를 푼 시점이 과거이기 때문에 과거완료시제로 표현해야 합니다.

22. <해석> 단백질이 다른 조직들에서 뇌로 흘러 들어가 장애를 유발한다는 이론에 입각해, 연구자들이 단백질이 뇌로 들어가지 전에 차단하는 약품의 개발을 추구할 수 있다.

<해설> before는 시간의 부사구이기 때문에 미래의 의미를 포함하고 있지만 현재시제로 표현을 해야 합니다.

23. <해석> 최근의 역사상 가장 혹독한 가뭄이 들었던 지난해, 이미 수가 감소하고 있던 부족이 마침내 조상의 땅을 떠나 새로운 삶의 터전을 찾아 나서기로 결정하였다.

<해설> last year라는 과거를 나타내는 부사가 있으므로 과거시제가 되어야 합니다.

24. <해석> 그 대학 오락센터의 시설은 올림픽 규모의 수영장, 5개의 라켓볼 코트, 그리고 실내 트랙을 포함한다.

<해설> 현재의 사실을 기술하고 있으므로 현재시제이면서, 주어가 복수이므로 복수동사가 와야 합니다. 그리고 include는 상태를 나타내는 동사이므로 진행형을 쓸 수 없습니다. 따라서 현재시제이면서 복수동사가 되어야 합니다. <문제 19번 참조>

25. <해석> 회사가 재정 문제 때문에 폐업해야 한다는 사실을 알고 사장보다 더 충격을 받은 사람은 없었다.

<해설> 동사 shock은 감정동사이기 때문에 진행형을 쓸 수 없습니다. '충격을 받았다'의 의미를 가지기 때문에 수동의 의미를 나타내는 과거분사가 와야 합니다.

26. <해석> 인터넷의 사용과 개인용 컴퓨터의 보급 이후로 신문구독자의 수는 조금씩 감소해왔다.

<해설> since가 있으므로 현재완료로 표현되어야 합니다.

27. <해석> 지난주에, 한 의사가 암에 관한 기사를 썼는데, 그 기사는 암으로 고생하는 많은 사람들의 관심을 불러 일으켰다.

<해설> last week가 있으므로 과거시제를 사용해야 합니다.

28. <해설> 과거완료의 표현을 가지고 '∼하자마자'의 의미를 나타낼 수 있는 방법은 'no sooner + 과거완료 + than + 과거' 또는 'scarcely/hardly + 과거완료 + when/before + 과거'의 형태를 사용하는 것이 있습니다.

29. <해석> ① 그녀는 막 돌아왔다.
② 그녀는 막 부산으로 떠났다.
③ 너는 왜 연필을 지참하지 않았니?
④ 올해 많은 버터가 팔렸다.
⑤ 그는 5일 전에 그 책을 썼다.
<해설> ① just now는 과거시제와 같이 쓰입니다.
② just는 완료시제와 같이 쓰입니다.
③ 아침부터의 지금까지의 개념으로 현재완료를 사용해야합니다.
④ 올해 초부터 지금까지의 개념으로 현재완료 사용해야합니다.
⑤ five days ago는 과거를 나타내므로 과거시제가 사용되어야 합니다.

30. <해석> 나는 우리가 주문한 물품이 다음 주 목요일에 도착할 것이라는 통보를 받았다.
<해설> 과거에 통보받았으므로 종속절에서도 과거시제가 사용되어야 합니다.

<정답>

1. ④ 2. ④ 3. ③ 4. ④ 5. ② 6. ② 7. ③ 8. ④ 9. ① 10. ③ 11. ② 12. ② 13. ② 14. ③ 15. ④ 16. ③ 17. ④ 18. ② 19. ② 20. ④ 21. ④ 22. ⑤ 23. ② 24. ② 25. ③ 26. ③ 27. ③ 28. ① 29. ⑤ 30. ②

제5장 조동사

조동사란 동사를 도와주는 동사로서, 본동사 앞에 놓입니다. 조동사는 부정, 의문, 완료, 진행, 수동태를 만들어주는 주조동사와 능력, 가능성, 허가, 금지, 의무 등을 나타내는 서법조동사로 구분할 수 있습니다. 이 장에서는 서법조동사만을 주로 다루고자 합니다.

1. Can(Could)

조동사 can은 능력, 가능성, 허가, 추측, 개연성 등의 용법으로 주로 사용됩니다.

1.1 능력

조동사 can은 'be able to'와 같이 능력의 의미를 나타냅니다. 그렇지만, 'be able to'에는 사람만이 주어로 올 수 있으며, can에는 사람과 사물 둘 다 주어로 올 수 있습니다. 또한 'be able to'는 다른 조동사와 같이 사용될 수 있지만, 한 문장 안에서 두 개 이상의 조동사가 같이 사용될 수는 없습니다.

My grandparents **can** read books without glasses.
= My grandparents **are able to** read books without glasses.

Can you solve this problem?
= **Are** you **able to** solve this problem?

Water **can** be analyzed into Oxygen and Hydrogen.

He **may be able to** swim.(O)

He **may can** swim.(X)

He **seems to able to** swim.(O)

1.2 가능성

Can we ski on this hill?

= **Is it possible** for us **to** ski on this hill?

We **can't** swim here because of the wind.

= **It's impossible** for us **to** swim here because of the wind.

It **can** be had for nothing.(공짜로 얻을 수 없다.)

Can I have a break now?

= Is it possible for me to take a break now?

1.3 허가 및 금지

You **can't** smoke here.

= You **are not permitted to** smoke here.

You **can** take any tape you like.

= You **are allowed to** take any tape you like.

1.4 추측

He **could** be in the library.

= **Maybe** he is in the library.

He **could** be waiting for us.

= **Maybe** he is waiting for us.

1.5 개연성

Can the news be true?(그 소식이 사실일 수 있을까?)

The dog **can't** be dangerous.(그 개가 위험하다는 것은 있을 수 없다.)

The slightest carelessness **can** cause a serious accident.(사소한 부주의가 심각한 사고를 야기하지 않는다고 말할 수 없다.)

He **can** be brave enough to do so.(그는 그렇게 할 만큼 용감하다.)

1.6 관용적인 표현

(1) can not + too + **형용사/부사 : 아무리 ~해도 지나치지 않다.**

It **can not** be **too** careful in climbing.

It **can not** be **too** hard in studying.

(2) can not + without + ~ing : **~하면 반드시 ~한다./~하지 않고는 ~할 수 없다.**

He **can not** do anything **without** making some mistakes.

He **can not** succeed **without** trying.

He **can not** pass by the bakery **without** buying some bread.

1.7 Can과 could의 차이점

Could는 can의 과거형이면서도, 요청문에 사용되면 정중하면서도 겸손한 표현이 됩니다.

I **can** do everything even though I am old.
= I am able to do everything even though I am old.

I **could** do everything when I was young.
= I was able to do everything when I was young.

Could you show me the way?
Could you lend me your dictionary?
= **May** I borrow your dictionary?

2. May(Might)

May는 가능성, 추측, 허가의 용법으로 주로 사용되며, 기원, 목적, 양보, 관용적 표현 등으로 사용되기도 합니다.

2.1 추측 및 가능성

It **may** snow tomorrow morning.
It **may** be true.
She **may** tell a story to her husband.
= **Perhaps** she tells a story to her husband.
If we invited him, he **might** come.
He **may** not believe your story.
= **Perhaps** he will not believe your story.

추측의 의미를 지닐 때, 현재 시점에서 과거의 것을 추측할 때는 'may + have + 과거분사'의 형태를 사용하고, 과거 시점에서 그 이전의 것을 추측할 때는 'might + have + 과거분사'의 형태를 사용합니다.

He **may have left.**
= Perhaps he **left.**

He **might have left.**
= Perhaps he had **left.**

2.2 허가

You **may** have a cookie after dinner.
You **may** leave here.
May I smoke here?

May가 허가의 의미를 지닐 때, 이것의 부정은 can not으로 합니다.

You **may** call me a teacher, but you **can not** call me a scholar.
You **may** think me a facilitator, but you **can't** think me a guide.

허가를 의미하는 의문문에서 may가 공손한 표현이고, can은 허물없는 표현으로 볼 수 있습니다. 허가를 할 때, may는 '공식적인 석상, 또는 권위에 의해서 허가'를 해 주는 것이며, can은 '사정을 허락하다'의 의미를 지니어 좀 더 부드러운 표현이 됩니다.

May I come in? / Can I come in?
Yes, you **may.**(예 괜찮습니다.)
Yes, you **can.**(그래, 좋아.)

2.3 기원

May you succeed!
May you be happy!
May you live happily!

2.4 양보

However difficulty it **may** be, you must do it.
Wherever you **may** go, be careful.
Whatever you **may** choose, that is the best.

2.5 목적

Brave men often give their lives **so that** people **may** live in peace.
Many men work hard **so that** they **may** succeed.
Many students study hard **in order that** they **may** get good grades.
People work hard **so as to** make money.

미국영어에서는 may 대신에 will, can이 주로 쓰입니다.

Many students study hard **so that** they **can** have a scholarship.

2.6 관용용법

(1) may(might) well : ~하는 것은 당연하다.

You **may well** be proud of your son.
She **may well** say like that.

(2) may(might) as well : ~하는 편이 좋다.

You **may as well** start for New York right now.
You **may as well** go to bed.

(3) may as well A as B : B보다는 A가 좋다.

You **may as well** do something **as** do nothing.
You **may as well** be called a brave man **as** a coward.

3. Must

Must는 의무, 확실한 추측, 금지, 필연 등의 용법으로 사용됩니다.

3.1 의무

You **must** do as you heard.
Korean men **must** serve the army.

3.2 금지

You **must** not tell a lie.
You **must** not make a noise in the theater.

3.3 필연

All **must** die.
All flowers **must** wither.

3.4 확실한 추측

The rumor **must** be true.
= **It is certain that** the rumor is true.

He **must** be rich.
= **It is certain that** he is rich.

If he told like that, he **must have been** mad.

3.5 부정 의문문에서 must와 can의 차이점

Mustn't we go? : 가지 않으면 안 될 걸?

Can't we go? : 가지 않아도 괜찮겠지?

4. Need, Dare

4.1 조동사 need는 동사원형과 함께 조동사처럼 사용되고 3인칭 현재 단수형은 need입니다. 그러나 구어체에는 need를 일반동사로 취급하는 경향이 있습니다.

Need he go? No, it **need** not (go).

All that we **need do** was to do our best.

Does he need go? No, it does not need.: 구어체

'need not have + 과거분사'는 '하지 않아도 되었는데, ~을 했다'는 의미를 지닙니다.

It **need not have watered** the flower, for it faded away already.

= Because the flower faded away already, it was not necessary to water the flower, but you did.

4.2 조동사 dare는 동사원형과 함께 부정문, 의문문에서 쓰이고, 3인칭 현재 단수형은 dares가 아니라 dare입니다. 과거형은 dared이나 부정형은 daren't 보다는 didn't dare가 많이 쓰입니다.

How **dare** you say like that in front of me!

Dare he tell you it? No, he need not tell to me.

They didn't **dare** move.

They **dared** tell a lie in front of their teacher.

5. Should

Should는 의무, 당연, 이성적 판단, 감정적 판단, 명령, 주장, 요구, 제안의 용법으로 사용됩니다.

5.1 의무, 당연

The young **should** respect the old.
All soldiers **should** follow their seniors' orders.

5.2 강한 추측

I think it **should** be you.
It **should have been** a great shock to him, because he became pale.

5.3 강한 의문

Why **should** I do this?
How **should** I know that?

5.4 이성적 판단

형용사 advisable, desirable, essential, fair, imperative, natural, necessary, important, rational, right, wrong, proper 등과 같이 이성적 판단의 의미를 지니는 형용사가 사용되면, 'It is + 이성적 판단의 형용사 + that + 주어 + should + 동사원형'의 문장 형식이 사용됩니다.

It is **natural** that learners **should** make some mistakes.
It is **rational** that he **should** be proud of his parents.
It is **necessary** that you **should** consider everything before doing something.

5.5 감정적 판단

형용사 strange, absurd, annoying, curious, odd, strange, surprising, a pity, regrettable 등과 같이 감정적 판단의 의미를 지니는 형용사가 사용되면, 'It is + 감정적 판단의 형용사 + that + 주어 + should + 동사원형'의 문장 형식이 사용됩니다. 이때 should는 '～하다니'로 해석됩니다.

It is **strange** that he **should** tell a lie.
It is **surprising** that he **should** be so foolish.

5.6 명령, 주장, 요구, 제안

동사 order, command, propose, suggest, move, insist, demand, wish 등과 같이 명령, 주장, 요구, 제안의 의미를 지니는 동사가 사용되면, '주어 + 명령, 주장, 요구, 제안의 동사 + that + 주어 + (should) + 동사원형'의 문장 형식이 사용됩니다.

Our lieutenant **commanded** that we **should** break into enemy territory.
My teacher **suggested** that I **should** become a doctor.
My boss **ordered** that I **should** finish the work by five.

5.7 관용용법

(1) lest ～ should : ～하지 않도록/～하지 않을까

He wrote down their names **lest** he **should** forget them.
He made a mental note **lest** he **should** make a mistake again.
I am afraid **lest** I **should** miss the last train.
I will write down your name **lest** I **should** forget it.
I am worrying **lest** I **should** fail again.

6. Shall

조동사 shall은 본인의 의사에 의하지 않고 상대방의 의사에 의해 어떤 행위가 실행될 때 사용됩니다.

6.1 말하는 사람의 의지

You **shall** have the money.
You **shall** hear from your fiance not long before.
He **shall** not give up this opportunity.

6.2 듣는 사람의 의지

Shall I be in time for the train?
Shall I stay here?
Shall I open the window?
Shall I succeed?

7. Ought to, have to

조동사 ought to는 의무, 금지, 추측의 용법으로 사용되며, should보다 의무감이 강합니다. Have to는 의무와 필요의 용법으로 사용됩니다.

7.1 Ought to

(1) 의무, 금지

You **ought to** start for New York right now.
You **ought to** keep your promise.
Taking pictures **ought** not **to** be allowed in the museum..

(2) 강한 추측

It **ought to** be snowy at night.
She **ought to** arrive there by now.

7.2 Have to

(1) 의무

I **have to** see my father before leaving.
You **have to** keep the secret.
All you **have to** do is to do your best.

(2) 필요

You don't **have to** be rich to help the poor.
= It is not **necessary** for you to be rich in order to help the poor.

8. Will(Would)

Will은 의지, 단순미래, 추측, 습성, 권유, 소망, 과거의 불규칙적인 습관의 용법 등으로 사용됩니다.

8.1 의지

I **will** give you my words.
I **will** go my way whatever you say.
He **would** not believe whatever I said.
Will you do me a favor?
Will you remain here for us?

8.2 단순미래

Hurry up, or you **will** be late.
If you don't look out, you **will** be run over.
When you arrive at the airport, I **will** be there.

8.3 추측

Will the sun rise soon?
Will she get on the bus on time?
It **will** be your responsibility, I think so.

8.4 습성

The door **will** not open.
My son **will** spend all the money as other boys.

8.5 권유, 공손한 부탁의 would

Would you like some drinks?
Would you mind smoking here?
Would you mind waiting for us for a moment?

8.6 과거의 불규칙인 습관을 나타내는 would

On occasion, he **would** take a short rest.
Sometimes, he **would** not attend the meeting.

8.7 관용용법

'would rather + 동사원형'은 '~하는 편이 좋다'의 의미를 지니고, 'had better +

동사원형'도 거의 같은 뜻으로 해석이 되지만, 'would rather + 동사원형'은 소망을 나타내고, 'had better + 동사원형'은 충고나 명령의 의미를 지닙니다. 'would rather A than B'는 'B 보다는 A가 좋다'의 의미를 지닙니다.

You **would rather** leave here tomorrow.
You **would rather** stay here **than** leave.
You **had better** see a doctor.
You **had better** not overwork.

9. 'used to'와 'be used to'

'used to'는 조동사와 일반동사로 사용되며, '~하곤 했다'의 의미로서 과거의 규칙적인 습관이나 상태를 표현합니다. 'be used to'는 사람이 주어일 때는 '~에 익숙해져 있다'의 의미를 지니고 'to + V+ing'의 형태를 취합니다. 그러나 사물이 주어일 때는 '~하기 위하여 사용된다'의 의미를 지니면서, 'to + 동사원형'의 형태를 취합니다.

He **used to** visit his hometown during the winter vacation.
He **used to** come by the office in the evening.
He **was used to** using this machine.
He **is used to** studying in the evening.
This tool **is used to** calculate.

10. '조동사의 현재시제 + have + 과거분사'와 '조동사의 과거시제 + have + 과거분사'의 차이점

'조동사의 현재시제 + have + 과거분사'는 과거사실에 대한 단순한 추측을 나타냅니다. 따라서 과거사실에 대하여 모르고 있을 때 사용합니다. 그러나 조동사의 종류에 따라서 추측에 대한 확실의 정도는 달라집니다. '조동사의 과거시제 + have +

과거분사'는 과거사실을 반대로 가정하거나 과거사실에 대한 유감이나 안타까움을 나타낼 때 사용됩니다. 따라서 과거사실을 분명히 알고 있다는 것을 전제로 합니다.

He **may have done** that.
= Perhaps he did that.

He **can have bought** the car.
= Maybe he bought the car.

He **must have overslept** himself, for he did not come to the class on time.
= I am sure that he overslept himself.

He **might have found** a new job.
= He did not find a new job.
= If he tried to find a new job, but he did not.

He **could not have bought** the car.
= He bought the car.
= If he decided not to buy the car, but he bought it.

You **need not have hurried.**
= He hurried.
= Though it was not necessary to hurry up, he did.

I **should have stayed** longer.
= Though I had to stay longer, I did not.

You **must have got** on the bus, if you had run.
= You did not get on the bus, because you did not run.

You **ought to have seen** a doctor, before a wound became serious.
= When you had a wound, you had to see a doctor, but you did not.

| 연습문제 |

1. The boy got lost again yesterday. I _________ by himself. [외국어대대학원]

① should have let him go ② shouldn't have let him go
③ would not have let him go ④ would have let him go.

2. "We want to leave now."
"You boys had better ________ yourselves." [고시]

① behave ② to behave ③ behaving
④ of behave ⑤ of behaving

3. "Would you mind telling me how much it was?"
"_________: it was 20 cents." [고시]

① Yes, I would ② Yes, I should ③ No, not at all
④ Yes, I do ⑤ Yes, I shall.

4. He _____ get angry with her. [숙명여대편입]

① could have ② as if ③ may well ④ not only

5. Before(①) the 1920's, scientists use to(②) think an immobilized muscle would(③) become weaker(④). [TOEFL]

6. The sun hadn't hardly(①) set when the mosquitoes began to sting(②) so annoyingly(③) that we had to run off(④) from the picnic ground. [행시]

7. Since the ditch is full of water, ____________ last night. [한양대대학원]

① it must be raining ② it must have rained
③ there might have rain ④ there might have been rain

8. He _____ missed the train or he would surely be here by now. [고려대대학원]
① could have ② must have ③ would have ④ should have

9. Ancient civilization such as those of the Phoenicians and the Mesopotamians __________ goods rather than use money. [행시, 외시]
① use to trade ② is used to trade ③ used to trade ④ was used to trade

❙ 실전문제 ❙

10. Travellers ______ their reservations well in advance if they want fly during the Christmas holiday. [TOEFL]
① had better to get ② had to get better
③ had better get ④ had better got

11. Our holidays were ruined by the weather; _______ have stayed at home! [고시]
① it may be as well ② it was just as well as ③ we might just as well
④ we might do as well as we ⑤ we may have to

12. "Did you call to make your airline reservation?"
"Not yet, but I ___________" [고시]
① shall ② may ③ must have ④ should have

13. She told me that _______ live with her roommate again next year. [행시, 외시]
① she'll rather not ② she'd rather not ③ she won't rather
④ she'd rather didn't ⑤ she should rather not

14. I remember how we ______ to ask him questions to get him off the subject. [고시]
① use ② used ③ were used
④ had used ⑤ had been used

15. 다음 주어진 문장의 내용과 일치하는 것은? [고시]

We had plenty of bread, so I needn't have bought a loaf.

① We had plenty of bread, so I could not buy a loaf.

② We had plenty of bread, so I had to buy a loaf.

③ We had plenty of bread, so I didn't need to buy a loaf.

④ We had plenty of bread, so I didn't have to buy a loaf but I bought one.

⑤ We had plenty of bread, so I did not buy a loaf.

| 연습문제 |

1. <해석> 그 애는 어제 또 길을 잃었어. 나는 그 아이를 혼자 가게 하지 말았어야 했어.
   <해설> '조동사의 현재 + have + 과거분사'는 과거사실에 대한 단순한 추측을 나타내고, '조동사의 과거 + have + 과거분사'는 과거사실에 대한 가정을 나타냅니다. 즉 과거사실에 대한 반대의 이야기를 하고 있는 것입니다. 그리고 조동사의 의미에 알맞게 사용해야 합니다. 이 문제에서는 금지의 의미를 가지므로 should가 좋습니다.
2. <해석> "우리는 지금 떠나려고 합니다." "너희 소년들은 얌전히 행동해야 한다."
   <해설> 'had better + 동사원형'과 'would rather + 동사원형'은 '~하는 편이 좋다'의 의미를 지닙니다. 'would rather + 동사원형'은 소망을 나타내고, 'had better + 동사원형'은 충고나 명령의 의미를 지닙니다.
3. <해석> "그것이 얼마였는지 말씀해 주시겠습니까?" "물론입니다. 그것은 20센트였습니다."
   <해설> 'Would mind + V ing'은 '~하는 것을 꺼리십니까?'라는 질문입니다. 꺼리면 Yes로 대답하고 꺼리지 않으면 No로 답변을 해야 합니다. 이 문제에서는 답변을 했기 때문에 No로 대답을 해야 합니다. 'No, not at all'을 'Absolutely not' 또는 'Certainly not'으로 대답할 수도 있습니다.
4. <해석> 그가 그녀에게 화내는 것은 당연하다.
   <해설> ①의 'could have + 과거분사'는 '~할 수 있었는데'의 의미를 가지고 있습니다. He could have gotten angry with her. (그는 그녀에게 화를 낼 수 있었는데, 그렇지 않았다.) ②에서 as if 뒤에는 가정법 구문이 옵니다. He said as if he had gotten angry with her. ④의 not only는 'not only A but also B: A뿐만 아니라 B도'에서 사용됩니다. 조동사 may와 관련된 관용용법으로는 'may well ~ : ~하는 것은 당연하다, may as well ~ : ~하는 것이 좋다, may as well A as B : B라기 보다는 A' 등이 있습니다.
5. <해석> 1920년대 이전에 과학자들은 움직이지 못하게 된 근육들은 점점 더 약해질 것이라고 생각하고 했다.
   <해설> 'used to'는 '~하곤 했다'의 의미로서 과거의 규칙적인 습관을 나타내고, would는 과거의 불규칙적인 습관을 나타냅니다.
6. <해석> 해가 지자마자 모기들이 짜증나게 물기 시작해서 우리는 소풍 장소에서 뛰쳐나와야만 했다.
   <해설> 과거완료의 표현을 가지고 '~하자마자'의 의미를 나타낼 수 있는 방법은 'no sooner + 과거완료 + than + 과거' 또는 'scarcely/hardly + 과거완료 + when/before + 과거'의 형태를 사용하는 것이 있습니다. 이 문제에서는 hardly가 부정의 의미를 내포하고 있기 때문에 부정을 두 번 사용해서는 안 됩니다.

   I **had** *scarcely/hardly* **locked** the door *when/before* the key **broke.**

   He **had** *no sooner* **heard** the new, *than* he **fell** down.

He **started** *as soon as* the rain **stopped**.

The moment(instant, minute) he **left** his house, it **began** to rain.

On his **leaving** his house, it **began** to rain.

7. <해석> 도랑에 물이 가득 차 있는 것을 보니 간밤에 비가 왔던 것임에 틀림이 없다.

<해설> '조동사현재 + have +과거분사'는 과거사실에 대한 단순한 추측을 나타내고, '조동사과거 + have + 과거분사'는 과거사실에 대한 가정을 나타냅니다. 즉 과거사실에 대한 반대의 이야기를 하고 있는 것입니다. 그리고 조동사의 의미에 알맞게 사용해야 합니다. 이 문제에서는 확실한 추측(확신)의 의미를 가지므로 must 좋습니다. <문제 1번 참조>

8. <해석> 그는 기차를 놓쳤음이 틀림없다. 그렇지 않으면 지금쯤 여기에 도착했을 것이다.

<해설> '조동사과거 + have + 과거분사'는 과거사실에 대한 가정을 나타냅니다. 조동사에 따라 의미가 달라집니다. 'could/would have +과거분사:～할 수도 있었는데 그렇지 않았다.' 'must have +과거분사: ～했음에 틀림없다.' 'should have + 과거분사: ～했어야 했는데 하지 않았다.' 'might as well have +과거분사: ～하는 편이 좋았었는데' <문제 1번, 7번 참조>

9. <해석> 페니키아와 메소포타미아 문명과 같은 고대문명은 돈을 사용하기보다는 물물교환을 했다.

<해설> 'used to'는 과거의 규칙적인 습관을 나타내고, would는 과거의 불규칙적인 습관을 나타냅니다. used와 관련된 숙어는 '사람 +be used to +V ing:～에 익숙하다', '사물 +be used to +명사:～에 사용된다.' 등이 있습니다. <문제 5번 참조>

❙ 실전문제 ❙

10. <해석> 여행자들은 만약 크리스마스 연휴 때 비행기를 타고 싶다면 미리 예약을 잘 해두는 편이 좋다.

<해설> had better + 동사원형/would rather + 동사원형 : ～편이 낳다. <문제 2번 참조>

11. <해석> 우리의 연휴가 날씨로 인해 엉망이 되었다. 우리는 그냥 집에 있는 편이 나았는데

<해설> '～하는 편이 더 나았었는데'는 'might as well have + 과거분사'로 나타냅니다.

12. <해석> "너는 전화로 비행기 예약을 했니?" "아니, 아직. 하지만 했어야 했는데"

<해설> 하지 않은 것을 가정할 때는 'should have + 과거분사'를 사용합니다.

I **should have stayed** longer.

= Though I had to stay longer, I did not.

13. <해석> 그녀는 내년에는 자신의 룸메이트와 다시 살고 싶지 않다고 내게 말했다.

<해설> 'would rather + 동사원형'은 '～하는 편이 좋다. ～하고 싶다'의 의미를 가지고 있습니다. 부정을 할 때는 동사원형 앞에 not을 붙이면 됩니다.

14. <해석> 나는 우리가 그를 주제에서 벗어나게 하기 위해 그에게 어떻게 질문을 하곤 했는지 기억하고 있다.

<해설> 'used to + 동사원형'은 '~하곤 했다'의 의미를 가지고 있습니다. <문제 5번, 9번 참조>

15. <해석> 우리는 충분한 빵을 가지고 있어서 빵 한 덩어리도 살 필요가 없었는데 샀다.

<해설> '~할 필요가 없었는데'는 'need not have + 과거분사'로 표현합니다.

You **need not have hurried.**

= He hurried.

= Though it was not necessary to hurry up, he did.

<정답>

1. ② 2. ① 3. ③ 4. ③ 5. ② 6. ① 7. ② 8. ② 9. ③ 10. ③ 11. ③ 12. ④ 13. ② 14. ② 15. ④

제6장 수동태

어떤 상황이나 동작을 표현할 때, 주어가 동작을 하는 **능동태**와 주어가 동작을 당하는 **수동태**로 표현할 수 있습니다. 수동태는 주어가 '동작을 하다'가 아니라 '동작을 받다 또는 동작의 당하다'는 의미로 쓰일 때 사용됩니다.

1. 수동태의 형식

수동태는 '(be 동사) + 과거분사 + (by ~)'의 형식을 취합니다. be동사와 by는 중요한 요소이지만 생략이 가능하고 과거분사는 생략할 수 없는 필수적인 요소입니다. 과거분사 뒤에 명사가 올 경우에는, 반드시 by 등의 전치사가 그 명사 앞에 붙어야 합니다.

The publisher makes many books.

위의 문장은 '**출판사**가 많은 책을 만들고 있다'로 해석되는데, 출판사에 강조점을 두고 있습니다. 만약 '많은 책'에 강조점을 두어 표현하게 되면 수동태 문장으로 만들면 됩니다. 수동태 문장으로 만드는 방법은 능동태의 주어는 'by +명사', 동사는 'be동사 + 과거분사', 목적어는 주어로 변환하면 됩니다.

The publisher makes many books.

→ Many books are made by the publisher.

Many people saw the game.

→ The game was seen by many people.

2. 수동태가 주로 사용되는 경우

2.1 수동태의 주어에 더 관심이 있을 때

A car ran over the blind boy.
→ The blind boy **was run** over by a car.

A gang attacked and robbed a woman.
→ A woman **was attacked and robbed** by a gang.

2.2 능동태의 주어가 분명하지 않을 때

Unknown soldier killed him in the war.
→ He **was killed in** the war.

Someone delivers the magazine.
→ The magazine **is delivered.**

2.3 능동태의 주어가 막연한 일반인일 때

People in Australia speak English.
→ English **is spoken** in Australia.

People in China make these shoes.
→ These shoes **are made** in China.

2.4 행위자를 나타내지 않는 것이 좋다고 생각될 때

My boss said something tonight. And he should not say that.
→ Something **was said** tonight. And that should not **have been said**.

2.5 앞 문장과의 연결 상

He loves his neighbors, and **is loved** by them.
I respect my parents, and **am loved** by them.

3. 수동태의 시제

3.1 단순시제

The products **are delivered** now.
The products **were delivered** yesterday.
The products **will be delivered** tomorrow.

3.2 진행시제

The speech **is being given** now.
The speech **was being given** last night.
The products **are being delivered** now.

3.3 완료시제

The mayor **has been elected** already.
The mayor **will have been elected** by next month.

4. 문장 형식과 수동태

4.1 3형식 문장

3형식 문장은 목적어가 하나이므로 한 개의 수동태 문장을 만들 수 있습니다.

They are going to announce today's winner.
→ Today's winner is going to **be announced**.

He explained his plan to us.
→ His plan **was explained** to us **by** him.

4.2 4형식 문장

4형식 문장에서 직접목적어가 수동태의 주어가 될 때에는, 4형식 문장을 3형식으로 전환할 때 사용되는 전치사가 사용되어야 합니다.

(1) 2개의 수동태가 가능한 경우

동사 ask, cook, give 등은 직접목적어와 간접목적어를 수동태의 주어로 만들 수 있습니다.

He gave me a chocolate.
→ **I** was given a chocolate by him.
→ **A chocolate** was given **to** me by him.

My father cooks my mother spaghetti.
→ **My mother** was cooked spaghetti by my father.
→ **Spaghetti** was cooked **for** my mother by my father.

He asked me a question.

→ **I** was asked a question by him.

→ **A question** was asked **of** me by him.

(2) 직접목적어만을 수동태의 주어를 할 수 있는 경우

동사 buy, bring, make, read, sell, send, sing, write 등은 직접목적어만을 수동태의 주어로 삼을 수 있습니다.

He sent me this letter.

→ I was sent this letter by him.(X)

→ **This letter** was sent **to** me by him.(O)

He bought the girl a new dress.

→ A girl was bought a new dress by him. (X)

→ **A new dress** was bought **for** the girl by him.(O)

My father made me a swing.

→ I was made a swing by my father.(X)

→ **A swing** was made **for** me by my father.(O)

(3) 간접목적어만을 수동태의 주어로 할 수 있는 경우

동사 call, envy, forgive, kiss, pardon, save, spare 등은 간접목적어만을 수동태의 주어로 사용할 수 있습니다.

My teacher forgave me my mistakes.

→ My mistakes were forgiven to me my teacher.(X)

→ **I** was forgiven my mistakes by my teacher.(O)

The court pardoned a person an unintentional offense.
→ An unintentional offense was pardoned a person by the court.(X)
→ **A person** was pardoned an unintentional offense by the court.(O)

My friend spared me five dollars.
→ Five dollars were spared for me by my friend.(X)
→ **I** was spared five dollars by my friend.(O)

My parents kissed me good night.
→ Good night was kissed me by my parents.(X)
→ **I** was kissed good night by my parents.(O)

I envied him his good fortune.
→ His good fortune was him envied by me.(X)
→ **He** was envied his good fortune by me. (O)

4.3 5형식 문장

5형식 문장에서는 목적어가 하나 밖에 없으므로 수동태 문장이 하나 밖에 만들어지지 않습니다. 목적보어를 목적어로 오해하는 경우가 있는데 주의하여야 합니다. 목적보어는 5형식에서 위치하는 그 자리에 그대로 남게 됩니다.

The children named their dog Ben.
→ **Their dog** was named Ben by the children.

They elected him headmaster.
→ **He** was elected headmaster by them.

지각동사와 사역동사의 목적보어로 사용된 원형부정사는 수동태가 되면 to 부정사로 바뀌게 됩니다. 사역동사 let의 경우는 수동태로 바뀔 때에는 'be allowed to + 동사원형'의 표현이 사용됩니다.

My boss *made* me **go** home early.
→ I was made **to go** home early by my boss.

I *watched* my student **solve** the problem.
→ My student was watched **to solve** the problem by me.

This company **let** its employees **earn** more money.
→ Its employees were let **to earn** more money by this company.(X)
→ Its employees **were allowed to** earn more money by this company.(O)

4.4 세 어휘로 만들어진 동사의 경우

세 어휘 동사로 표현된 문장은 두 개의 수동태가 가능합니다.

My parent took care of us.
→ **We** were taken care of by my parents.
→ **Care** was taken of us by my parents.

My boss paid no attention to employees.
→ **No attention** was paid to employees by my boss.
→ **Employees** were paid no attention by my boss.

5. 수동태의 종류

수동태는 상태를 나타내는 상태수동태와 동작을 나타내는 동작수동태로 구분할 수 있습니다. 상태수동태는 'be + 과거분사'의 형식을 취하고, 동작수동태는 'get + 과거분사'의 형태를 취합니다. 동작수동태는 'by+ 목적격'을 쓰지 않는 것이 원칙입니다.

I am married.

I got married.

They got divorced.

6. 주의해야할 수동태

6.1 부정 주어인 경우

No one solved the problem.

→ The problem was solved by no one.(X)

→ **The problem** was **not** solved **by anyone**.(O)

6.2 명령문의 수동태

명령문을 수동태로 만들 때에는 'let ~ be + 과거분사'의 형식을 사용합니다.

Do it at once.

→ **Let** it **be done** at once.

Don't do it at once.

→ **Let** it not **be done** at once.

6.3 의문문의 수동태

Who broke the window?

→ **By whom** was the window broken?

6.4 that을 포함한 명사절

3형식 문장에서 that을 포함한 명사절이 believe, expect, estimate, know, predict, say, suppose, think 등과 같은 동사들의 목적어일 경우에는 세 가지로 수동태를 만들 수 있습니다.

They believe **that he is the oldest man alive in their country**.
→ **That he is the oldest man alive in their country** is believed (by them).
진주어가 너무 길어 가주어를 사용
→ **It** is believed **that** he is the oldest man alive in their country.
That절의 주어를 수동태의 주어로 사용하면 that절은 to 부정사 형식으로 전환
→ **He** is believed **to** be the oldest man alive in their country.

People estimate that I will arrive at about 5 o'clock.
→ **That I will arrive at about 5 o'clock** is estimated.
→ **It** is estimated **that** I will arrive at about 5 o'clock.
→ **I** am estimated **to** arrive at about 5 o'clock.

We suppose that the situation will improve.
→ **That the situation will improve** is supposed.
→ **It** is supposed **that** the situation will improve.
→ **The situation** is supposed **to** improve.

That을 포함한 명사절이 4형식 문장의 직접목적어일 때는 간접목적어를 수동태의 주어로 사용합니다.

They told us that their country was proud of their cultures.
→ **We were told that** their country was proud of their cultures.

6.5 능동수동태

동사 cut, open, peel, read, sell, translate, wash, write 등은 능동태로서 수동의 의미를 나타냅니다.

This carving knife **cuts** well.

This fiction **sells** so well.

The door **opens** of itself.

This mandarin orange **peels** well.

This magazine **reads** interesting.

This fiction **translates** well.

This Korean verse **translates** easily into English.

This clothes **washes** easily.

This pen **writes** well.

6.6 동명사가 수동의 의미를 가지는 경우

동사 deserve, need, want 뒤에 동명사가 오면 수동의 의미를 가집니다.

This pencil need **sharpening**.

= This pencil need **to be sharpened**.

This problem deserves **solving**.

= This problem deserves **to be solved**.

My shoes want **cleaning**.

= My shoes want **to be cleaned**.

6.7 진행형이 수동의 의미를 가지는 경우

동사 build, print 등은 진행형으로 수동의 의미를 나타냅니다.

The ship **is building** now.

= The ship is being built now.

The magazine **is printing** now.
= The magazine is being printed now.

6.8 수동태를 능동태로 전환할 경우

부정의 뜻을 가진 수동태를 능동태로 전환할 때에는 부정주어를 사용합니다.

She was not pleased by anything.
→ Anything did not please her. (X)
→ Nothing pleased her. (O)

The problem was not solved by anyone.
→ The problem was solved by no one.(X)
→ No one solved the problem.(O)

6.9 by가 아닌 다른 전치사로서 동작의 행위자를 나타내는 경우

I **was amused at** that story.
He **was pleased with** my gift.
They **were delighted with/at** the result.
My manager **is satisfied with** this report.
I **am** much **gratified with** the result.
I **was disappointed at** the result.
She **was surprised at** the news.
They **were alarmed at** the news.
I **was astonished at** her behavior.
They **were frightened at/by** the results of the war.
I was **shocked at/by** the news of her death.
The competition **was divided into** two categories.
I **am worried about** the safety.

I **am concerned about/over** the safety of my child.

I **am bored/tired with** that kind of movie.

He **was ashamed of** himself.

I **am convinced of** her innocence.

I **am interested in** Politics.

I **am involved in** that affair.

I **am engaged in** the business.

He **was associated in** various companies.

He **is closely related to** my family.

The new party **is associated with** an existing policy.

He **is absorbed in** studying.

He **is indulged in** drinking.

He **is devoted to** the society.

He **is dedicated to** helping the poor.

He **is skilled in** diplomacy.

The police **were equipped with** riot shields.

The mountain **is covered with** snow.

Street **is crowded with** tourists.

The street **was filled with** people.

He **is known as** a specialist in the field of architecture.

A man **is known by** its friends.

He **is known for** a joke.

The fact **is known to** us all.

Wine **is made from** grapes.

A chair **is made of** the wood.

I **am based in** Seoul.

This film **is based on** a novel.

We **were exposed to** infection.

| 연습문제 |

1. The lighthouse was first used ___________ as an aid to navigation. [TOEFL]
   ① where it is in Egypt ② in the Egyptians
   ③ which is in Egypt ④ by the Egyptians

2. She ____________ very kind-hearted. [연세대편입]
   ① believed to be ② believes in to be
   ③ is believed to be ④ is believed in being

3. The girl has never been heard ________ so harshly. [총무처]
   ① speak ② spoken ③ to speak
   ④ to be spoke ⑤ have spoken

4. <u>The</u>(①) principles of the <u>capitalist</u>(②) system were first <u>laying out</u>(③) by the Scottish <u>economist</u>(④) Adam Smith in the 1700's. [TOEFL]

5. <u>Sounds consisting</u>(①) of <u>vibrations enters</u>(②) the <u>ear and</u>(③) is <u>converted</u>(④) nerve signals. [TOEFL]

6. _________ the mailing of the package, you will need to add five dollars more to the shipping fee. [TOEFL]
   ① To expedite ② Expedited ③ To be expedited ④ Will expedite

7. 다음 중 문법적으로 틀린 것은? [행시]
   ① I have my hair cut.
   ② I had my watch mended.
   ③ He had me cleaned the room.
   ④ I had my clothes washed by her.
   ⑤ I got my house painted white.

8. Generally rocks ______________ according to the way they were formed. [경기대편입]

① classify ② are classified

③ which they are classified ④ classify them

9. When we are arrived at the restaurant, we _______ there would be a 40-minute wait, and so we headed for another place. [서울대대학원]

① were told ② told ③ tell ④ are told

| 실전문제 |

10. ________, the government was not doing enough to solve the pollution problem. [고시]

① As it concerned the public ② As the public was concerned

③ As far as the public was concerned ④ Much as it concerned the public

⑤ As long as the public was concerned

11. Student politics __________ a considerable degree by the social position and political values of the country's intellectual community. [고시]

① is also affected to ② has also affected to

③ have also affected to ④ had also affected to

12. You were expected to submit a requisition form yesterday, if you wanted to sure you _____ given a projector for today's presentation.

① has ② have ③ is ④ are

13. You must fill out the tax deduction form, a copy of which is ________ to the immigration documents you received when you came into this country.

① attach ② attachment ③ attaching ④ attached

14. "Your daughter has two children, doesn't she?"

"That's right. She ____________ in 1970." [고시]

① did marriage ② was married ③ married ④ got married

15. Though he is lacking imagination, he is ________ the best fiction writer.
① consider ② to consider ③ considering ④ considered

16. All researchers ______ to keep a copy of files at all their work to keep loss of data.
① reminded ② were reminded ③ will remind ④ was reminding

17. As a college teacher, I have been long held(①) that no person in power should demand sexual favors in return for(②) a high grade or promotion. Nor should be subordinates sexually involved with(③) teachers or managers enjoy an unfair advantage over(④) their peers. [C.T.A]

18. The new breed, increasingly knowing(①) as futurists, concedes that(②) it is important to study the future itself(③) but says that one can study ideas about the future-conceptions of what might happen in the years ahead(④). [서울대대학원]

19. The doctrine of eminent domain is based the(①) legal tradition(②) that all real property(③) is subject to the control(④) of the state. [TOEFL]

20. All workers habe been _______ to producing products on time and without malfunction.
① dedicating ② dedicated ③ dedicate ④ dedication

21. As a member of our office you are invited ______ the annual charity auction. [TOEFL]
① attending ② to attend ③ attends ④ attend

22. When <u>overall exports</u> exceed <u>imports</u>, a country <u>said</u> to have <u>trade</u> surplus. [TOEFL]
①(overall exports) ②(imports) ③(said) ④(trade)

23. We are truly ____________ to hear that the consumer response is positive to our new products.
① delight ② delighting ③ delighted ④ delightedly

24. Human nature is not a machine _______ after a model. [행시]
① to build ② to have built ③ building
④ build ⑤ built

25. Thomas Edison <u>made</u> improvement in the Crookes tube and <u>became</u> <u>known for</u> the inventor <u>of the</u> fluoroscope. [TOEFL]
①(made) ②(became) ③(known for) ④(of the)

26. 다음 중 문법적으로 옳은 것은? [외국어대편입]
① The doctor was made examine his patient.
② The doctor expected to be examined his patient.
③ The doctor was said to examine his patient.
④ The patient was given a prescription to by his doctor.

27. 다음 중 문법적으로 옳은 것은? [9급행정직]
① He is well known by everybody.
② I was written a letter by her.
③ She was laughed at by the boys.
④ By whom the window was broken?
⑤ Let the book not to be read.

28. Drinking and smoking are known _________ dementia.
① causing ② cause ③ causes ④ to cause

▌연습문제▐

1. <해석> 등대는 항해를 돕기 위해서 이집트인들에 의해 최초로 사용되었다.
   <해설> '주어 + be + 과거분사'이므로 수동태 문장입니다. 따라서 의미상 주어를 나타내는 by가 사용되어야 합니다.
   The Egyptians first used the lighthouse as an aid to navigation.
   → The lighthouse was first used by the Egyptians as an aid to navigation.
2. <해석> 그녀가 인정이 많다고 여겨진다.
   <해설> People believe that she is very kind-hearted.
   명사절이 believe의 목적어이므로 수동태의 주어
   → That she is very kind-hearted is believed (by people). 일반인을 표시하는 것을 생략, 가주어 it
   → It is believed that she is very kind-hearted. that절의 주어를 주어로 하면서 to 부정사로 표현
   → She is believed to be very kind-hearted.
3. <해석> 그 소녀가 그렇게 거칠게 말하는 것을 들어본 적이 없다.
   <해설> 지각 동사 hear가 포함된 문장이 수동태가 되었으므로 목적보어로 사용된 원형부정사는 to 부정사로 바뀌어야 합니다.
   I have never heard the girl speak so harshly.
   → The girl has never been heard to speak so harshly.
4. <해석> 자본주의 체제의 원리는 1700년대 스코틀랜드 경제학자 Adam Smith에 의해 최초로 고안되었다.
   <해설> be동사와 'by + 목적격'이 있으므로 수동태 문장이어야 합니다.
   The Scottish economist Adam Smith laid first out the principles of the capitalist system in 1700's.
   → The principles of the capitalist system were first laid out by the Scottish economist Adam Smith in the 1700's.
5. <해석> 진동으로 이루어져 있는 소리는 귀로 들어가서 신경신호로 전환된다.
   <해설> 동사 consist는 '로 구성되어 있다'의 의미를 가지고 있어서 수동의 의미를 지니고 있습니다. 동사 convert는 '~을 ~으로 개조하다/변형되다'의 의미를 가지고 있는 5형식에 쓰이는 동사입니다. 수동태가 되면 'be converted into'로 되어야 합니다.
6. <해석> 우편물 운송을 신속히 처리하기 위해서는, 운송료에 5달러를 추가로 더 내야 할 것이다.
   <해설> 주절은 능동태로 되어 있고, expedite 뒤에 목적어가 있으므로 능동형태가 필요합니다. 의미상으로 '~하기 위하여'를 필요로 하므로 능동형 to 부정사가 필요합니다.
7. <해설> 'have + 목적어 + 동사원형/과거분사'에서 목적어와 동사의 관계에 의하여 능동이면

동사원형을 사용하고 수동의 의미를 지니면 과거분사를 사용합니다. ③에서 me와 clean의 관계를 보면 me가 clean의 주체가 되므로 능동형이 와야 합니다.

5형식 문장에서는 목적어와 목적보어의 관계가 수동이면 과거분사가 오고, 능동이면 to 부정사/동사원형/동명사가 옵니다.

8. <해석> 일반적으로 바위는 그것들이 형성된 방법에 따라 분류된다.

<해설> 타동사 classify 뒤에 목적어가 없습니다. 따라서 목적어가 문장의 주어가 된 수동태 문장입니다. 'be classified into/according to'는 '무엇으로/무엇에 따라서 분류 된다'의 의미를 지닙니다.

9. <해석> 식당에 도착했을 때, 우리는 40분을 기다려야 한다는 말을 들었다. 그래서 우리는 다른 식당으로 향했다.

<해설> 식당에서는 주문을 하는 것 외에는 대부분의 행동을 하는 것이 아니라, 받게 되므로 수동태 문장이 와야 합니다.

They said to us that there would be a 40 minute wait.

We heard that there would be a 40 minute wait.

We were told that there would be a 40 minute wait.

❙ 실전문제 ❙

10. <해석> 대중들에 관한 한, 정부는 오염 문제를 해결하기 위한 충분한 노력을 하고 있지 않았다.

<해설> The government concerned the public. 따라서 the public이 주어가 되면 수동태로 The public was concerned.가 됩니다. 'as far as'는 '~하는 한'의 의미를 나타냅니다. 'as long as'는 '~하는 동안'의 의미를 나타냅니다. 따라서 '대중들에 관한한'의 의미를 나타내려면, As far as the public was concerned.가 되어야 합니다.

As far as I am concerned, I will do my best.

As long as I am alive, I will do my best.

11. <해석> 학생들의 정치활동은 또한 그 나라의 지식인 사회의 사회적 위치와 정치적 중요도에 의해 상당히 영향을 받는다.

<해설> The social position affects to student politics a considerable degree.를 수동태로 바꾸면 Student politics is affected to a considerable degree by the social position.이 됩니다.

12. <해석> 네가 오늘 발표에 사용될 프로젝트를 반드시 받기 위해 어제 요청서를 제출했어야 했다.

<해설> Administrative Department gives you a projector.을 수동태를 바꾸면 다음과 같습니다.

→ You are given a projector by Administrative Department.

→ A projector is given to you by Administrative Department.

13. <해석> 당신은 입국할 때 받은 출입국 서류에 첨부되어 있는 세금 감세용지를 작성해야 한다.

<해설> We attach a copy of tax deduction form to the immigration documents.

→ A copy of tax deduction form is attached to the immigration documents by us.

14. <해석> "당신의 딸은 아이가 둘이지요, 그렇죠?" "맞습니다. 제 딸은 1970년에 결혼했습니다."

<해설> 동사 marry의 목적어가 없으므로 수동태가 되어야 합니다. 동사 marry의 수동태는 상태수동태 'be married to + 목적어'와 동작수동태 'got married'가 가능한데요, 여기에서는 동작에 관심을 두고 있으므로 동작수동태가 되어야 합니다.

15. <해석> 그는 상상력이 부족하지만, 최고의 소설가로 여겨진다.

<해설> 동사 consider는 5형식을 취하는 동사이므로 목적어만을 수동태의 주어로 만들 수 있습니다.

People consider him the best fiction writer.

→ He is considered the best fiction writer.

16. <해석> 모든 연구자들은 귀중한 자료의 손실을 방지하기 위해 모든 업무에 사본들 만들도록 상기되었다.

<해설> 동사 remind는 5형식을 취하는 동사이므로 목적어만을 수동태의 주어로 만들 수 있습니다.

The boss reminded all researchers to keep a copy of files.

→ All researchers were reminded to keep a copy of files by the boss.

17. <해석> 대학에서 교육을 하고 있는 한 사람으로서 나는 권력자 중 그 누구도 높은 점수나 승진의 대가로 성적교감의 승낙을 요구해서는 안 되고 또한 교사나 경영자와 성적으로 관계를 맺고 있는 아랫사람들이 동료들보다 부당하게 더 나은 혜택을 누려서도 안 된다고 주장해 왔다.

<해설> 동사 hold는 목적어 하나만을 취하는 3형식 문장을 필요로 합니다. 이 문제에서 that절이 동사 hold의 목적어 이므로, 능동태 문장이 되어야 합니다.

Everybody holds that this truth is evident.

→ It is hold that this truth is evident.

→ This truth is hold to be evident.

'be involved with'는 '～와 관련되어 있다'의 의미를 지닙니다.

18. <해석> 미래학자로 점차 알려지고 있는 그 새로운 종족은 미래 자체를 연구하는 것은 불가능하다고 인정하지만, 장래에 무슨 일이 일어날 것이냐 라는 미래개념에 대한 생각을 연구할 수 있다고 말한다.

<해설> be known to: ～에게 알려지다. be known as : ～으로 알려지다. be known for :～으로 유명하다. be known by : ～에 이해 판단된다.

19. <해석> 토지 수용원리는 모든 부동산은 정부의 관리를 받아야 한다는 법률의 전통에 기초한다.

<해설> be based on : ~에 기초를 두고 있다.

20. <해석> 모든 근로자들은 제시간에 그리고 하자 없이 물건을 생산하는데 전념해 왔다.

<해설> be dedicated to: ~에 전념하다, ~에 헌신하다.

21. <해석> 우리의 사무실 일원으로서, 당신은 연례 자선 경매 행사에 참석하도록 초대되었습니다.

<해설> 동사 invite는 5형식을 취하는 동사입니다.

We invite you to attend the annual charity auction.

→ You are invited to attend the annual charity auction. ·

22. <해석> 전체적인 수출이 수입을 초과할 때, 한 국가는 무역 흑자를 거두었다고 말할 수 있다.

<해설> We say that a country has trade surplus.

→ That a country has trade surplus is said (by us).

→ It is said that a country has trade surplus.

→ A country is said to have trade surplus.

23. <해석> 우리는 새로운 생산품에 대한 고객의 반응이 긍정적이라는 소식을 듣고 진심으로 기뻐하고 있었다.

<해설> be delighted with : ~에 기뻐하다.

24. <해석> 인간의 본성은 어떤 모형에 따라 만들어진 기계가 아니다.

<해설> Human nature is not **a machine. It** is built after a model.

→ Human nature is not a machine which is built after a model.

→ Human nature is not a machine built after a model.

25. <해석> Thomas Edison은 Crookes 관의 개량품을 만들었고, 형광투시경의 발명자로서 알려지게 되었다.

<해설> 'be known to : ~에게 알려지다.' 'be known for+사물 : ~으로 유명하다.' 'be known as +사람/사물: ~로서 알려져 있다.' 'be known by : ~을 보면 알 수 있다.' <문제 18번 참조>

26. <해설> ① Someone made the doctor **examine** his patient.

→ The doctor was made **to examine** his patient.(사역동사가 수동태가 되면 to 부정사로 바뀜)

② The doctor expected to be examined his patient.에서는 examine 뒤에 목적어가 있으므로 수동태가 아닌 능동태 문장이 되어야 합니다. → The doctor expected to examine his patient.

③ The doctor was said to examine his patient.의 문장변형은 아래와 같습니다.

People said that the doctor would examine his patient.

→ That the doctor would examine his patient was said.

→ It was said that the doctor would examine his patient.

→ The doctor was said to examine his patient.

④ The doctor gave the patient a prescription.

→ The patient was given a prescription by the doctor.

→ A prescription was given to the patient by the doctor.

27. <해설> ① He is well known by everybody. → He is well known to everybody.

② I was written a letter by her.

buy, bring, make, read, sell, send, sing, write 등의 동사는 직접목적어만을 수동태의 주어로 삼을 수 있습니다. She wrote me a letter. → A letter was written to me by her.

③ The boys laughed at her. → She was laughed at by the boys.

④ By whom the window was broken?와 같은 의문문은 '동사 + 주어'의 어순을 취합니다.

Who broke the window? → By whom was the window broken?

⑤ Let the book not to be read. → Let the book not be read. let은 사역동사이므로 동사원형이 와야 합니다.

28. <해석> 음주와 흡연이 치매의 원인이 되는 것으로 알려져 있다.

<해설> They know that drinking and smoking causes dementia.

→ That drinking and smoking causes dementia is known.

→ It is known that drinking and smoking causes dementia.

→ Drinking and smoking are known to cause dementia.

<정답>

1. ④ 2. ③ 3. ③ 4. ③ 5. ④ 6. ① 7. ③ 8. ② 9. ① 10. ③ 11. ① 12. ④ 13. ④ 14. ④ 15. ④ 16. ② 17. ① 18. ① 19. ① 20. ② 21. ② 22. ③ 23. ③ 24. ⑤ 25. ③ 26. ③ 27. ③ 28. ④

제7장 부정사

부정사는 'to + 동사원형'의 형태를 취하며, 동사적인 성격을 가지고 있으면서 동시에 명사적인 성격, 형용사적인 성격, 부사적인 성격을 가지고 있습니다. 동사적 성격을 가지고 있기 때문에 부정사 뒤에 주어, 목적어, 보어 등을 취할 수 있습니다. 그리고 동사적인 의미와 함께 명사의 역할, 형용사의 역할, 그리고 부사의 역할을 합니다. 역할에 따라 명사적 용법, 형용사적 용법, 부사적 용법으로 구분됩니다.

1. 명사적 용법

명사적 용법은 부정사가 주어, 목적어, 보어의 역할을 하는 것으로 주로 '～하는 것' 또는 '～하기'처럼 해석됩니다.

1.1 주어 역할

To know is different from to do something.
To exercise is good for health.
To overwork could be dangerous.

To 부정사가 포함된 주어가 너무 길 때는, it을 주어의 자리에 쓰고 to 부정사가 포함된 주어를 문장 뒤로 보냅니다. 이때의 it을 가주어라고 하고 to 부정사가 포함된 주어를 진주어라고 합니다.

To show your ability during the interview is very important.
→ It is very important to show your ability during the interview.

To fulfill your capability in your company is necessary for the promotion.
→ It is necessary for the promotion to fulfill your capability in your company.

1.2 목적어 역할

'to + 동사원형'이 agree, choose, decide, expect, fail, forget, hope, learn, need, offer, plan, promise, refuse, try, want, wish 등과 같은 동사 뒤에서 목적어로 사용됩니다.

He *wants* **to be** a doctor.
Students in my class *promised* **to do** their best.
My boss *refused* **to accept** my suggestion.

그러나 know, consider, suggest, inquire 등과 같은 동사의 목적어 자리에는 to 부정사가 바로 올 수 없습니다. 따라서 '의문사 + to 부정사'가 와야 합니다. 그리고 learn과 같은 동사의 목적어 자리에는 to 부정사 또는 '의문사 + to 부정사'가 올 수 있습니다. 그러나 'why + to 부정사'는 올 수 없습니다.

Mr. Kim knows to solve that problem. (X)
Mr. Kim *knows* **how to solve** that problem.
My mom *considered* **what to buy** for dinner.
My teacher *suggested* **which university to apply**.
He *inquired* **where to get** a new job.
My son *learned* **to swim**.
= My son could know how to swim from experience.
My son *learned* **how to swim**.
= My son acquired the skill to swim.

가주어와 마찬가지로 동사의 목적어 역할을 하는 to 부정사가 길 경우에는, it을 가목적어 자리에 쓰고, to 부정사가 포함된 목적어를 문장 뒤로 보냅니다. 이때의 it을 가목적어라고 하고 to 부정사가 포함된 목적어를 진목적어라 합니다. 이러한 형식으로 사용되는 동사들에는 consider, find, leave, make, think 등이 있습니다.

I found **to find a good jog** difficult.
→ I found **it** difficult **to find a good job**.

I think **to go to bed early** good for health.
→ I think **it** good for health **to go to bed early**.

I think **for married couple to have common interests** necessary.
→ I think **it** necessary **for married couple to have common interests**.

I regard **to get up and go to swimming at five in the morning** as a rule.
→ I regard **it** as a rule **to get up and go to swimming at five in the morning**.

'의문사 + to 부정사'는 consider, know, inquire, suggest 이외의 동사의 목적어로도 사용됩니다. 그러나 why의 경우는 간접의문문 형태로 사용이 됩니다.

We have to decide **when to meet**.
We'd better decide **where to meet**.
I don't understand **why we should do it**.

1.3 보어의 역할

To 부정사의 명사적 용법에서 be 동사의 보어 역할을 할 때는 '주어(사물) + be동사 + to + 동사원형'의 형식을 취하며, 목적격 보어의 역할을 할 때는 목적어 뒤에 위치합니다.

(1) 사물이 주어인 경우

His goal is **to pass** the exam.
The aim of education is **to teach** students how to think.
The principal responsibility of the fire station is **to get** the fire under control.

(2) 주격보어인 경우

To 부정사는 appear, happen, prove, seem, turn out 등과 같은 동사들의 주격보어로 사용됩니다.

You *seem* **to be** happy.
He *appears* **to seek** this position.
The rumor *turned out* **to be** true.
I *happened* **to look out** the window when it started to snow.

(3) 목적격 보어인 경우

동사 advise, allow, command, enable, encourage, forbid, force, instruct, invite, order, permit, persuade, remind, tell, warn 등은 목적보어로 to 부정사를 필요로 합니다.

I *encouraged* him **to apply** for this job.
They *persuaded* me not **to give up** my dream.
My boss *commanded* us **to overwork** tonight.
My father *forbade* me **to take** the care.
My teacher *advised* me **to study** hard.
The judge *warned* the accused **to attend** in court.

2. 형용사적 용법

형용사적 용법은 명사 뒤에서 수식하거나, 'be + to + 동사원형'의 형태로 술어와 같은 성격의 보어 역할을 합니다.

2.1 명사를 수식하는 경우

(1) 명사를 수식하는 경우

To 부정사는 ability, ambition, anxiety, attempt, decision, demand, desire, determination, eagerness, effort, failure, offer, plan, promise, refusal, request, scheme, willingness 등과 같은 명사를 뒤에서 수식합니다.

We found *a position* **to apply for**.
He has *an ambition* **to become** a president.
My uncle has done *his effort* **to succeed**.
This job gives me a *chance* **to fulfill** my potential.

그러나 capability, hope, possibility, doubt 등의 명사들은 'of + ~ing'을 취합니다.

The capability **of controling** the press has been decreased.
There is no *possibility* **of negotiating**.
There is no *doubt* **of succeeding**.

Desire, means, way 등의 명사들은 'to 부정사', 'of + ~ing' 둘 다 취할 수 있습니다.

Freezing is a good way **to preserve** the food.
Freezing is a good way **of preserving** the food.
I have not found appropriate means **to support** my family except hard labor.
I have not found appropriate means **of supporting** my family except hard labor.

(2) 관계절 대용으로서의 to 부정사가 명사를 수식하는 경우

I have **some foods**. I can eat **them**.
→ I have some foods **which I can eat**.
= I have some foods **to eat**.

Does he have **something**? He can eat **it**.
→ Does he have something **that he can eat**?
= Does he have something **to eat**?

I have **a house**. I *live in* **the house**.
→ I have a house **which I** live in.
= I have a house **to** live in.

I have **a pen**. I *write with* **it**.
→ I have a pen **which I** write with.
= I have a pen **to** write with.

I have **a friend**. I *talk with* **him**.
→ I have a friend **whom I** talk with.
= I have a friend **to** talk with.

I have to make **a money**. I can *live on* **it**.
→ I have to make a money **which I can** live on.
= I have to make a money **to** live on.

I sometimes worked in **the dark night**. I *was afraid of* **the dark night**.
→ I sometimes worked in the dark night **which I** was afraid of.
= I sometimes worked in the dark night **to** be afraid of.

(3) 'the + 서수', 'the + last', 'the +only'를 수식하는 경우

She is **the only one**. **It** can solve this problem.
→ She is the only one **who can solve** this problem.
= She is the only one **to solve** this problem.

Mr. Kim is **the first man**. **He** comes.
→ Mr. Kim is the first man **who comes**.
= Mr. Kim is the first man **to come**.

(4) 'be 동사 + to 부정사'가 예정, 계획, 의무, 명령, 지시, 가능, 운명 등의 뜻을 지닌 경우

She **is to marry** next month.
= She *is going to* marry next month.

We **are to hold** the conference next term.
= We have *a plan to hold* the conference next term.

He **is to blame**.
= *It is nature that* he is blamed.

What **am** I **to do**?
= What *should* I do?

Not a star **was to be** seen in the sky.
= We *was not able to* see any star.

She **was to have** a baby by God.
= She *was destined to* have a baby by God.

You **are to pass** the exam, you have to prepare well.
= If you want to pass the exam, you have to prepare well.

3. 부사적 용법

부사적 용법은 문장전체, 형용사, 부사, 동사를 수식하는 역할을 하는데 의미에 따라, 목적, 원인, 결과, 이유 또는 판단의 근거, 조건 등의 용법으로 분류됩니다.

3.1 목적(~하기 위하여: in order to + 동사원형, so as to + 동사원형)

To succeed, he has worked hard.

To become a doctor, he entered a medical school.

Mom went to the supermarket (in order/so as) **to buy** supplies.

To solve the problem, we need to have a discussion.

3.2 원인

형용사 happy, pleased, glad, surprised, sad 등과 같이 감정을 나타내는 형용사나 동사의 과거분사 뒤에 to 부정사가 오면 대개 원인을 나타냅니다.

I am so happy **to hear** your voice again.

He was pleased **to hear** that.

She was very glad **to find** the door open.

I was surprised **to hear** that you failed again.

3.3 결과

(1) live, grow up, awake 동사 다음에 to 부정사가 올 때

One morning he *awoke* **to find** himself old.

He *grew up* **to be** a famous artist.

He *lived* **to become** gray haired.

※ live to become gray haired : 오래 살다. 장수하다

(2) '동사 + only/never + to 부정사'의 구문에서

He tried hard *never* **to succeed.**

Mr. Kim tried to persuade her *never* **to succeed.**

He hurried to the store *only* **to find** the door closed.

Flowers survived in floods *only* **to die** in the drought.

3.4 이유 또는 판단의 근거

You are so kind **to help** the poor.
You must be mad **to tell** the secret to the enemy.
How fool he is **to make** a friend with such a man.

3.5 조건

To see her, I will propose marriage.
I will be happy **to see** mom's recovering.
To solve this problem, you must be a genius.

3.6 형용사 또는 부사의 수식

Be 동사 뒤에 anxious, boring, bound, certain, dangerous, difficult, easy, good, hard, pleased, prepared, ready, strange, sure, usual 등의 형용사가 오면 to 부정사로 수식해 줍니다.

We are *ready* **to leave** now.
The orders are *hard* **to follow**.
Our team is *certain* **to win** in the fall league.
I am *anxious* **to meet** her again.
We are *boring* **to see** the play.
It is *easy* **to follow** the order.

4. 부정사의 의미상 주어

To 부정사도 동사의 성질을 가지고 있기 때문에 주어가 있기 마련인데, 이를 to 부정사의 의미상 주어라고 합니다. 일반적으로 to 부정사의 의미상 주어는 'for +

목적격'으로 나타냅니다. 그리고 to 부정사의 의미상 주어가 주절의 주어와 일치할 때, 의미상 주어가 일반사람일 때, 그리고 의미상 주어가 주절 동사의 목적어일 때는 생략합니다.

4.1 주절과 종속절의 주어가 다른 경우

주절과 종속절의 주어가 다른 경우에는 종속절, 즉 to 부정사의 의미상 주어는 'for + 목적격'으로 나타냅니다.

They had **a good restaurant**. *He* will rent **it**.
→ They had a good restaurant which *he* will rent.
= They had a good restaurant *for him* to rent.

The company raise the wages of its workers. Employees are waiting **that**.
→ Employees are waiting that *the company* will raise the wages of its workers.
= Employees are waiting *for the company* to raise the wages of its workers.

My parents found **a suitable apartment**. *I* will live in **it**.
→ My parents found a suitable apartment **which** *I* will live in.
→ My parents found a suitable apartment in **which** *I* will live.
→ My parents found a suitable apartment **where** *I* will live.
= My parents found a suitable apartment *for me* to live in.

4.2 to 부정사의 의미상 주어가 주절의 주어와 일치할 경우

To 부정사의 의미상 주어가 주절의 주어와 일치할 경우에는 종속절, 즉 to 부정사의 의미상 주어는 표시하지 않습니다.

I shall succeed. I expect **that**.
→ *I* expect that *I* shall succeed.
= *I* expect to succeed.

The company will hire more people next year. The company expects **that**.
→ *The company* expects that *the company* will hire more people next year.
= *The company* expects to hire more people next year.

4.3 의미상 주어가 일반사람인 경우

To 부정사의 의미상 주어가 일반사람인 경우에는 to 부정사의 의미상 주어는 표시하지 않습니다.

People explain this situation. **That** is difficult.
→ **People explain this situation** is difficult. 진주어와 가주어
→ It is difficult that *people* explain this situation. 일반적인 주어 생략
= It is difficult to explain this situation.

People learn a foreign language. **That** is not easy.
→ **People learn a foreign language** is not easy. 진주어와 가주어
→ It is not easy that *people* learn a foreign language. 일반주어 생략
= It is not easy to learn a foreign language.

4.4 의미상 주어가 주절 동사의 목적어일 경우

To 부정사의 의미상 주어가 주절 동사의 목적어일 경우에는 'for +목적격'을 사용하지 않고 목적격만으로 나타냅니다.

You will announce your decision. They require you **that**.
→ They require *you* that *you* should announce your decision.
= They require *you* to announce your decision.

I will be on time for the meeting. She requires me **that**.
→ She requires *me* that *I* should be on time for the meeting.
= She requires *me* to be on time for the meeting.

They would see a doctor. We persuaded them **that**.

→ We persuaded *them* that *they* would see a doctor.

= We persuaded *them* to see a doctor.

4.5 사람의 성향이나 성질을 나타내는 형용사

사람의 성향이나 성질을 나타내는 형용사가 있는 경우에는 'of +목적격'을 의미상 주어로 사용합니다.

It is *nice* **of you** to help the poor.

It is *kind* **of you** to help me.

It would be *wise* **of you** to consider negotiating with your firm

It is *big* **of you** to help me.

5. 부정사의 시제

To 부정사가 포함된 종속절의 시제가 주절의 시제와 같은 경우가 있고, 종속절의 시제가 주절의 시제보다 이전의 시제인 경우가 있습니다. 주절의 시제와 같은 경우에는 'to 부정사'의 형태를 사용해서 같은 시제임을 나타내고, 주절의 시제보다 이전의 시제인 경우에는 'to + have + 과거분사'의 형태를 사용해서 나타냅니다.

It **appears** that *he* **seeks** this position.

→ *He* appears **to seek** this position.

It **appears** that *he* **sought** this position.

→ *He* appears **to have sought** this position.

He **pretended** that *he* **read** the book *yesterday*.

= *He* pretended **to read** the book yesterday.

He **pretended** that *he* **had read** the book.
= *He* pretended **to have read** the book.

6. 부정사의 태

주어와 동사의 관계에 의해서 능동과 수동이 결정되는 것처럼, to 부정사에서는 의미상 주어와 to 부정사의 관계에 의해서 능동과 수동을 결정합니다. 능동은 'to + 동사원형'으로 나타내고 수동은 'to + be + 과거분사'의 형태로 나타냅니다.

We have **many things**. We will do **them**.
→ *We* have *many things* that *we* **will do**.
= We have many things **to do**.

There are **many things**. **They** should be done.
→ There are *many things* that *they* should **be done**.
= There are many things **to be done**.

The manager treated us as professionals. We asked the manager **that**.
→ We **asked** *the manager* that *the manager* **treated** us as professionals.
= We asked the manager **to treat** us as professionals.

We were treated as professionals. We asked **that**.
→ *We* **asked** that *we* **were treated** as professionals.
= *We* asked **to be treated** as professionals.

7. 원형부정사

To 부정사 형태 대신에 동사원형만을 사용하는 경우가 있는데, 이를 원형부정사라고 부릅니다.

7.1 사역동사와 같이 사용될 때

사역동사 have, let, make 등과 같이 사용될 때는 '사역동사 + 목적어 + 동사원형'의 형태를 취합니다.

My boss *has* me **go** home early.
Cf My boss *permits* me **to go** home early.

This company *makes* its employees **earn** more money.
Cf. This company *makes* it possible for its employees **to earn** more money.

The company *lets* many employees **retire** five years early.
vs. The company *forces* many employees **to retire** five years early.

7.2 지각동사와 같이 사용될 때

I *watch* my student **solve** the problem.
I *heard* him **sing**.

※ help와 like는 의미상의 차이 없이 원형부정사나 to 부정사 둘 다를 사용할 수 있다.

I *like* him **to sing/singing**.
I *help* my student **to solve/solve** the problem.

8. 부정사의 부정

To 부정사나 원형부정사를 부정하는 방법은 to 부정사 앞이나 원형부정사 앞에 not을 붙입니다.

My brother decided **not to buy** a new car.
My teacher pretended **not to take** a nap.
I made him **not go** anywhere.

9. 다른 부정사 종류

9.1 독립부정사

To speak frankly, you are an able man.
To be perfectively frank, you are a bad guy.
To tell the truth, I've never met him.
To be honest, I just don't like him.

9.2 대부정사

표현의 반복을 피하기 위하여 to 부정사 포함한 표현 중 to만 남겨놓고 동사원형 이하를 생략하는 것입니다.

You can read it if you want **to**. (read).
I would like to help him, but I don't know how **to**. (help him).

A: Would you like to come with me?
B: Yes, I would like **to**. (come with you.)

A: Why did you take a taxi?
B: I had **to**. (take a taxi.) So I was late.

10. 관용적 표현

10.1 enough to + 동사원형 : ~할 정도로 충분히 ~하다.

He worked hard **enough to** earn big money.
= He worked hard, **so** he earned big money.

10.2 긍정 A, not to mention B : A뿐만 아니라 B도 할 수 있다.
부정 A, not to mention B : A뿐만 아니라 B도 할 수 없다.

Jane **can** understand Japanese, **not to mention** French.
= Jane **can** understand Japanese, French **too**.
= Jane **can** understand Japanese, **to say nothing of** French.
= Jane **can** understand Japanese, **much more** French.
= Jane **can** understand Japanese, **still more** French.
= Jane **can** understand Japanese, French **let alone**.

Jane **can not** understand Japanese, **not to mention** French.
= Jane **can not** understand Japanese, French **either**.
= Jane **can not** understand Japanese, **to say nothing of** French.
= Jane **can not** understand Japanese, **much less** French.
= Jane **can not** understand Japanese, **still less** French.
= Jane **can not** understand Japanese, French **let alone**.

10.3 A, not to say B : B라기 보다는 A

I think my father is frugal, **not to say** stingy.
= I think my father is **not** stingy **but** frugal.

10.4 so as to + 동사원형 : ~하기 위하여

You must get up early **so as to** catch the first train.
= You must get up early **in order to** catch the first train.
= You must get up early **to** catch the first train.
= You must get up early **in order that** you can catch the first train.
= You must get up early **for the purpose of** catch**ing** the first train.
= You must get up early **with a view to** catch**ing** the first train.

10.5 be about to + 동사원형 : ~할 예정이다.

She **is** just **about to** leave. = She is just going to leave.

10.6 too +형용사 + to + 동사원형 : ~무엇 해서 ~할 수 없다.
so + 형용사 + that 절 : ~무엇 해서 ~할 수 있다.

That architect is **too** expensive **to** hire.
= That architect is **so** expensive **that** we can **not** hire him.
= That architect is **too** expensive **for hiring**.

He was **so** careless **as to** unlock his car.
= He was **so** careless **that** he unlocked his car.

※ Turn on the light **so that** we **can(will, may)** see it well.

10.7 had better + 동사원형 : ~하는 편이 좋다.
had best + 동사원형 : ~하는 것이 최상이다.

You **had better** see a doctor. : 진찰을 받는 것이 낫다.
You **had best** to leave now. : 지금 떠나는 것이 최상이다.

10.8 Do nothing but + 동사원형 : ~하기만 한다.

She **did nothing but** cry.

▌연습문제 ▌

1. The Homestead Act of 1862 made __________ to acquire land at a small price. [TOEFL]
   ① possible ② it possible ③ the possibility ④ possible was

2. To succeed in a difficult task, __________. [C.P.A]
   ① persistence is needed ② you need be a persistent person
   ③ one needs to be persistent ④ persistence is what one needs

3. We believe that she was honest.
   = She is believed to _________ honest. [공무원]
   ① be ② have been ③ had been ④ has been

4. The president decided to close temporarily one of its branches ______ operating expenses.
   ① will decrease ② decreases ③ decreased ④ to decrease

5. Due to(①) the refraction of light rays, this(②) is impossible for(③) the naked eye to determine(④) the exact location of star close(⑤) to the horizon. [공무원]

6. From the airplane(①), passengers are able(②) to clearly see(③) the outline of(④) the whole island. [TOEFL]

7. The purpose of the seminar is ______ attendants the know-how and feedback regard to the management of the branch.
   ① provide ② provided ③ provision ④ to provide

8. I was _______ to leave when someone shouted to me. [공무원]
   ① nearly ② almost ③ going to ④ about

9. Mr. Han, who is leading the task-force team, would like all the team members to come together _______ share their ideas about the process.

① for ② to ③ as ④with

▌실전문제▐

10. The Cross Company is pleased _________ that it can now produce the vaccine against H1N1.

① to announce ② announcement ③ announced ④ be announcing

11. The purpose of this survey is __________ the residents know about the budget of their local government. [고시]

① finding out how much of ② how much to find out

③ to find out how much ④ find how much that

12. _______ a state to survive more than a fleeting historical moment, it must have the loyalty of its residents. [연세대대학원]

① For ② If ③ Of ④ In

13. They found the plan difficult _____________. [TOEFL]

① carrying out ② to carry out ③ to be carried out ④ being carried out

14. The landlord will shut off the heating systems in the entire building ______ determine why some floors are not being properly heated. [TOEFL]

① as if ② such that ③ in order to ④ in spite of

15. One of the most important social graces <u>is</u>(①) punctuality, which <u>means</u>(②) <u>arriving</u>(③) on time. <u>For</u>(④) most social engagement, it often causes inconvenience for a guest <u>coming</u>(⑤) either earlier or later than the suggested hour. [행시]

16. Please take time ________ the names on this invitation list and feel free to add anyone whom we might have missed. [TOEFL]

① review ② be reviewed ③ to review ④ reviewing

17. Medical researchers(①) have not yet(②) been able to have developed(③) an effective vaccine(④) against(⑤) influenza. [고시]

18. The president will have his employees __________ the meeting and understood his ideas how to manage the company.

① attend ② to be attended ③ be attending ④ attended

19. 다음 중 문법적으로 틀린 것은? [군법무관]

① She sometimes does things you wouldn't expect not do.
② Take the money you've won; it would be foolish not to.
③ People will gamble, if they want to, whatever laws may say.
④ He didn't want to go, but he had to.
⑤ I don't want to go, but I suppose I ought to.

20. It is not my fault. I am not to ________ for it. [공무원]

① blame ② fail ③ account
④ do with ⑤ responsible

21. The international Law of the Sea Conference is an attempt resolving(①) major differences(②) among countries with(③) conflicting(④) interests. [공무원]

22. From the top of the tower(①), Mitch was able to clearly and easily see(②) the whole(③) city stretched out(④) below him. [TOEFL]

23. Certain jets have duplicate sets <u>of engine</u> instruments <u>in order for</u> the <u>pilot</u> and the
① ② ③
<u>flight</u> engineers <u>sees that</u> the engines are running. [기술직]
④ ⑤

24. <u>For overcoming</u> the stiffness of his legs James <u>regularly</u> took <u>long</u> hikes on Mount
① ② ③
Adams, the <u>great</u> peak of <u>the Cescades</u>. [세무직]
④ ⑤

25. It was inconsiderate of her not to ________ Tom and you her decision to put off the party.

① have told ② tell ③ told ④ has told.

26. By studying the logic, students can learn ________ to develop logical arguments through inductive and deductive inferring.

① how ② what ③ why ④ when

27. The natural habitat of a lot of wildlife natural is changed into cities and industrial centers, leaving a lot of wildlife with no place to ________.

① live ② lived ③ have lived ④ live in

28. The meaning is clear in many cases if one knows __________ the appropriate signals.

① how to read ② what to read ③ why to read ④ when to read

29. I went all the way to see my doctor, __________ find him absent. [행정직]

① about to ② only to ③ enough to
④ as to ⑤ in order to

30. The use of well-chosen nonsense words make ________ the testing of many basic hypotheses in the filed of language learning. [TOEFL]

① it is possibly ② its possibility ③ them possible ④ possible

| 연습문제 |

1. <해석> 1862년 입법된 Homestead Act에 의해 적은 비용으로 땅을 얻을 수 있게 되었다.
   <해설> The Homestead Act of 1862 made **to acquire land at a small price** possible.에서처럼 목적어가 긴 경우에는 가목적어 it을 사용할 수 있습니다.
   → The Homestead Act of 1862 made **it** possible **to acquire land at a small price**.
2. <해석> 어려운 일에 성공하기 위해서는, 인내가 필요하다.
   <해설> To 부정사의 주어가 일반적인 사람이므로 one 또는 you를 주어로 삼으면 됩니다. 그리고 need는 주로 의문문과 부정문에서 동사원형과 함께 조동사로 사용되지만, 일반동사로 취급받을 때는 to 부정사를 목적으로 취합니다.
   Need she go? No, she need not.
   All that we need do was to do our best.
   사람이 주어인 경우 be 동사의 보어는 주로 형용사가 사용됩니다.
   One needs to be persistent.
3. <해석> 우리는 그녀가 정직하다고 믿는다.
   <해설> We believe that she was honest. 수동태 구문으로의 전환
   → That she was honest is believed. 가주어의 사용
   → It is believed that she was honest. that절의 주어로 문장주어로 하면서 to 부정사로의 전환
   → She is believed to be honest.
4. <해석> 사장은 당분간 운영비용을 줄이기 위하여 지점 하나를 닫기로 결정했다.
   <해설> The president decided to close temporarily one of its branches.는 완벽한 문장이므로 수식어가 필요합니다. 부정사의 부사적 용법 중 목적을 나타내는 용법이 사용되었습니다.
5. <해석> 광선의 굴절 때문에 육안으로 수평선 근처 별의 정확한 위치를 결정하기란 불가능하다.
   <해설> 주어 역할을 하는 부정사가 너무 긴 경우에는 가주어를 사용합니다.
   For the naked eye to determine the exact location is impossible.
   → It is impossible for the naked eye to determine the exact location.
6. <해석> 비행기에서 승객들은 섬 전체의 윤곽을 뚜렷하게 볼 수 있었다.
   <해설> To와 원형동사 사이에 부사가 삽입되는 분리부정사는 원칙적으로 틀린 것으로 간주됩니다.
7. <해석> 이 세미나의 목적은 참가자들에게 분점 운영에 관한 전문지식과 조사결과를 제공하는 것이다.
   <해설> be 동사 뒤에 목적어가 있으므로 동사처럼 목적어를 취할 수 있으면서 be 동사의 보어가 될 수 있는 to 부정사나 동명사가 와야 합니다.

8. <해석> 누군가 나에게 소리를 질렀을 때, 나는 막 떠나려고 했다.

<해설> be 동사가 있고, to 부정사가 있으므로, 'be about to + 동사원형'을 사용해서 '지금 ~하려고 하다'의 뜻을 나타내야 합니다.

The train **is about to** leave.

The committee **is about to** decide what to do.

9. <해석> 새로운 TF 팀을 이끌고 있는 Mr. Han은 절차에 대한 아이디어 공유를 위해 모든 팀 구성원들이 모이기를 원한다.

<해설> Mr. Han would like all the team members to come together.는 '주어+동사+목적어'의 형태로 완전한 문장을 형성하고 있기 때문에 부가적인 의미를 나타내는 부사구만 올 수 있습니다. 이 문제에서는 목적을 나타내기 위하여 '무엇 하기 위하여'의 의미를 지니고 있는 부정사의 부사적용법이 사용됩니다.

▌실전문제▐

10. <해석> The Cross Company는 H1N1에 대한 백신을 생산할 수 있다는 것을 알리게 되어 기쁘게 생각한다.

<해설> that절을 목적어로 취할 수 있고, be pleased의 보어가 될 수 있는 to 부정사만이 올 수 있습니다. 'be pleased to ~'는 '~하게 되어 기쁘다'의 의미를 가지고 있습니다.

11. <해석> 이번 조사의 목적은 거주자들이 그들 지방 자치부 예산에 대해 얼마나 알고 있는가를 알아보는 것이다.

<해설> 의문사절을 목적어로 취하면서 be 동사의 보어 역할을 할 수 있는 to 부정사나 동명사만이 올 수 있습니다.

The purpose of this survey **is to find out** how hynobius leech could survive in this island.

The purpose of this survey **is finding out** how hynobius leech could survive in this island.

12. <해석> 국가가 찰나적인 역사적 순간 이상으로 생존하기 위해서는 국민의 충성이 있어야 한다.

<해설> To 부정사의 의미상 주어는 'for + 목적격'으로 나타냅니다.

13. <해석> 그들은 계획이 실천되기 어렵다는 것을 알았다.

<해설> They found to carry out the plan difficult. 가목적어의 사용

→ They found it difficult to carry out the plan. to 부정사의 목적어를 주절의 목적어로 전환

→ They found the plan difficult to be carried out.

To 부정사의 목적어를 주절의 목적어로 전환할 때, to 부정사의 태에 주의해야 합니다.

14. <해석> 몇 개 층에서 난방이 제대로 되지 않는 이유를 알아보기 위해, 집주인은 건물전체의 난방 장치를 끌 것이다.

<해설> 주어+동사+목적어의 형태로 완전한 문장을 형성하고 있기 때문에 부가적인 의미를 나타내는 부사구가 필요합니다. 여기에서는 '무엇 하기 위하여'의 의미를 지니고 있는 부정사의 부사적용법이 필요합니다. <문제 9번 참조>

15. <해석> 가장 중요한 사회적 예의범절 중 하나는 시간 준수이다. 그것은 정각에 도착하는 것을 의미한다. 대부분의 사회적 약속에 있어서, 손님이 제안된 시간보다 일찍 오거나 늦게 오는 것은 종종 불편함을 야기한다.

<해설> 가주어 it이 있고 의미상 주어를 나타내는 for + 목적격이 있으므로 to 부정사가 와야 합니다. To 부정사의 의미상 주어는 'for + 목적격'을 사용하고, 동사의 목적어가 to 부정사의 의미상 주어일 때는 목적격을 사용합니다. <문제 12번 참조>

It is necessary **for you** to do it for yourself.

I expect **you** to do it for yourself.

16. <해설> 이 초대 명단에 있는 이름들을 천천히 검토하고 혹시 빠진 사람이 있으면 누구든지 자유로이 추가해 주세요.

<해석> time을 수식하는 to 부정사가 와야 합니다.

17. <해석> 의학자들은 인플루엔자에 대항할 효과적인 백신을 아직까지 개발하지 못하고 있다.

<해설> 주절의 시제가 현재완료로 되어 있으므로 to 부정사의 시제는 단순시제로 합니다.

18. <해석> 사장은 직원들이 회의에 참석하도록 하고 어떻게 회사를 운영할 지에 대한 그의 생각을 이해시킬 것이다.

<해설> make는 사역동사이므로 'make + 목적어 + 동사원형/과거분사'의 형태를 취합니다.

I make them do their best.

I can not make them understood in English.

19. <해설> 같은 동사의 반복을 피하기 위하여 동사의 원형을 생략하고 to만 사용하는 것이 대용의 to입니다. She sometimes does things you wouldn't expect not to (do it).

→ She sometimes does things you wouldn't expect not to.

20. <해석> 그것은 내 잘못이 아니다. 나는 그것에 책임이 없다.

<해설> 'be to blame for ~'는 '~ 때문에 비난받다'의 의미를 지닙니다. 비슷한 의미를 나타낼 수 있는 것에는 'have something/nothing to do with~'은 '~과 관계/관련이 있다/없다.' 'be responsible for~'는 '~에 대해 책임을 지다.' 등이 있습니다.

He is to blame for this accident.

He has something to do with this accident.

He is responsible for this accident.

21. <해석> 해양협약에 대한 국제법은 상충되는 이해관계를 가진 나라들 사이의 중요한 차이점을 해결하려는 시도이다.

<해설> ability, ambition, anxiety, attempt, decision, demand, desire, determination, eagerness, effort, failure, offer, plan, promise, refusal, request, scheme, willingness 등의 명사는 to 부정사로 수식하고 capability, hope, possibility, doubt 등의 명사는 'of + ~ing'로 수식합니다.

We found a position to apply for.

He has an ambition to become a president.

The capability of controling the press has been decreased.

There is no possibility of negotiating.

22. <해석> 탑 꼭대기에서 Mitch는 자기 아래에 펼쳐져 있는 도시 전체를 분명하고 쉽게 볼 수 있었다.

<해설> to와 동사원형 사이에 부사를 끼워 넣지 않는 것이 원칙입니다. 즉 분리부정사는 원칙적으로 틀린 것으로 간주합니다. <문제 6번 참조>

23. <해석> 어떤 제트기들은 조종사나 비행기 기사들이 엔진이 작동되고 있는 것을 보도록 두 벌의 엔진 장치를 가지고 있다.

<해설> '~하기 위하여'는 'in order to +동사원형'의 형태로 나타냅니다. 이때 to 부정사의 의미상 주어 또한 'for + 목적격'으로 나타냅니다.

There are many safety devices in order for a driver to drive a car safely.

24. <해석> 다리의 뻣뻣함을 풀기 위해 James는 Cescade산맥의 큰 봉우리인 Adams산으로 정기적으로 먼 도보여행을 했다.

<해설> 전치사 for는 '~를 위하여'의 의미를 가지고 있으나 '~ 하기 위하여'를 나타내려면, 'for the purpose of ~ing'의 형태를 사용하거나 '(so as) to +동사원형'의 형태를 사용해야 합니다.

I am running **for** health.

I am running **to** become healthy.

25. <해석> 그녀가 파티를 연기하기로 한 결정을 Tom과 너에게 이야기 하지 않는 것은 경솔한 짓이다.

<해설> It was inconsiderate of her not ________ Tom and you her decision to put off the party.에서 목적어를 취하고, of her를 의미상 주어로 취할 수 있는 to 부정사가 와야 합니다. 사람의 성질을 나타내는 형용사가 올 경우에는 to 부정사의 의미상 주어를 'for + 목적격'으로 나타내지 않고 'of + 목적격'으로 나타냅니다.

It is *nice* **of you** to help the poor.

It is *kind* **of you** to help me.

26. <해석> 논리를 공부함으로써 학생들은 연역적인 추론 방식을 통해 주장을 논리적으로 전개하는 방법을 배울 수 있다.

<해설> 동사 learn은 'to + 동사원형' 또는 '의문사 + to + 동사원형'을 목적어로 취할 수

있습니다. 그리고 동사 develop는 목적어를 하나만 취하는 동사입니다. 따라서 문형에 영향을 미치지 않는 '의문사 + to + 동사원형'을 취해야 합니다.

Students can learn **how to develop** logical arguments through inductive and deductive inferring.

27. <해석> 야생동물들이 사는 장소를 없앰으로 인해, 야생동물의 자연 서식지가 도시 그리고 산업지역으로 변화하고 있다.

<해설> A lot of wildlife **lives in** the natural habitat.

There is no natural habitat for a lot of wildlife **to live in**.

28. <해석> 많은 경우에 있어서, 적절한 신호들을 어떻게 읽을지를 안다면 의미는 분명해 진다.

<해설> 동사 know는 목적어로 명사절이나 의문사절을 이끕니다. 그리고 동사 read 뒤에 목적어가 있으므로 의문부사 how가 가장 적절합니다.

The meaning is clear in many cases if one **knows how to read** the appropriate signals.

I don't **know whether** he is right or not.

29. <해석> 나는 주치의를 만나기 위해 먼 길을 걸어갔지만, 그는 부재중이었다.

<해설> '~했지만, ~하다'는 to 부정사의 부사적 용법 중에 결과를 나타냅니다. 이때는 '동사 + only/never + to 동사원형'이 사용됩니다.

He tried hard *never* **to succeed.**

Mr. Kim tried to persuade her *never* **to succeed.**

He hurried to the store *only* **to find** the door closed.

Flowers survived in floods *only* **to die** in the drought.

30. <해석> 잘 선택된 무의미한 단어들의 사용이 언어학 분야의 많은 기본 가설들의 시험을 가능해 해준다.

<해설> 'make ~ possible'은 '~을 가능하게 해주다.'의 의미를 가지고 있습니다. 목적어가 길 경우에는 목적어를 possible 뒤로 보냅니다.

<정답>

1. ② 2. ③ 3. ① 4. ④ 5. ② 6. ③ 7. ④ 8. ④ 9. ② 10. ① 11. ③ 12. ① 13. ③ 14. ③ 15. ⑤ 16. ③ 17. ③ 18. ① 19. ① 20. ① 21. ① 22. ② 23. ⑤ 24. ① 25. ② 26. ① 27. ④ 28. ① 29. ② 30. ④

제8장 동명사

동명사는 '동사원형 + ing'의 형태를 취하며, 동사의 성질을 지닌 채 문장에서 명사의 역할을 합니다. 동사적 성질을 가지고 있으므로, 동사처럼 목적어, 보어, 수식어구를 가질 수 있습니다. 명사의 역할을 하므로 '～하는 것, ～하기'로 해석되며 문장에서 주어, 목적어, 보어의 역할을 합니다. 동명사의 용법은 to 부정사의 명사적 용법과 유사하나 가장 큰 차이점은 to 부정사는 전치사의 목적어가 될 수 없지만, 동명사는 전치사의 목적어가 될 수 있습니다.

1. 동명사의 기능

동명사는 동사의 성질을 가지고 있으면서 명사의 역할을 하므로 주어, 동사의 목적어, 전치사의 목적어, 보어의 역할을 합니다.

1.1 주어의 역할

Seeing is believing.
Studying makes him tired.
Visiting grandparents is fun.

1.2 동사의 목적어 역할

To 부정사에서 살펴보았듯이 agree, allow, care, choose, decide, expect, fail, hope, promise, plan, refuse, want, wish 등의 동사들은 to 부정사를 목적어로 취하지만 avoid, appreciate, consider, delay, deny, enjoy, escape, finish, give up, mind, practice, postpone, recommend, quit, suggest 등의 동사들은 동명사를 목적어로 취합니다.

Would you *mind* **smoking** here?
My son *enjoys* **watching** TV.
Please, *avoid* **making** mistakes.
Finish **writing** a diary soon.

He *wants* **to be** a doctor.
Students in my class *promised* **to do** their best.
My boss *refused* **to accept** my suggestion.

1.3 전치사의 목적어

We have difficulty *in* **solving** the financial problem.
We spent a lot money *on* **buying** a new car.
I am interested *in* **studying** English.

1.4 보어

My hobby *is* **playing** the piano.
My aim during the winter vacation *is* **visiting** Japan.

1.5 명사 만들기

(1) 복합명사 만들기

동명사를 이용하여 복합명사를 만들면, '~하기 위한 ~'으로 해석이 됩니다.

Dining room = Room for dining
Diving board = Board for diving
Driving license = License for driving
Swimming pool = Pool for swimming

Waiting list = List for waiting
Shooting gallery = Gallery for shooting

복합명사 만들기에 사용될 수 있는 동명사들은 reasoning(추리), heating(난방), smoking(흡연), housing(주택보급, 주거), banking(금융업), weathering(풍화작용) 등처럼 사전에 명사로 등록이 되어 있어야 합니다.

(2) 명사구 만들기

동사의 동명사형과 목적어를 이용하여 명사구를 만들면 '~를 하는 것'으로 해석이 됩니다.

Understanding English : 영어를 이해하는 것
Shooting birds : 새를 쏘는 것

이러한 명사구는 'the ~ing of + 명사'의 형태를 이용하여 명사화시킬 수 있습니다.

The understanding of English
The shooting of birds

이렇게 명사화 시킬 수 있는 것은 사전에 '동사원형 + ing'이 명사로 등록이 되어 있어야 합니다. 만약 등록이 되어 있지 않다면 명사화 시킬 수 없습니다. 굳이 명사화시키기 위해서는 '동사원형 + ing' 대신에 명사형으로 바꾸어 사용하여야 합니다.

Losing weight : 체중을 줄이는 것
The losing of weight (X)
The loss of weight : 체중의 감소

2. 의미상 주어

동명사는 동사의 성질을 가지고 있기 때문에 동사의 주체인 주어가 있는데, 이를 동명사의 의미상 주어라고 합니다.

2.1 의미상 주어의 생략

의미상 주어가 주절의 주어 또는 목적어와 일치하거나, 막연한 일반인 또는 문맥상 주어를 알 수 있는 경우에는 생략합니다.

I paint the landscape. I like **that**.
→ *I* like that *I* **paint** the landscape.
= *I* like **painting** the landscape.

Jane wrote the letter. Jane insisted on **that**.
→ *Jane* insisted on that *she* **wrote** the letter.
= *Jane* insisted on **writing** the letter.

People confirm the reservation. That is important.
→ People confirm the reservation is important.
= **Confirming** the reservation is important.

1.2 주절의 주어와 다른 경우

동명사의 의미상 주어가 주절의 주어와 다른 인칭대명사인 경우에는 소유격을 원칙으로 하나, 목적격을 사용할 수도 있습니다. 의미상 주어가 명사일 경우 소유격을 쓸 수도 있지만, 일반적으로 목적격으로 표시합니다. 그러나 의미상 주어가 부정대명사인 경우에는 반드시 목적격으로 나타냅니다.

(1) 인칭대명사인 경우

She discussed the art. I enjoyed **that.**

→ *I* enjoyed that *she* **discussed** the art.

= *I* enjoyed *her* **discussing** the art.

I worked late. My wife disliked **that.**

→ *My wife* disliked that *I* **worked** late.

= *My wife* disliked *my* **working** late.

= *My wife* disliked *me* **working** late.

(2) 명사인 경우

My mother complained. I don't remember **that.**

→ *I* don't remember that *my mother* **complained.**

= *I* don't remember *my mother* **complaining.**

= *I* don't remember *my mother's* **complaining.**

(3) 부정대명사인 경우

Each of them said the same thing. I remember **that.**

→ *I* remember that *each of them* **said** the same thing.

= *I* remember *each of them* **saying** the same thing.

3. 동명사의 시제

동명사가 포함된 종속절의 시제가 주절의 시제와 같은 경우가 있고, 종속절의 시제가 주절의 시제보다 이전의 시제인 경우가 있습니다. 주절의 시제와 같은 경우에는 '동사원형 + ing'의 형태를 사용해서 같은 시제라는 것을 나타내고, 주절의 시제보다 이전의 시제인 경우에는 'having + 과거분사'의 형태를 사용해서 나타냅니다.

She walked across many countries. She disliked that
→ *She* disliked that *she* walked across many countries.
= *She* disliked **walked across** many countries.

She walked across many countries. She dislikes that.
→ *She* dislikes that *she* walked across many countries.
= *She* dislikes **having walked across** many countries.

He is rich. He is proud of **that**.
→ *He* is proud that *he* is rich.
= *He* is proud of **being** rich.

He was rich. He is proud of **that**.
→ *He* is proud that *he* was rich.
= *He* is proud of **having been** rich.

4. 동명사의 태

주어와 동사의 관계에 의해서 능동과 수동이 결정되는 것처럼, 동명사의 의미상 주어와 동명사의 관계에 의해서 능동과 수동이 결정됩니다. 능동은 '동사원형 + ing'으로 나타내고 수동은 'being + 과거분사'의 형태로 나타냅니다.

The tourists were helped by the crew. The tourists enjoyed that.
→ *The tourists* enjoyed that *they* were helped by the crew.
= *The tourists* enjoyed **being helped** by the crew.

I am left alone in the hotel. I am afraid of that.
→ *I* am afraid that *I* am left alone in the hotel.
= *I* am afraid of **being left** alone in the hotel.

I was left alone in the hotel. I am afraid that.
→ *I* am afraid that *I* was left alone in the hotel.
= *I* am afraid of **having been left** alone in the hotel.

5. 동명사와 to 부정사의 의미상 차이

5.1 차이가 없는 경우

동사 advise, begin, can't bear, continue, cease, hate, intend, like, love, permit, prefer, start 등은 to 부정사나 동명사 둘 다를 목적어로 취할 수 있고 뜻의 차이는 없습니다.

I *prefer* **to visit** historical sites.
= I *prefer* **visiting** historical sites.

They *continue* **to accept** low pay and bad conditions.
= They *continue* **accepting** low pay and bad conditions.

They *start* **quarreling** at the slightest pretext.
= They *start* **to quarrel** at the slightest pretext.

5.2 뜻의 차이가 있는 경우

They *stopped* **smoking**.
= They quit smoking.
They *stopped* **to smoke**.
= They stopped in order to smoke.

They *try* **to persuade** them.

= They endeavor to persuade them.

They *try* **persuading** them.

= They persuade them by way of experiment.

※ by way of experiment/on trial : 시험 삼아

They *forget* **to do** it.

= They forget that they should do it sometime.

They *forget* **doing** it.

= They forget that they did it already.

They *remember* **to do** it.

= They remember that they should do it sometime.

They *remember* **doing** it.

= They remember that they did it already.

You *need* **to understand** them.

= It is necessary for you to understand them.

This pencil *needs* **sharpening**.

= This pencil need **to be sharpened**.

They *deserve* **to succeed**.

= They are qualified to succeed.

This problem *deserves* **solving**.

= This problem deserves **to be solved**.

I *want* **to clean** my shoes.

= I like to clean my shoes.

My shoes *want* **cleaning**.

= My shoes want **to be cleaned**.

= My shoes need **to be cleaned**.

I *regret* **to tell** you that you failed the test.
= I am sorry to tell you that you failed the test.
I *regret* **lending** him some money.
= It is regrettable that I lent him some money.

I *mean* **to get** to the top by sunrise.
= I intend to get to the top by sunrise.
This new order will *mean* **working** overtime
= This new order will involve working overtime.

I *propose* **to leave** very early.
= I intend to leave very early.
I *propose* **leaving** very early.
= I suggest to leave very early.

You will be sick if you *go on* work**ing** overtime like this.
= You will be sick if you continue working overtime like this.
= You will be sick if you **keep on** work**ing** overtime like this.

I don't want to **go on** work**ing** here.
= I don't want to keep on working here.
After her teaching career, she *went on* **to become** a doctor.
= After her teaching career, she became a doctor straightly.
She won the frist game *went on* **to win** the successive games.
= She won the first game and won the successive games.

6. 관용적 표현

6.1 사람주어 + be used to + ~ing : ~에 익숙해져 있다.

He **is used to working** hard.

= He **is accustomed to working** hard.

= He **is in the habit of working** hard.

= He **makes it a rule to work** hard.

= He **is good at working** hard.

6.2 can not help + ~ing : ~할 수 밖에 없다.

I **cannot help doing** it.

= I **cannot but do** it.

= I **have not choice but to do** it.

= **There is nothing it but for me to do** it.

6.3 It is no use ~ing : ~해도 소용없다.

It is no use solv**ing** this problem.

= **It is of no use** solv**ing** this problem.

= **There is no use** solv**ing** this problem.

= **It is no good** solv**ing** this problem.

= **It is useless to solve** this problem.

Cf. **It is no** solv**ing** this problem.

= **It is impossible to** solve this problem.

6.4 go + 동사원형 +ing : ~하러 가다.

My family **go shopping (swimming/fishing/climbing/hiking/skiing/dancing/...)**.

6.5 기타

I **feel like** go**ing** out tonight.

= I'**d like to go** out tonight.

He **insisted on** Mary's **being** invited to the party.

= He **persisted in** Mary's **being** invited to the party.

I am **looking forward to** seeing you tonight.

= I **long above all to** see you tonight.

On hear**ing** the news, she started to cry.

= **As soon as** she heard the news, she started to cry.

= She had **hardly/scarcely** heard the news **when/before** she started to cry.

= She had **no sooner** heard the news **than** she started to cry.

What do you say to go**ing** out to have a dinner?

= **What about** go**ing** out to have a dinner?

= **How about** go**ing** out to have a dinner?

He **never** goes out **without** los**ing** his umbrella.

= Whenever he goes out, he always loses his umbrella.

= He cannot go out without losing his umbrella.

My son **have difficulty (in)** solv**ing** math problems.

= My son **have trouble (in)** solv**ing** math problems.

= My son **have a hard time (in)** solv**ing** math problems.

= My son **have struggle (in)** solv**ing** math problems.

= My son **have difficulty with** math problems.

= My son **have a hard time with** math problems.

= My son **have trouble with** math problems.

= My son **have struggle with** math problems.

My wife **spent much money** (in/on) renovat**ing** the house.

= My wife **spent much money on** renovation of the house.

= My wife **spent much money in** renovation of the house.

My son **is busy** do**ing** his homework.
= My son **is busy with** his homework.
= My son **is bogged down with** his homework.
= My son **is swamped with** his homework.
= My son **is tied up with** his homework.

It **is worth** keep**ing** it.
It **is worthy of** keep**ing** it.
It **is worth while to keep** it.
It **is worth while** keep**ing** it.

Many presidents **contributed to** develop**ing** this country.

Many presidents **were devoted to** develop**ing** this country.
= Many presidents **devoted themselves to** develop**ing** this country.

Many presidents **were dedicated** to develop**ing** this country.
= Many presidents **dedicated themselves to** develop**ing** this country.

The council **is committed to** program of urban renovation

I **object to** do**ing** it.

❙ 연습문제 ❙

1. "What do you want her to do?"
   "Her old house needs ________" [TOEFL]
   ① to paint ② painting ③ painted
   ④ being painted ⑤ to be painting

2. I don't feel like ________ it right now. [행시]
   ① to be done ② do ③ to do
   ④ to have done ⑤ doing

3. Man had looked forward to ______ a country with birds and animals. [행시]
   ① having seen ② to be seen ③ have seen
   ④ see ⑤ seeing

4. Miriam didn't go to the movies last night because she was so busy ________ for her trip to Guam. [고시]
   ① preparing ② that prepared ③ by preparing
   ④ that to prepare ⑤ to prepare

5. "What happened to your shoes?"
   "They want __________." [TOEFL]
   ① to mend ② mending ③ mended ④ mend

6. ________ regularly business profits to local charities is not only personally rewarding, but also is good for developing a reputation.
   ① Donate ② Donates ③ Donating ④ Donated

7. ________ being late made the boss angry. [TOEFL]
   ① Him ② His ③ He's ④ For him

8. By _______ the ingredients in the recipe, mom can take interesting and different results in her dishes.

① vary ② varying ③ varied ④ varies

I 실전문제 I

9. His day is spent ________ up with development in business, industry and politics. [고시]

① taking ② studying ③ getting
④ discussing ⑤ keeping

10. The manager of the sales department distributed a memo reminding employees to prevent from ________ their mobile phones during working hours.

① to use ② using ③ uses ④ use

11. The small manufacture has recently begun ____ into one of the biggest companies in Korea.

① expand ② expanded ③ expanding ④ has expanded

12. It would be wise of you to consider _______ with your firm, as it is difficult to find a good job because of the economic crisis.

① renegotiate ② renegotiated ③ to renegotiate ④ renegotiating

13. Do not forget _______ down your name and Student Identification Number on the final term paper submitting it to me.

① writing ② write ③ to write ④ wrote

14. <u>The understanding</u>(①) electricity <u>depends</u>(②) on a knowledge of atoms and the subatomic particles of which <u>they</u>(③) are <u>composed</u>(④). [TOEFL]

15. All branches have many difficulties in _____ the main branch's system and strategy into their local surroundings.
① adapt ② adapts ③ adapted ④ adapting

❙ 연습문제 ❙

1. <해석> "당신은 그녀가 무엇을 하기를 바라십니까?" "그녀의 낡은 집은 페인트칠을 할 필요가 있습니다."

   <해설> need, deserve, want 등의 동사 뒤에 동명사가 오면 수동의 의미를 지닙니다.

   Her old house needs painting. = Her old house needs to be painted.

2. <해석> 나는 그것을 지금 당장 하고 싶은 마음이 들지 않는다.

   <해설> feel like + 동명사 : ~을 하고 싶습니다.

   I don't feel like doing it right now.

   = I would like to do it right now.

3. <해석> 사람들은 새와 동물들이 있는 전원을 보기를 고대해 왔다.

   <해설> look forward to + 동명사 : ~하기를 고대하다.

4. <해석> Miriam은 괌으로 여행가기 위해 준비하느라 바빴기 때문에 어젯밤에 영화를 보러가지 않았다.

   <해설> be busy + 동명사/ be busy with + 명사/ be swamped with + 명사 / be on + 명사 / be bogged down with + 명사/ be tied up with + 명사 : ~하느라 바쁘다.

   I am busy doing homework.

   I am busy with homework.

   I am swamped with homework.

   I have been on my homework.

   I am bogged down with homework.

   I am tied up with homework.

5. <해석> "너의 신발이 왜 그래?" "신발을 수선해야 해"

   <해설> need, deserve, want 등이 동사 뒤에 동명사가 오면 수동의 의미를 지닙니다.

   Your shoes want mending. = Your shoes want to be mended. <문제 1번 참조>

6. <해석> 사업 이익금을 지역 자선단체에 정기적으로 기부하는 것은 개인적으로 보람될 뿐만 아니라 명성을 쌓는데도 도움이 된다.

   <해설> 목적어를 취할 수 있으면서 동사의 주어역할을 할 수 있는 동명사나 to 부정사가 필요합니다.

7. <해석> 그의 지각이 사장을 화나게 만들었다.

   <해설> 동명사의 의미상 주어를 나타낼 때는 소유격을 원칙으로 합니다. 그러나 목적격으로도 할 수는 있습니다.

8. <해석> 엄마는 조리법의 사용 재료를 다양하게 함으로써 요리에서 흥미롭고 색다른 결과를 얻어낸다.

   <해설> 전치사 by의 목적격이 되어야 하므로 동명사가 되어야 합니다.

❙ 실전문제 ❙

9. <해석> 그는 사업, 산업 그리고 정치의 발전을 계속해 나가는데 그의 일생을 보냈다.
<해설> 'spend + 목적어 + (on/in) + 동명사'는 '~을 소비하다, 사용하다'의 의미를 나타냅니다. 'keep up with + 명사'는 '~을 계속하다, 유지하다'의 의미를 가지고 있습니다.
10. <해석> 판매부서의 지배인은 근무시간에 직원들이 휴대폰을 사용하는 것을 자제하도록 상기시키기 위해 메모를 배포했다.
<해설> 'prevent from + 동명사'는 '~을 막다/방해하다'의 의미를 지니고 있습니다. '같은 의미를 지닌 것으로 'forbid+목적어+to+동사원형'과 'deter/keep/prevent/prohibit/stop+목적어+동명사' 또는 'deter/keep/prevent/prohibit/stop+ 목적어+from +동명사' 등이 있습니다.
Please refrain from smoking.
You have to restrain children from doing mischief.
My father forbade me to stay away from home.
My father deters me (from) going out after 10 o'clock.
I had to restrain myself from saying something rude.
'refrain from ~ing'은 '~을 삼가다'의 의미를 지닙니다.
11. <해석> 그 소규모 제조업체는 최근 한국에서 대기업중 하나로 확장하기 시작했다.
<해설> advise, begin, can't bear, continue, cease, hate, intend, like, love, permit, prefer, start 등의 동사들은 의미 차이 없이 to 부정사와 동명사를 목적어로 취할 수 있습니다.
12. <해석> 경제위기 때문에 좋은 직장을 구하기가 어렵기 때문에, 회사와 재협상을 고려하는 것이 현명할 것이다.
<해설> avoid, appreciate, consider, delay, deny, enjoy, escape, finish, give up, mind, practice, postpone, recommend, quit, suggest 등의 동사는 동명사를 목적어로 취합니다.
13. <해석> 기말보고서를 나에게 제출하기 전에 이름과 학번을 기입하는 것을 잊지 마시오.
<해설> forget/remember + to 부정사 : ~할 것을 잊다/기억하다
forget/remember + 동명사 : ~했던 것을 잊다/기억하다
14. <해석> 전기를 이해하기위해서는 원자와 원자를 구성하고 있는 원자입자에 대한 지식이 필요하다.
<해설> 'the understanding'처럼 동명사 앞에 관사가 붙었다는 것은 완전한 명사가 되었다는 것을 의미합니다. 'the understanding + electricity'처럼 명사가 하나 더 붙을 경우에는 전치사 of를 사용하여 'the understanding of electricity'처럼 표현해야 합니다.
15. <해석> 모든 지사들은 본사의 시스템과 전략을 그들의 현지 상황에 적용시키는데 많은 어려움을 겪었다.
<해설> 'have difficulty/trouble/a hard time/struggle (in) + 동명사, have difficulty/trouble/a hard

time/struggle with + 명사'는 '~에 어려움을 겪다'의 의미를 나타냅니다.

<정답>

1. ② 2. ⑤ 3. ⑤ 4. ① 5. ② 6. ③ 7. ② 8. ② 9. ⑤ 10. ② 11. ③ 12. ④ 13. ③ 14. ①
15. ④

제9장 분사

분사는 동사의 성질을 가지고 있으면서, 형용사와 부사의 역할을 하는 것입니다. 동사의 성질을 가지고 있기 때문에 주어, 목적어, 보어를 취할 수 있습니다. 형용사의 역할을 하게 되면, 명사 앞뒤에서 수식하는 한정용법과 보어의 역할을 하는 서술용법으로 사용됩니다. 부사의 역할을 하게 되면, 형용사, 부사, 동사를 수식하거나 분사구문으로 사용됩니다.

1. 분사의 종류

수식하는 명사 또는 주어와의 관계에서 능동이나 진행의 의미를 갖게 되면 현재분사의 형태를 취하게 되고 수동이나 완료의 의미를 갖게 되면 과거분사의 형태를 취합니다. 현재분사는 '동사원형 + ing'의 형식을 취하며, 과거분사는 동사의 '과거분사' 형식을 취합니다.

1.1 현재분사

현재분사는 형용사의 역할을 할 때는 수식하는 명사와의 관계에서 능동 또는 진행의 의미를 나타내고, 주격보어의 역할을 할 때는 주어와의 관계에서 능동 또는 진행의 의미를 나타냅니다. 그리고 목적격보어의 역할을 할 때는 목적어와의 관계에서 능동 또는 진행의 의미를 나타냅니다.

It is an **amusing** *story*.
Cf. *The story* **amuses** people.

It is a **confusing** *problem.*
Cf. *The problem* **makes** people **confused.**

Their story is **interesting**.
Cf. *Their story* **interests** people.

Playing with children is **exciting**.
Cf. *Playing with children* **excites** people.

They made *their children* **studying** in the library.
Cf. *Their children* **study** in the library.

They have *interviewee* **standing** during the interview.
Cf. *Interviewee* **stands** during the interview.

1.2 과거분사

과거분사는 형용사의 역할을 할 때는 수식하는 명사와의 관계에서 수동 또는 완료의 의미를 나타내고, 주격보어의 역할을 할 때는 주어와의 관계에서 수동 또는 완료의 의미를 나타냅니다. 그리고 목적격보어의 역할을 할 때는 목적어와의 관계에서 수동 또는 완료의 의미를 나타냅니다.

The story makes *students* **amused.**
Cf. The story **amuses** *students.*

To be caught cheating makes *students* **embarrassed.**
Cf. To be caught cheating **embarrass** *the students.*

Students are **amused.**
They are **amused** *students.*

Students are **confused.**

They are **confused** *students.*

2. 분사의 위치

분사가 주어, 목적어, 보어의 수반 없이 단독으로 명사를 수식할 때는 명사 앞에서 수식합니다. 그러나 일반적으로 단독으로 대명사를 수식할 때는 대명사 뒤에서 수식합니다. 그리고 분사가 주어, 목적어, 보어 등을 수반하여 명사를 수식할 때는 명사 뒤에서 수식합니다. 즉 분사가 길 경우에는 명사 뒤에서 수식합니다.

Students are **talking** in the class.

→ **Talking** *students* in the class would **be punished.**

Students **are punished** because of talking in the class.

→ They are **punished** *students* because of talking in the class.

Who is *that boy* **wearing** glasses?

Cf. *That boy* **wears** glasses.

The girl **living** near my house helped us.

Cf. *The girl* **lives** near my house.

Among *those* **invited** only a few came to the party.

Cf. We **invited** *them. They* **were invited.**

3. 분사의 용법

3.1 한정용법

분사가 명사 앞뒤에서 수식하는 형용사적 용법의 하나입니다.

Watch out for the **approaching** *train.*

A **rolling** *stone* gather no moss.

It was an **exciting** *ceremony.*

You could find **fallen** *leaves* in fall.

She is an **excited** *girl.*

The **exited** *crowd* clapped loudly.

분사가 형용사를 수식하는 경우에는 의미가 달라집니다.

It's **boiling** hot. = It's very hot.

It's **burning** hot. = It's too hot.

It's **freezing** cold. = It's too cold.

It's **shocking** hot. = It's very hot.

It's **smashing** fine. = It's very fine.

3.2 서술용법

동사의 보어 또는 목적어의 보어 역할을 하는 형용사적 용법의 하나입니다.

The book looks **interesting**.

You look **tired** today.

The girl looks **embarrassed**.

We found *him* **standing** alone.

The crowd made *the game* **exciting**.

The game made *the crowd* **excited**.

We found *many students* **wearing** glasses.

3.3 유사분사 '명사 + ed'

'명사 + ed'의 형식을 사용하여 소유의 의미를 나타낼 수 있는데 이를 유사분사라고 합니다.

Human beings are warm-**blooded** animals.

I like a red-**haired** girl.

A violin is one of the **stringed** musical instruments.

3.4 the + 분사

The living(생계/산자), the disabled(장애인), the wounded(부상자), the accused(피고인), the wanted(지명수배자), the unexpected(예상 밖의 사람, 예상 밖의 팀), the unknown(미지의 세계)의 예처럼 'the + 분사'는 일반명사 또는 추상명사의 역할을 합니다.

My father is worrying about **the living**.

The seats are for **the disabled**.

The wounded came to hospital by ambulance.

The living had experienced serious conditions during the war.

병렬구조에서는 관사를 사용하지 않습니다.

There is no difference between **living** and **dead**.

4. 분사구문

분사의 부사의 역할을 하는 구문을 분사구문이라고 합니다. 만드는 방법은 다음과 같습니다.

① 종속절의 접속사를 생략한다.

② 종속절의 주어와 주절의 주어가 일치할 때는 종속절의 주어를 생략한다. 일치하지 않으면 그대로 둔다.

③ 종속절의 동사를 알맞은 분사형으로 고친다. 주어가 동사의 능동일 때는 현재분사형태로, 수동일 때는 과거분사의 형태로 고친다.

When *you* cross the street, *you* should watch out.
→ **Crossing** the street, you should watch out.

When *she* **is left** alone, *she* bursts into tears.
→ **Left** alone, she bursts into tears.

4.1 분사구문의 의미상 주어

분사구문의 의미상 주어가 주절의 주어와 일치할 때는 생략하고, 주절의 주어와 일치하는 않을 때에는 주어를 분사 앞에 사용합니다.

While *I* walk along the street, *I* happened to meet an old friend.
→ **Walking** along the street, I happened to meet an old friend.

When *she* was alone, *she* used to play the piano.
→ **Being alone**, she used to play the piano.

As *the sun* **was set**, *we* gave up looking for missing people.
→ *The sun* **set**, *we* gave up looking for missing people.

As *my eye* **was bandaged**, *I* could not see him clearly.
→ *My eye* **bandaged**, *I* could not see him clearly.

4.2 분사구문의 시제

분사구문의 시제가 주절의 시제와 같은 경우가 있고, 분사구문의 시제가 주절의 시제보다 이전의 시제인 경우가 있습니다. 주절의 시제와 같은 경우에는 단순형 분사, 즉 '동사원형 + ing' 혹은 '과거분사'의 형태를 사용해서 같은 시제라는 것을 나타냅니다. 이를 단순형 분사구문이라고 부릅니다. 주절의 시제보다 이전의 시제인 경우에는 완료형 분사, 즉 'having + 과거분사' 또는 'having been + 과거분사'의 형태를 사용해서 분사구문의 시제가 주절의 시제보다 앞선다는 것을 나타냅니다. 이런 분사구문을 완료형 분사구문이라고 부릅니다.

(1) 단순형 분사구문

Though *I* **admit** what you say, *I* **don't** think you are right.
→ **Admitting** what you say, *I* **don't** think you are right.

After *they* **laughed** happily, *they* **shook** hands with each other.
→ **Laughing** happily, *they* **shook** hands with each other.

Because *you* **are unemployed** nowadays, *you* might not get much money.
→ **Unemployed** nowadays, *you* might not get much money.

Though *he* **was tired**, *he* **offered** to carry her.
→ **Being tired**, *he* **offered** to carry her.

(2) 완료형 분사구문

Because *I* **had lost** my purse, *I* **could not** buy the book.
→ **Having lost** my purse, *I* **could not** buy the book.

As *this fiction* **was written** in haste, *this fiction* **has** many mistakes.
→ **Having been written** in haste, *this fiction* **has** many mistakes.

4.3 분사구문의 의미

분사구문과 주절과의 관계에 의해서 시간(when, while, after, as, since), 이유(because, as, since), 조건(if, suppose), 양보(though, although, as), 결과(so, then), 부대상황(and, as, with) 등의 의미로 분류됩니다.

(1) 시간

Walking the street, I met an old friend.
= While I walked the street, I met an old friend.

Left alone, I began to feel afraid.
= When I was left alone, I began to feel afraid.

(2) 이유

Living near us, my parents often visit us.
= Because my parents lives near us, they often visit us.

Not **Knowing** what to do, I asked him some advice.
= Because I did not know what to do, I asked him some advice.

(3) 조건

Turning to the left, you can find the post office.
= If you turn to the left, you can find the post office.

Read carelessly, some books may be harmful.
= If some books are read carelessly, they may be harmful.

(4) 양보

Trying very hard, he could not understand them.
= Though he tried very hard, he could not understand them.

Accepting your proposal, I could not guarantee that we will succeed.
= Though I accepted your proposal, I could not guarantee that we will succeed.

(5) 결과

결과의 의미를 가지는 분사구문은 주절 뒤에 보통 위치합니다.

A ball flew into the room, **breaking** the vase on the desk.
= A ball flew into the room, so it broke the vase on the desk.

He has lived alone, **forgotten** by neighbors.
= He has lived alone, so he is forgotten by neighbors.

Tom was snoring during the class, **making** everyone laugh.
= Tom was snoring during the class, so he made everyone laugh.

(6) 부대상황

Saying goodbye to him, I left his office.
= I said goodbye to him and I left his office.

He rode away, **whistling**.
= He whistled as rode away

Susan was singing, **playing** the piano.
= Susan was singing as she played the piano.

4.4 분사구문과 접속사

문법적으로 꼭 필요한 것은 아니지만, 문맥을 명확하기 하기 위해 분사구문 앞에 접속사를 쓸 수 있습니다.

If used wisely, money may be useful.
= If the money is used wisely, it my be useful.

Some Korean, **although** born in North Korea, have lived in South Korea since the Korean War.
= Although some Korean were born in North Korea, they have lived in South Korea since the Korean War.

If read carelessly, some books may be harmful.
= If some books are read carelessly, they may be harmful.

만약 분사구문 앞에 의미상의 주어가 사용된 경우에는 접속사를 사용할 수 없습니다. 굳이 접속사와 의미상 주어를 같이 쓰고 싶다면, 분사구문을 사용하지 않고 일반 종속절을 사용해야 한다.

While he watching the movie, the whole scene became almost real. (X)
While watching the movie, the whole scene became almost real. (X)
He watching the movie, the whole scene became almost real.(O)
While he was watching the movie, the whole scene became almost real. (O)

4.5 독립분사구문

분사구문의 의미상 주어와 주절의 주어가 서로 달라도 의미상의 주어를 표시하지 않는 경우를 독립분사구문이라고 한다.

(1) 절의 성격을 가진 독립분사구문

Frankly speaking, he does not like you.
= To speak frankly, he does not like you.

Considering that he is honest, we may believe him.
= If we consider that he is honest, we may believe him.

Seeing that it is 12 o'clock, we will not wait any longer.
= Because it is 12 o'clock, we will not wait any longer.

Admitting what you are saying, he is still to blame.
= Even though I admit what you are saying, he is still to blame.

Granted(Granting) that it is used one, I still want to buy it.
= Even if it is used one, I still want to buy it.

Supposing that you are wrong, what will you do then?
= If you are wrong, what will you do then?

Provided(Providing) that you have the money in your account to transfer, you can do up to one million won a day.
= If you have money in your account to transfer, you can do up to one million won a day.

(2) 전치사의 성격을 가진 독립분사구문

Everybody had a good grade, **excepting** me.
Dinner costs 10,000 won, **excluding** drinks.
Concerning your letter, it was very impressive.
Laws **respecting** property have much ambiguities.
She said nothing **regarding** you.
We are setting the table and **assuming** her attendance.
She is very mature **notwithstanding** her age.
Language difference **notwithstanding**, they fell in love.
I have many pets **including** three cats.

4.6 분사구문의 특수형태

'With + 명사 +분사/형용사/전치사'의 형식으로 '~와 함께, ~인 채로, ~이니까'의 의미를 나타낼 수 있습니다.

My father listened to the music **with his eyes closed.**

With night coming on, the street became dark.

He slept soundly **with his shoes on**.

He died **with his eyes open.**

Some students used to sleep **with their eyes open** during the class.

4.7 분사의 부정과 강조

분사를 부정하는 방법은 분사 앞에 not 또는 never를 붙이면 됩니다. 그리고 분사를 강조하기 위해서는 '현재분사 + as + 주어 + do 동사' 또는 '과거분사 + as + 주어 + be동사'의 형식을 사용하면 됩니다.

Not knowing how to solve the problems, he visited his teacher to get an advice.

I don't know him **never** having met him before.

Standing on the hill, I can feast my eyes on beautiful scenery.

→ Standing **as it does** on the hill, I can feast my eyes on beautiful scenery.

Written in plain English, this book is good to the beginners.

→ Written **as it is** in plain English, this book is good to the beginners.

| 연습문제 |

1. ____________ in 1937, the Golden Gate Bridge spans the channel at the entrance to San Francisco Bay. [외국어대대학원]

① Completes ② Completed ③ Completing ④ To complete

2. Returning to the room, ________________. [중앙대대학원]

① the book was lost ② I found the book missing

③ missing we found the book ④ the book was missing

3. Emily Post's book *Etiquette*, ________ in 1922, was an immediate success. [성대대학원]

① published ② was published ③ publishing ④ publish

4. The most common form of candle is a hard cylinder of paraffin with a wick ___________ through its center. [고시]

① running ② and run ③ runs

④ ran ⑤ has run

5. Because flu is a _______ public concern, many international and domestic pharmaceutical companies have tried to develop vaccines against flu.

① grow ② grew ③ growth ④ growing

6. "What was going on last night?"

"When I returned home, I found the window open and something _________." [행시]

① stealing ② to steal ③ stole

④ steal ⑤ stolen

7. The Gangneung-Wonju Times is a bimonthly publication ______ by an organization of student columnists who like writing essay in English.

① distributes ② distributed ③ are distributed ④ will distribute

8. True hibernation takes place only among ______________ animals. [TOEFL]
① whose blood is warm ② blood warm
③ warm-blooded ④ they have warm blood

9. He showed me all the stamps ______ from different countries. [행시]
① collecting ② collected ③ to be collecting
④ to collect ⑤ are collecting

Ⅰ실전문제Ⅰ

10. The brain is capable of ignoring pain message if ____________ to concentrate on other activities. [TOEFL]
① it allowed ② allowed ③ is it allowed ④ allowed it

11. According to the conditions of my scholarship, after finishing my degree, ____________. [한양대대학원]
① my education will be employed by the university
② employment will be given to me by the university
③ the university will employ me
④ I will be employed by the university.

12. ____________, I'd prefer a female teacher to a male teacher. [서울대대학원]
① With the same conditions ② Every thing being same
③ Other things being equal ④ Having equal terms

13. The nature of the change should interest all ______ with higher learning. [서울대대학원]
① concerned ② concern ③ concerning ④ concerns

14. In a divided world, laughter is ______________. [행시]
① unifying forces ② a unified force ③ unified forces ④ unifying force

15. His patience is admirable __________ his youth. [서울대대학원]

① regrading ② considering ③ in regard of ④ in consideration of

16. Before discussing the stops in details, ___________. [중앙대대학원]

① a general principle should be laid down

② I should like to lie down a general principle

③ I'd like to lay down a general principle

④ a general principle lies

17. For over three hundred years, cork has been the _______ means to cap wine bottle, but manufacturers are now looking into metal screw caps. [TOEFL]

① preferred ② preferring ③ preference ④ preferably

18. Having been served lunch, ______________________. [중앙대대학원]

① the committee members discussed the problem.

② it was discussed by the committee members the problem.

③ the problem was discussed by the members of the committee.

④ a discussion of the problem was made by the members of the committee.

19. Dressed in one of ① her gray suits, a white blouse ②, and black shoes, they looked her ③ like the archetypal ④ woman. [고시]

20. It will bring an everlasting ① mark of infamy on ② the present generation, enlightened while it is ③, if we should suffer them to be wrested from ④ us by violence without a struggle ⑤. [고시]

21. Although superintendent's salary is <u>in the middle of</u> (①) the range, the county's school system is <u>fourth largest</u> (②) <u>in the state,</u> (③) <u>according to</u> (④) figure <u>releasing as</u> (⑤) part of the state Department of Education's annual "Professional Salary Schedules." [고시]

22. <u>Deciphered by a team of archaeologists at the university</u> (①), the director of the project <u>emphasized</u> (②) that the tablets would provide important <u>insight into the</u> (③) <u>routine lives</u> (④) of early Hitties. [외시]

23. A <u>great many</u> (①) educators <u>firmly</u> (②) believe that English is one of the <u>poorest</u> (③) taught subject in high school <u>today</u> (④). [TOEFL]

24. 밑줄 친 부분을 문법적으로 옳은 표현으로 바꿔주면? [외시]

His allies worry that Clinton will follow in the modern tradition of President who have faced <u>disappoint</u> or disastrous second terms.

① disappointed ② disappointing ③ to disappoint
④ disappoint ⑤ being disappoint

25. A deep-orange <u>color</u> (①) carrot, <u>rich in</u> (②) Vitamin A, <u>has been produced</u> (③) at <u>the</u> (④) University of Wisconsin. [TOEFL]

26. Magnesium <u>is</u> (①) almost five <u>times</u> (②) lighter than the steel, so <u>it</u> (③) is <u>wide</u> (④) used in space vehicle and aircraft. [TOEFL]

27. 다음 중 문법적으로 옳은 것은? [서울대대학원]

① Going home, the walk was slippery.

② When getting out of bed, his toe hit the dresser.

③ On hearing the news, it was necessary for him to go.

④ This done, he was allowed to go home.

28. He lay on a straw with his ______________. [중앙대대학원]

① eyes closed and his open mouth

② close eyes and his mouth open

③ closed eyes and open his mouth

④ closed eyes and with his open mouth

⑤ eyes closed and his mouth open

❙ 연습문제 ❙

1. <해석> 1937년에 완공된 Golden Gate Bridge는 San Francisco 만의 어귀의 해협에 걸쳐 있다.
   <해설> 분사구문 앞에 의미상의 주어가 없는 것으로 보아, 주절의 주어와 일치합니다. 따라서 Golden Gate Bridge와 동사 complete의 관계를 살펴보면 Workers completed the Golden Gate Bridge. 또는 The Golden Gate Bridge was completed by workers.입니다. 따라서 The Golden Gate Bridge는 동사의 대상 즉, 수동의 의미를 가집니다. 수동과 완료의 의미를 가지면 과거분사로, 능동과 진행의 의미를 가지면 현재분사로 표시합니다.
2. <해석> 방으로 돌아왔을 때 나는 그 책이 없어진 것을 알았다.
   <해설> 분사구문에 주어가 없으므로, 주절의 주어와 일치합니다. 'Returning to the room'에서 사람이 주어이므로, ①처럼 사물이 주어가 될 수 없습니다. book과 동사 miss의 관계를 살펴보면 The book is missing입니다. 따라서 book이 miss의 주어관계 즉 능동이 되므로 현재분사를 사용합니다.
3. <해석> 1922년에 출판된 Emily Post의 Etiquette는 출판 즉시 성공을 거두었다.
   <해설> 분사구문에 주어가 없으므로 주절의 주어와 일치합니다. 따라서 Eitquette와 publish의 관계를 보면 Emily Post published Etiquette. 또는 Etiquette was published.가 되므로 Etiquette는 동사의 목적어입니다. 따라서 수동의 의미를 나타내는 과거분사가 와야 합니다.
4. <해석> 가장 평범한 양초의 형태는 그 중심에 심지가 관통하는 파라핀으로 된 딱딱한 원통형이다.
   <해설> 분사구문의 한 형태인 'with + 목적어 + 분사'에서 목적어와 분사의 관계를 살펴보아야 합니다. A wick runs through its center. 이므로 능동을 나타내는 현재분사가 와야 합니다.
5. <해석> 독감에 대한 사람들의 증가하는 관심 때문에, 많은 국제적 그리고 국내 제약회사들은 독감예방 백신을 개발하려고 노력해 오고 있다.
   <해설> 분사가 명사를 수식하는 형용사적 용법입니다. grow와 concern의 관계는 A concern is growing.에서처럼 능동의 의미를 지니므로 현재분사가 와야 합니다.
6. <해석> "지난밤에 무슨 일이 있었니?" "내가 집에 돌아왔을 때 창문이 열려있고, 무언가를 도둑맞은 걸 발견했어."
   <해설> something과 steal과의 관계는 Something was stolen. Someone stole something.입니다. 따라서 something은 steal의 목적어이므로 과거분사가 되어야 합니다.
7. <해석> Gangnung-Wonju 신문은 영어로 글쓰기를 좋아하는 학생자유기고가들의 모임에서 배포하는 격월 간행물이다.
   <해설> publication과 distribute의 관계는 A publication is distributed.에서처럼 수동의 관계입니다. 즉 publication이 distribute의 목적어이므로 과거분사가 사용되어야 합니다.
8. <해석> 진정한 동면은 온혈 동물들 사이에서만 발생한다.

<해설> 유사분사 '명사 + ed'는 '~을 가진'처럼 소유의 의미를 나타냅니다.

Human beings are warm-**blooded** animals.

I like a red-**haired** girl.

A violin is one of **stringed** musical instruments.

9. <해석> 그는 내게 다양한 국가들로부터 수집한 모든 우표들을 보여주었다.

<해설> 분사의 형용사적 용법으로, stamp가 collect의 관계는 Someone collected stamps. 또는 Stamps were collected by Jane.에서처럼 stamp는 collect의 목적어이므로 수동의 의미를 나타내는 과거분사가 되어야 합니다.

❙ 실전문제 ❙

10. <해석> 다른 활동에 집중하는 것이 가능하게 되면 두뇌는 고통을 알리는 메시지를 무시할 수 있는 능력이 있다.

<해설> allow는 'allow + 목적어 + 동명사'처럼 5형식을 취합니다.

Something allows the brain to concentrate on other activities.를 수동태로 만들면

→ The brain is allowed to concentrate on other activities.

The brain is capable of ignoring pain message if the brain is allowed to concentrate on other activities.를 분사구문으로 만들면

→ The brain is capable of ignoring pain message if allowed to concentrate on other activities.

11. <해석> 내 장학금의 조건에 따르면, 학위를 마친 후에는 나는 대학에 채용될 것이다.

<해설> 분사구문의 주어가 없으므로, 주절의 주어와 같아야 합니다. 분사구문에서 학위를 마치는 사람은 'I'이므로 주절의 주어도 'I'가 되어야 합니다.

12. <해석> 다른 것들이 다 똑 같다면 나는 남자선생님보다 여자선생님을 택하겠다.

<해설> ①은 under the same conditions로 되어야 합니다.

②에서는 same 앞에 the가 있어야 합니다.

③은 분사구문과 주절의 주어가 다를 때 쓰는 분사구문입니다.

④에서는 의미상 주어가 'I'가 되면 의미가 전달되지 않습니다. 의미상 주어는 여자선생님과 남자선생님이 되어야 합니다. A female teacher and a male teacher having equal terms, ~.

13. <해석> 변화의 본질은 고등교육에 관련된 모든 사람들에게 관심을 끌게 될 지도 모른다.

<해설> The nature of the change should interest all. They are concerned with higher learning.

→ The nature of the change should interest all (that are) concerned with higher learning.

= The nature of the change should interest all concerned with higher learning.

14. <해석> 분단된 세계에서는 웃음이 통합의 힘을 가지고 있다.

<해설> unify와 force의 관계는 Force unifies something.이므로 능동의 의미를 지닌 현재분사로 표현해야 합니다.

15. <해석> 그의 참을성은 젊은 나이에 비하면 칭찬할만하다.

<해설> 'regarding'은 '~에 관하여', 'considering'은 '~에 비하면, ~치고는'의 의미를 지니고 있습니다.

16. <해석> 폐쇄음을 자세히 논하기 전에 나는 한 일반원칙을 정하고 싶다.

<해설> 분사구문에 주어가 없기 때문에 주절의 주어와 같아야 합니다. '논의하다'의 주체는 반드시 사람이어야 합니다. 그런데 동사 뒤에 목적어가 왔기 때문에 타동사가 와야 합니다.

I want to **lie down** and take a rest.(눕다)

I want to **lay down** a rule.(정하다)

17. <해석> 300년이 넘게, 와인 병을 봉하는데 코르크마개가 선호되는 수단이었지만, 현재는 와인 제조업체들이 금속 스크류 마개를 연구하고 있다.

<해설> prefer와 means의 관계에서 means는 prefer의 목적어입니다. 따라서 수동의 의미를 나타내고 있는 과거분사가 와야 합니다.

18. <해석> 점심 식사 후, 그 위원회 위원들은 그 문제에 대해 토론했다.

<해설> The servants served the guests lunch. The guests are served lunch by the servants.에서처럼 '음식을 대접받다'의 의미를 나타낼 경우는 사람이 주어이어야 합니다. 따라서 주절의 주어도 사람이어야 합니다.

19. <해석> 회색 정장 중 하나와 하얀 블라우스, 그리고 검정 신발로 차려입은 그녀는 전형적인 여성처럼 보였다.

<해설> 분사구문의 의미상 주어가 없기 때문에 주절의 주어와 같아야 합니다. 그러나 분사구문(dressed in one of **her** gray suits.)에서 her 때문에 분사구문의 의미상 주어는 she라는 것을 알 수 있습니다. 따라서 주절의 주어도 she로 바뀌어 she looked like the archetypal woman.이 되어야 합니다.

20. <해석> 오늘날의 세대가 개화되어 있음에도 불구하고, 저항해 보지도 않고 폭력에 의해 그것들이 빼앗기는 것을 묵인해버린 다면 오늘날의 세대에게 영원한 불명예의 낙인이 찍히게 할 것이다.

<해설> 분사구문을 강조할 때는 '현재분사 + as + 주어 + do 동사' 또는 '과거분사 + as + 주어 + be동사'의 형식을 사용하면 됩니다.

21. <해석> 주 교육부 연감의 직업별 급여 계획의 일부분으로 공개된 수치에 따르면, 교육감의 급여는 중간 수준이지만, 그 지역의 학교 조직은 주에서 네 번째로 가장 크다.

<해설> release와 figures 관계는 The state Department of Education released figure.입니다. 따라서 figure는 동사의 목적어입니다. 따라서 수동의 의미를 지닌 과거분사로 표현되어야 합니다.

22. <해석> 그 대학의 고고학자 팀이 그 서판을 해독해냈을 때, 팀장은 그것이 초기 Hitties족의 일상생활을 짐작해 볼 수 있는 중요한 단서를 제공해 줄 것이라고 강조했다.

<해설> decipher는 '~을 해독하다'입니다. 그런데 분사구문이 by에 의한 수동문의 형태로 되어 있기 때문에 decipher의 목적어인 the tablets 분사구문의 의미상 주어로 표현되어야 합니다.

A team of archaeologists at the university deciphered the tablets.을 수동태로 만들면

→ The tablets was deciphered by a team of archaeologists at the university.

The tablets was deciphered by a team of archaeologists at the university. the director of the project emphasized that~.를 분사구문으로 만들면

→ The tablets deciphered by a team of archaeologists at the university, the director of the project emphasized that~.

23. <해석> 매우 많은 교육자들은 영어는 오늘날 고등학교에서 가장 잘 못 가르쳐지는 과목 중 하나라고 강하게 믿고 있다.

<해설> teach는 동사이기 때문에 수식하려면 부사가 와야 합니다.

English has been taught poorly in high school today.

English is one of the most poorly taught subjects in high school today.

24. <해석> 실망스럽고 비참한 두 번째 임기를 맞이했던 대통령들의 현대 관행을 Clinton이 따르게 될 것이라고 그의 동맹자들은 걱정했다.

<해설> 등위접속사 or로 연결되어 있기 때문에 disastrous와 같은 형용사가 와야 합니다. 그리고 second term과 disappoint의 관계를 보면 Second terms will disappoint President.입니다. 따라서 능동의 의미를 지닌 현재분사가 사용되어야 합니다.

25. <해석> 비타민 A가 풍부한 짙은 오렌지색의 당근은 Wisconsin 대학에서 생산되어 왔다.

<해설> 유사분사의 표현으로 '명사 + ed'의 형식을 사용하여 소유의 의미를 나타낼 수 있는데 이를 유사분사라고 합니다. <문제 8번 참조>

'풍부한 오렌지색 같은 오렌지색'은 'deep-orange colored'으로 표현합니다.

26. <해석> 마그네슘은 강철보다 거의 다섯 배나 더 가벼워서, 우주선과 비행기에 폭넓게 사용된다.

<해설> 분사도 동사의 성질을 가지고 있기 때문에, 분사를 수식할 때는 부사로 수식해야 합니다. 따라서 'wide used'가 'widely used'가 되어야 합니다. <문제 23번 참조>

27. <해석> ① 집으로 갈 때 길이 미끄러웠다.

② 침대에서 내려오다가 그는 자신의 발끝을 화장대에 부딪쳤다.

③ 그 소식을 듣자마자 그는 가야 했다.

④ 이것을 끝내고 나서 그는 집으로 가도록 허락을 받았다.

<해설> ① Going home, the walk was slippery. : 분사구문의 주어와 주절의 주어가 다르므로 분사구문의 의미상 주어를 표시해야 합니다. I going home, the walk was slippery.

② When getting out of bed, his toe hit the dresser. 분사구문의 주어와 주절의 주어가

다르므로 분사구문의 의미상 주어를 표시해야 합니다. 그러나 의미상 주어와 접속사를 동시에 사용할 수 없습니다. He getting out of bed, his toe hit the dresser. 또는 When he got of the bed, his toe hit the dresser.

③ On hearing the news, it was necessary for him to go. 분사구문의 주어와 주절의 주어가 다르므로 분사구문의 의미상 주어를 표시해야 합니다. He hearing the news, it was necessary for him to go.처럼 되어야 합니다.

④ This done, he was allowed to go home.

28. <해석> 그는 눈을 감고 입을 벌린 채 멍석 위에 누워 있었다.

<해설> 'with + 명사 + 분사'의 구입니다. 명사가 두 개 올 경우에는 'with + 명사 + 분사 + and + 명사 + 분사'의 형태를 취합니다.

He lay on a straw with his eyes closed and his mouth open.

<정답>

1. ② 2. ② 3. ① 4. ① 5. ④ 6. ⑤ 7. ② 8. ③ 9. ② 10. ② 11. ④ 12. ③ 13. ① 14. ④ 15. ② 16. ③ 17. ① 18. ① 19. ③ 20. ③ 21. ⑤ 22. ① 23. ③ 24. ② 25. ① 26. ④ 27. ④ 28. ⑤

제10장 서법

화자의 심적 상태를 나타내는 동사의 표현 형태를 서법이라고 합니다. 사실을 있는 그대로 말할 때 사용하는 직설법, 명령을 할 때 사용하는 명령법, 사실을 있는 그대로 말하는 것이 아니라, 반대로 또는 가정하여 말하는 가정법 등으로 구분됩니다.

1. 서법의 종류

1.1 직설법

사실, 행위 등을 화자가 확실성을 의심하지 않고 있는 그대로 표현하면 직설법이 됩니다.

Korean students don't go to school on Saturday fortnightly.
Because it rained too much yesterday, we could not go to school.
It rained heavily last night, so the roads are muddy.

1.2 명령법

명령, 부탁, 경고, 초대 등을 나타낼 때 사용합니다.

Don't worry.
Go home right now.
Don't do that again.
Keep off the grass.
We are going to go hiking. Join us.

1.3 가정법

사실이 아니거나 개연성을 나타낼 때 사용하는 것이 가정법입니다. 가정법에는 현재나 미래의 불확실한 것에 대한 의심을 표현하기 위해 사용하는 **가정법 현재**, 현재 사실에 대한 반대를 표현하기 위해 사용하는 **가정법 과거**, 과거 사실에 대한 반대를 표현하기 위해 사용하는 **가정법 과거완료**, 과거 사실이 현재까지 영향을 미치는 경우를 가정하는 **혼합가정법**, 미래에 대한 주어의 의지, 가정, 상상을 표현하는 **가정법 미래** 등이 있습니다.

종류	절의 종류		의미
	종속절	주절	
현재	if + 주어 + 동사의 현재형 또는 원형	주어 + 조동사 현재형 +동사원형	현재나 미래의 불확실성에 대한 의심
과거	if + 주어 + 동사의 과거형	주어 +조동사 과거형 +동사원형	현재 사실에 대한 반대
과거완료	if + 주어 + had + 과거분사	주어 + 조동사의 과거형 + have + 과거분사	과거 사실에 대한 반대
미래	if + 주어 + should + 동사원형	주어 + 조동사의 현재나 과거형 + 동사원형	미래에 대한 강한 의혹
	if + 주어 + would + 동사원형	주어 + 조동사의 과거형 + 동사원형	주어의 의지 표현
	if + 주어 + were to + 동사원형		실현 불가능한 일의 상상
혼합가정법	if + 주어 + had + 과거분사	주어 +조동사 과거형 +동사원형	과거사실이 현재까지 영향을 미치는 경우를 가정

If it **rains**, we **will** not go outside.(가정법 현재)

If there **should** be another world war, the existence of human beings **would** face with danger.(가정법 미래)

If I **were** you, I **would** not accept their invitation.(가정법 과거)

If I **had passed** the text, I **would have** enjoyed last vacation.(가정법 과거완료)

If I **had entered** a university then, I **would** be a university student now.(혼합가정법)

2. 명령법

명령법의 문장인 명령문은 다음과 같은 특징들을 가지고 있습니다.

① 대개 주어인 you가 생략된다.
② 동사의 원형을 사용한다.
③ 부정은 동사원형 앞에 Don't나 never를 사용한다.
④ 간접명령은 let을 사용한다.

2.1 일반 용법

명령, 경고, 초대 등을 나타낼 때 사용합니다.

Go and stand in the corder.
It is too hot. **Open** the window.
Don't dive into a river.
Watch out.

2.2 let의 사용

제안, 부탁, 청자의 의지 등을 나타낼 때 사용합니다.

Let's go shopping together.
Let him come in.
Let me do it again.
Let me give you another chance.

2.3 강조

명령법을 강조하기 위해서는 동사원형 앞에 do를 사용합니다.

Do have another drink.

Do tell me what you said.

2.4 주어가 있는 명령문

일반적으로 명령문은 주어가 없지만, 행위자를 표시하기 위하여 호격형태로 주어를 사용하기도 합니다.

You, be quiet.

Both of you, stop fighting.

Someone, close the door.

2.5 명령법을 이용한 양보 구문

(1) 동사원형 + 의문사 + 주어 + will(may) : ~을 하든지

Say what you will, we will not believe it.

= Whatever you will say, we will not believe it.

Say what I will, she does not care.

= Whatever I will say, she does not care.

(2) 동사원형 + as + 주어 + will(may) : 아무리 ~할지라도

Try as you will, you can't recall my name.

= However hard you will try, you can't recall my name.

Try as you will, you can't guarantee your success.

= However hard you will try, you can't guarantee your success.

(3) Be + 주어 + ever so + 형용사 : 아무리 ~할지라도

Be it ever so humble, there is no place like home.
= However humble it is, there is no place like home.

Be it ever so slight, carelessness can cause a serious accident.
= However slight it is, carelessness can cause a serious accident.

(4) let + 의문사절속 주어의 목적격 + 원형동사 + 의문사 + 주어 + may(will)
: ~할지라도

Let her say what she will, I will get along with her.
= Whatever she will say, I will get along with her.

Let you do what you will, be modest.
= Whatever you will do, be modest.

(5) 동사원형 + A or B : ~할지라도

Be it true or not, it is not worth considering.
= Whether it is true or not, it is not worth considering.

Be it important or not, it is not my business.
= Whether it is important or not, it is not my business.

(6) 동사원형 + it to say + that : that 이하라면 ~하다.

Suffice it to say that you like him.
= It is enough to say that you like him.

Suffice it to say that I am sorry.
= It is enough to say that I am sorry.

2.6 명령법을 이용한 조건 구문

(1) 동사원형 + and : ~한다면 ~할 것이다.

Fail to pay **and** the electricity service is not available.
= If you fail to pay, the electricity service is not available.

Tell us what you will do, **and** we will help you.
= If you tell us what you will do, we will help you.

(2) 동사원형 + or : ~하지 않는다면 ~할 것이다.

Stop smoking, **or** you will die of lung cancer.
= If you don't stop smoking, you will die of lung cancer.

Stop eating sweets, **or** you will gain weight.
= If you don't stop eating sweet, you will gain weight.

3. 가정법

3.1 가정법 현재

가정법 현재는 현재 혹은 미래의 불확실한 사실을 가정하는 것으로 현대 영어에서 거의 쓰이지 않고 있습니다.

형식 : 'if + 주어 + 동사의 현재형 또는 원형', '주어 + 조동사 현재형 +동사'
의미 : ~라면 ~할 것이다.

If it **need** be, we **can** always meet you.
If it **is** nice tomorrow, I **will** go hiking.
If it **is** not nice tomorrow, I **will** postpone our meeting.

3.2 가정법 과거

가정법 과거는 현재 사실 또는 상황의 반대를 가정하는 것입니다.

형식 : **'if + 주어 + 동사의 과거형', '주어 + 조동사 과거형 +동사원형'**
※ 종속절에 동사가 be 동사일 때는 항상 'were'를 사용합니다.
의미 : **~라면 지금 ~할 것이다.**

Because you are not me, you don't accept their offer.
→ **If** I **were** you, I **would** accept their offer.

Because I am not tall, I can't become a basketball player.
→ **If** I **were** taller, I **would** become a basketball player.

Because you don't take a taxi, you can't get there on time.
→ **If** you **took** a taxi, you **would** get there on time.

원칙적으로 가정법 과거에서 조동사의 과거형은 주절에만 와야 하지만, could의 경우에는 예외적으로 종속절에서 사용될 수 있습니다.

Because she can't bear the shame, she doesn't bear the shame.
= **If** she **could** bear the shame, she **would** bear the shame.

3.3 가정법 과거완료

가정법 과거완료는 과거 사실 또는 과거 상황의 반대를 가정하는 것입니다.

형식 : 'if + 주어 + had + 과거분사', '주어 + 조동사 과거형 + have + 과거분사'
의미 : ~하였더라면, ~하였을 것이다.

Because I slipped on the ice, I broke my leg.
→ **If** I **had** not **slipped** on the ice, I **would** not **have broken** my leg.

Because we did not go there by car, we did not arrive on time.
→ **If** we **had went** there by car, we **could have arrived** on time.

Because I did not study harder at school, I did not get a better job.
→ **If** I **had studied** harder at school, I **could have gotten** a better job.

원칙적으로 가정법 과거에서 조동사의 과거형은 주절에만 와야 하지만, could의 경우에는 예외적으로 종속절에서 사용될 수 있습니다.

Because he could not control his temper, he fought with friends.
→ **If** he **could have controled** his temper, he **would** not **have fought** with friends.

Because he could control his temper, he did not become beside himself.
→ **If** he **could** not **have controled** his temper, he **would have become** beside himself.

3.4 혼합 가정법

과거 사실이 현재까지 영향을 미치는 경우를 가정하는 것입니다.

형식 : 'if + 주어 + had + 과거분사', '주어 + 조동사 과거형 + 동사원형'
의미 : ~하였더라면, 지금 ~할 것이다.

Because we did not marry *two years ago*, we don't have a baby *now*.
→ **If** we **had married** *two years ago*, we **would** have a baby *now*.

Because I did not pass the test *then*, I don't have a certificate *now*.
→ **If** I **had passed** the test *then*, I **would** have a certificate *now*.

Because I did not get on that plane *then*, I am not dead *now*.
→ **If** I **had gotten** on that plane *then*, I **would** be dead *now*.

Because the government did not build more homes for the poor *in 1990*, the housing problem becomes more serious *nowadays*.
→ **If** the government **had built** more homes for the poor *in 1990*, the housing problems **would** not become more serious *nowadays*.

3.5 가정법 미래

가정법 미래는 미래의 불확실한 사실을 가정하는 것입니다.

형식 : 'if + 주어 + should/would/were to + 동사원형', '주어 + 조동사 현재형/과거형 +동사원형'
의미 : 그럴 리는 없겠지만 ~라면 ~할 것이다.

Because the sun does not rise in the west, I will not change my mind.
→ **If** the sun **were to** rise in the west, I **would** change my mind.(실현불가능)

Because you will not work harder, you can not succeed.
→ **If** you **would** work harder, you **could** succeed.(주어의 의지)

Because it will not rain, we will start.
→ **If** it **should** rain, we **would** not start.(미래에 대한 의혹)

종속절에 should가 사용된 경우에는 주절에 조동사의 현재형 혹은 명령법이 올 수 있습니다.

If it **should** rain, we will not start.

If you **should** need anything, contact me anytime, please.

3.6 If의 생략

가정법 구문에서 if절 안에 were/had/should/could가 있는 경우에만 if를 생략할 수 있으며, if를 생략하면 주어와 동사가 도치됩니다.

If the sun **were to** rise in the west, I **would** change my mind.

→ **Were** the sun **to** rise in the west, I **would** change my mind.

If you **would** work harder, you **could** succeed.

→ **Would** you work harder, you **could** succeed.

If I **were** you, I **would** accept their offer.

→ **Were** I you, I **would** accept their offer.

If I **had** not **slipped** on the ice, I **would** not **have broken** my leg.

→ **Had** I not **slipped** on the ice, I **would** not **have broken** my leg.

If we **had went** there by car, we **could have arrived** on time.

→ **Had** we **had went** there by car, we **could have arrived** on time.

4. 그 밖의 가정법

4.1 주어 + wish/wished + 가정법 : ~라면 좋을 텐데.

Wish/Wished 뒤에 절이 올 경우에 가정법 과거 또는 가정법 과거완료의 시제는 that절 안의 시간부사나 전체 문맥 속의 시점으로 결정해야 합니다. 그리고 반드시 가정법의 시제가 옵니다.

Are you rich? No, but I wish I **were**. (가정법 과거)
Was you rich then. No, but I wish I **had been**. (가정법 과거완료)

Do you do your best now? No, but I wish I **did**.(가정법 과거)
Did you do your best then? No, but I wish I **had done**.(가정법 과거완료)

4.2 If only + 가정법 : ~라면 좋을 텐데.

'If only + 가정법'의 용법은 주절을 생략하고 조건절, 즉 종속절만 사용합니다.

If only it **would** rain. (가정법 과거)
If only it **had rained** then. (가정법 과거완료)

4.3 Would rather/would sooner/would as soon + 가정법 과거 : 지금 ~하면 좋을 텐데.

I **would rather** you **paid** me now.
= I **would sooner** you **paid** me now.
= I **would as soon** you **paid** me now.

Cf. would rather + 동사원형 : ~하는 편이 좋다
You would rather leave now.
You had better leave now.

4.4 Would (that) + 가정법 : ~하면 좋을 텐데.

Would that Chuseok holiday **lasted** the whole year through.
Would that this fine weather **lasted**.

4.5 It's (about/high) time (that) + 가정법

It is time you **went** to bed.

It is time you **should** submit a report.

4.6 직설법 + otherwise + 가정법 또는 직설법 : ~하지 않는다면, ~할 것이다.

I used my electronic dictionary; otherwise I **would not have understood** that passage.

= **If** I **had** not **used** my electronic dictionary, I **would not have understood** that passage.

I used my electronic dictionary; otherwise I could not understand that passage.(직설법)

Write to your parents; otherwise your parents **would** worry about you.

= **If** you **should** not write to your parents, they would worry about you.

I wrote to my parents; otherwise my parents **would have worried** about me.

= **If** I **had** not **written** to your parents, they **would have worried** about me.

4.7 But/except/save (that) + 직설법, 가정법 : ~하지 않으면 ~할 것이다.

But that I am busy, I **could** help you.

= **If** I **were** not busy, I **could** help you.

But that I was busy, I **could have helped** you.

= **If** I **had** not **been** busy, I **could have helped** you.

'But/except/save (that) + 직설법, 가정법'은 unless/if not과 같은 뜻을 가지고 있지만, unless는 'unless + 직설법, 직설법'의 문장형식을 취하고, if not은 'if + 가정법, 가정법' 또는 'if + 직설법, 직설법'의 문장형식을 취합니다.

But that I am busy, I **could** help you.
= **If** I **were** not busy, I **could** help you.
= If I am not busy, I can help you.
= Unless I am busy, I can help you.

4.8 But for/without + 명사, 가정법 : ~가 없었다면, ~했을 것이다.

But for your help, I **would** not pass the test.
= **If it were not for** your help, I **would** not pass the test.

Without your help, I **would** give that up.
= **If it were not for** your help, I **would** give that up.

But for your help, I **would** not **have passed** the test.
= **If it had not been for** your help, I **would** not **have passed** the test.

Without your help, I **would given** that up.
= **If it had not been for** your help, I **would given** that up.

4.9 as if + 가정법 또는 직설법

He acts as if he was an actor before.
= He acts **as if** he **had been** an actor before.

It looks **as if** it **is going to** rain.
= It looks like rain.

4.10 what if + 가정법 : ~하면 어쩌지

What if you should fail?
What if it should rain?

4.11 조건의 의미를 지닌 연결사

Considering that he is honest, we may believe him.
= If we consider that he is honest, we may believe him.

Admitting what you say, he is to blame.
= Even if I admit what you say, he is to blame.

Granted(Granting) that it is used one, I still want to buy it.
= Even if it is used one, I still want to buy it.

Supposing that you are wrong, what will you do then?
= If you are wrong, what will you do then?

Provided(Providing) that you have money in your account, you can transfer up to one million won a day.
= If you only have money in your account, you can transfer up to one million won a day.

He reluctantly accepted her request **on condition (that)** she would not try to find out.
= He reluctantly accepted her request **if** she would not try to find out.

In case it rains, we will stay at home.
= If it should rain, we would stay home.

You may stay here **so long as** you keep quiet.
= You may stay here if only you keep quiet.

5. 원형동사의 가정법

5.1 동사 + (that) + (should) +동사원형

주절에 '제안하다'의 의미를 지닌 move, suggest, '충고하다'의 의미를 지닌, advise, recommend, '주장하다'의 의미를 지닌 insist, urge, '요구하다'의 의미를 지닌 ask, require, request, demand, '명령하다'의 의미를 지닌 order, command, '결정하다'의 의미를 지닌 decide 등의 동사가 사용되면, 종속절에는 '동사원형' 또는 'should + 동사원형'이 사용되어야 합니다.

Many professors *moved(suggested)* that Professor Kim (**should**) **be** the next dean.
Cf. Are you *suggesting* that I told a lie?
 = Are you *meaning* that I told a lie?

The lawyer *insisted* that his client (**should**) **be** innocent.
 : 의뢰인이 죄가 없다고 주장했다.
Cf. The lawyer *insisted* that his client had been innocent.
 : 죄가 없는 의뢰인을 변호했다고 주장했다.

My professor asked(required/requested/demanded) that I (**should**) submit my report by noon.
Cf. My mom ask I am good.
 = My mom say I am good.

5.2 명사 + (that) + (should) +동사원형

주절에 제안(suggestion, proposal, proposition), 충고(advice, recommendation), 주장(insistence, assertion, persistence), 요구(requirement, demand, request), 명령(order, command), 결정(decision) 등의 명사가 사용되면 종속절에는 '동사원형' 또는 'should + 동사원형'이 사용되어야 합니다.

People made a *request* that the kidnapped **(should) be** released.
He made a *decision* that he **should be** a musician.

5.3 형용사 + (that) + (should) +동사원형

'필수적인'의 의미를 지닌 advisable, desirable, essential, imperative, natural, necessary, important, required와 같은 형용사가 주절에 사용되면 종속절에는 '동사원형' 또는 'should + 동사원형'이 사용되어야 합니다.

It is *natural* that learners **should make** some mistakes.
It is *desirable* that he **should be** proud of his parents.
It is *essential* that the text **should cover** the subject adequately.

6. 부가의문문 만들기

6.1 제안 명령문에서는 shall we를 씁니다.

Let's go out to have dinner, **shall we**?

6.2 지시대명사는 it/they로 받습니다.

This is his book, isn't **it**?
These are their books, aren't **they**?

6.3 유도부사가 사용된 문장에서는 유도부사를 사용합니다.

There is a book on the de나, isn't **there**?

6.4 등위접속사로 연결된 문장은 끝에 있는 문장에 일치시킵니다.

He is a good man and **he** always **tries** to help others, **doesn't he**?

6.5 등위접속사를 연결된 문장이 아닐 경우, 주절에 일치시킵니다.

There was someone that despise him in his presence, wasn't **there**?
You like someone that is rich, don't **you**?

6.6 인식동사가 주절에 사용된 경우, 종속절에 일치시킵니다. 그러나 주절의 부정은 부가의문문에 영향을 미칩니다.

I don*'t* think that **he** will help you, *will* **he**?
I don*'t* suppose **I could** have a glass of water, *could* **I**?

| 연습문제 |

1. __________Charles never lived abroad, English literature would still have turned toward an ideal of simplicity and elegance. [고시]
① Had ② If ③ Though
④ Still ⑤ Because

2. It would be wise _____ you saw her mother first. [연세대대학원]
① if ② of ③ that ④ for

3. If he had known how to repair the toaster, he surely ____________ her. [연세대대학원]
① would tell ② would have told ③ will tell ④ tells

4. "Why are you working so hard on that paper?"
"The instructor asked that __________ today." [고려대대학원]
① I am finishing it ② it to be finished
③ it be finished ④ it to finish

5. "Do you have a job?"
"I would find one but I _________ no time." [외시]
① had ② could have ③ have
④ didn't ⑤ had had

6. "Did you enjoy the dance last night?"
"Yes, but I wish I _________ a cold." [4급 외무직]
① hadn't ② haven't had ③ hadn't had
④ hadn't have ⑤ didn't have

7. __________ you would have seen him. [행시]
① Earlier coming ② If you come earlier ③ Coming earlier
④ Had you come earlier ⑤ You had come earlier

8. It is important that he _______ his papers before Wednesday. [고시]
   ① will turn up ② must turn away ③ turns out
   ④ turn in ⑤ has to turn off

9. If any singer of the Constitution was(①) to return to life for a day(②), his opinion of(③) our amendments would be(④) interesting. [TOEFL]

10. If results were made(①) public, victims would have been(②) discriminated against(③) on the job, in school, and mistreated(④) in other(⑤) way. [C.T.A]

11. That American speaks Korean as fluently as if he ________ a Korean. [포항공대대학원]
   ① was ② is ③ has been ④ were

| 실전문제 |

12. I wish you ______ such a bad cold, because I'm sure you would have enjoyed the concert. [건국대대학원]
   ① hadn't ② wouldn't have ③ hadn't had ④ wouldn't have had

13. They yielded to her request that they _____ to the result of their experiment. [한양대대학원]
   ① pay attention ② paid attention ③ paying attention ④ had paid attention

14. The accomplishments of modern science would be impossible ___________ highly specialized instruments. [TOEFL]
   ① without ② except ③ but there are ④ among

15. He cannot be in his right mind; _______ he would not make such wild statement. [연세대대학원]

① otherwise ② unless ③ nevertheless ④ provided

16. The big anxiety in his mid was, _________ Mary doesn't turn up for the appointment? [고려대대학원]

① what thought ② in case ③ whether ④ what if

17. If even one third of all illiterate had voted, and read enough and done sufficient math to vote in their self-interest, Ronald Reagan would not likely _______ president. [서울대대학원]

① have chosen ② have been chosen ③ be chosen ④ choose

18. But perhaps we had better say roundly that all the evil in this world is result of ignorance: selfishness itself could not exist _____ ignorance. [행시]

① but for ② but that ③ only for

④ if only ⑤ except

19. If you <u>saw</u>① <u>the amount of food</u>② he ate <u>for breakfast</u>③ this morning, you <u>would understand</u>④ <u>why</u>⑤ he has grown so fat. [고시]

20. 다음 중 문법적으로 옳은 것은? [고시]

① If it might rain, they will not go out.

② Had she been walked faster, she could have seen him.

③ With a rich sponsor, he could have succeeded.

④ If his hand slipped slightly, the patient would have died.

21. 다음중 문법적으로 옳은 것은? [고시]

① Should he pass, his parents would have been happy.

② Should he pass, his parent will be happy.

③ If he should pass, his parents will have been happy.

④ If he should pass, his parents would have been happy.

❙ 연습문제 ❙

1. <해석> Charles가 외국에서 살아본 적이 없었다면, 영문학은 간결성과 우아함의 이상을 아직도 지향하고 있었을 것이다.
   <해설> 과거사실을 가정하는 가정법과거완료의 구문입니다. would/could/were/had 등이 있는 가정법 구문에서는 if를 생략할 수 있는데 이때 도취가 일어납니다. If Charles had never lived abroad, English literature would still have turned toward an ideal of simplicity and elegance. → Had Charles never lived abroad, English literature would still have turned toward an ideal of simplicity and elegance.
2. <해석> 그녀의 어머니를 먼저 만나보는 것이 현명할 것이다.
   <해설> 현재사실을 가정하는 가정법 과거구문입니다. 가정법 과거구문은 'if + 과거, 주어 + 조동사의 과거형 + 동사원형'의 형태를 취합니다.
3. <해석> 그 자신이 토스터를 고치는 방법을 알았더라면, 그는 분명히 그녀에게 말해 주었을 것이다.
   <해설> 과거사실을 가정하는 가정법 과거완료구문입니다. 가정법 과거완료구문은 'if + had + 과거분사, 주어 + 조동사의 과거형 + have + 과거분사'의 형태를 취합니다.
4. <해석> "너는 왜 그렇게 논문을 열심히 쓰는 거야?" "교수님이 오늘 끝내라고 말씀하셨어."
   <해설> 주절에 제안의 의미를 지닌 move, suggest, 충고의 의미를 지닌 advise, recommend, 주장의 의미를 지닌 insist, urge, 요구의 의미를 지닌 ask, require, request, demand, 명령의 의미를 지닌 order, command, 결정의 의미를 지닌 decide 등의 동사가 사용되면, 종속절에는 '동사원형' 또는 'should + 동사원형'이 사용되어야 합니다. The instructor **asked** that it (should) be finished today.
5. <해석> "당신은 직업이 있습니까?" "찾고 싶습니다. 그러나 시간이 없습니다."
   <해설> '가정법 + but + 직설법'의 형태입니다. 가정법 구문이 가정법과거 구문이므로 직설법에는 현재시제가 사용됩니다.
6. <해석> "너는 지난밤에 즐겁게 춤췄니?" "그래, 하지만 내가 감기에 걸리지 않았더라면 좋았을 텐데."
   <해설> 'wish + 가정법'의 형태입니다. Yes, I did.에서 시제가 과거라는 것이 분명하므로, 가정법 구문은 과거사실을 가정하는 가정법 과거완료구문이 되어야 합니다. <문제 3번 참조>
7. <해석> 당신이 좀 일찍 왔었더라면, 그를 보았을 텐데.
   <해설> 주절의 시제가 가정법과거완료의 형태입니다. 따라서 종속절의 시제도 가정법과거완료의 형태인 'if + had + 과거분사'이어야 합니다. 종속절에 would/could/were/had가 있으면 if를 생략할 수 있는데 이때, 도취가 일어납니다. If you had come earlier, → Had you come earlier, <문제 1번 참조>
8. <해석> 그는 자신의 서류를 수요일 전까지 반드시 제출해야 합니다.

<해설> 주절에 '필수적인'의 의미를 지닌 advisable, desirable, essential, imperative, natural, necessary, important, required와 같은 형용사가 오면, 종속절에는 '동사원형' 또는 'should + 동사원형'이 사용되어야 합니다. It is important that he (should) turn in his papers before Wednesday.

turn in : 제출하다, turn up : 높이다, turn away : 떠나다, turn out : 판명되다.

9. <해석> 헌법에 서명했던 누군가가 하루만이라도 다시 살아 돌아온다면, 우리 수정안에 대한 그의 의견은 흥미로울 텐데.

<해설> 주절의 would be로 보아 가정법 과거의 구문입니다. 가정법에 be동사가 쓰이면, 수와 인칭에 관계없이 were입니다.

10. <해석> 결과가 대중에게 공개된다면, 희생자들은 직장이나 학교에서 차별대우를 받거나, 다른 방법으로 학대받을 것이다.

<해설> 종속절이 가정법 과거이므로, 주절도 가정법 과거구문형태인 'if + 과거, 주어 + 조동사의 과거형 + 동사원형'으로 바뀌어야 합니다.

11. <해석> 그 미국인은 마치 한국인인 것처럼 한국말을 유창하게 한다.

<해설> '직설법 + as if + 가정법' 구문에서 가정법의 시제는 직설법의 시제에 영향을 받습니다. 직설법이 현재이므로 as if의 가정법은 현재사실에 대한 가정을 하는 가정법 과거 시제가 됩니다. <문제 9번 참조>

▌실전문제▐

12. <해석> 당신이 그렇게 심한 감기에 걸리지 않았더라면 좋았을 텐데. 그것은 당신이 콘서트를 즐길 수도 있었을 것이라고 확신하기 때문이다.

<해설> 'would have + 과거분사'는 '~했었을 것이다'의 의미로 과거에 대한 추측을 나타냅니다. 따라서 가정법구문의 시제는 가정법과거완료 시제이어야 합니다.

13. <해석> 그들은 자신들이 했던 실험의 결과에 주목해 달라는 그녀의 요구에 승복했다.

<해설> 주절에 제안(suggestion, proposal, proposition), 충고(advice, recommendation), 주장(insistence, assertion, persistence), 요구(requirement, demand, request), 명령(order, command), 결정(decision)등의 명사가 오면 , 종속절에는 '동사원형' 또는 'should + 동사원형'이 사용되어야 합니다.

14. <해석> 현대과학의 업적들은 고도로 전문화된 장치들 없이는 불가능했을 것이다.

<해설> 'but for/without + 명사, 가정법'은 '~가 없었다면, ~했을 것이다'의 의미를 나타냅니다.

15. <해석> 그는 제정신일 리가 없다. 그렇지 않으면 그런 폭언을 하지 않았을 것이다.

<해설> 가정법 과거의 주절은 나와 있는데, 조건절(종속절)이 없습니다. 따라서 종속절을 대신할 수 있는 otherwise가 필요합니다.

16. <해석> 그의 마음속의 큰 근심은 "Mary가 약속에 나타나지 않으면 어쩌지"하는 것이었다.

<해설> 'what if + 가정법'은 '~하면 어쩌지'의 의미를 가지고 있습니다.

17. <해석> 모든 문맹자들 중에서 1/3만이라도 투표를 했더라면, 그리고 자신들의 이익에 맞게 투표를 할 수 있을 정도로 글을 읽을 수 있고, 셈을 할 수 있었더라면, Ronald Reagan은 대통령으로 당선될 가망이 없었을 것이다.

<해설> if절이 가정법 과거완료의 시제이므로, 주절도 가정법과거완료의 시제로 되어야합니다. 그러나 종속절은 The public choose Ronald Reagan president.에서 Ronald Reagan이 주어가 되었으므로 수동태가 되어야 합니다.

18. <해석> 그러나 아마도 우리는 이 세상의 모든 악은 무지의 결과라고 솔직하게 말하는 편이 낫겠다. 이기심 자체는 무지 없이는 존재할 수 없다.

<해설> Selfishness itself could not exist _____ ignorance.에서 주절이 가정법과거시제로 쓰였기 때문에, ignorance를 포함한 절이 가정법을 포함한 종속절이 되어야 합니다. 따라서 but for가 적당합니다.

19. <해석> 만약 당신이 오늘 아침에 아침식사로 그가 먹은 음식의 양을 보았더라면, 당신은 왜 그가 그렇게 뚱뚱해졌는지를 이해할 수 있을 텐데.

<해설> the food he ate를 가정하는 것이기 때문에 가정법 과거완료로 표현되어야 합니다. 주절에서는 지금에 뚱뚱해진 모습을 의미하기 때문에 가정법 과거로 표현을 해야 합니다.

20. <해설> ① 가정법의 조건절에는 조동사 could만이 올 수 있습니다. ② 능동주어인데 수동태로 표현되어 있습니다. ④ 조건절은 가정법 과거인데, 주절은 가정법과거완료 형태입니다.

21. <해석> 그가 합격하면, 그의 부모님은 기뻐하실 텐데.

<해설> 가정법 미래에서 should가 사용되면, 주절은 명령문 또는 직설법이 사용됩니다.

<정답>

1. ① 2. ① 3. ② 4. ③ 5. ③ 6. ③ 7. ④ 8. ④ 9. ① 10. ② 11. ④ 12. ③ 13. ① 14. ①
15. ① 16. ④ 17. ② 18. ① 19. ① 20. ③ 21. ②

제11장 명사와 관사

명사는 크게 3가지로 구분할 수 있는데, 가산명사와 불가산명사, 그리고 군집명사입니다. 가산명사에는 부정관사가 붙을 수도 있고, 정관사가 붙을 수도 있습니다. 불가산명사에는 정관사만이 붙을 수 있습니다. 가산명사로도 사용되고 불가산명사로도 사용되는 경우에는 가산명사로 쓰일 때는 부정관사와 정관사 둘 다 사용될 수 있고, 불가산명사로 사용된 경우에는 정관사만이 사용될 수 있습니다.

1. 가산명사와 불가산명사

1.1 가산명사

가산명사는 book, box, car, store 등과 같이 개체화되어 셀 수 있는 명사를 의미합니다. 가산명사는 단수와 복수의 형태를 가집니다. 가산명사에는 항상 정관사, 소유격, 지시형용사 등과 같은 한정사 혹은 부정관사가 항상 붙어야 합니다. 가산명사의 복수형에는 부정관사를 붙일 수 없습니다.

I have **a book**.

I have **books**.

I have *many* **books**.

You can choose **a book** among the books on the desk.

There is **Tom's book**.

This book is mine.

These books are mine.

I have **the book** *that you gave me yesterday*.

The book *on the desk* is mine.

The books *on the desk* are mine.

1.2 불가산명사

불가산명사에는 1) likeness, love, pleasure, truth 등처럼 개체화 할 수 없는 추상명사, 2) gold, stone, water 등처럼 부피나 양의 단위로 존재하는 물질명사 또는 light(빛)와 같은 자연현상, 3) family, food, furniture, traffic 등처럼 여러 요소가 모여서 전체를 이루는 집합명사 또는 군집명사 등이 있습니다.

Water is important to survive.

Love is feeling.

We have heavy **traffic** every morning.

We need **much water**.

This light is too poor to read by.

2. 군집명사와 집합명사

명사 audience, family, committee 등은 구성원 전체를 하나의 단위로 보는 집합명사와 구성원 객체를 하나의 단위로 보는 군집명사로 구분됩니다.

2.1 집합명사

구성원 전체를 하나의 단위로 보는 집합명사는 단수취급을 합니다.

His family **is** a large one.

The committee **consists** of twenty members.

The committee **is** composed of twenty members.

The audience **was** very small.

2.2 군집명사

구성원의 객체를 하나의 단위를 보는 군집명사는 복수취급을 합니다.

Four families **are** all well.
All the audience **were** excited.
The committee **were** divided on the question.
All the family **rise** early in the morning.

2.3 집합명사의 종류

(1) 'The + 단수형태'

명사 clergy, peasantry, police 등의 집합명사는 항상 'the + 단수형태'로 사용되며, 복수취급을 합니다. 그러나 복수형도 없고, 부정관사도 쓸 수 없습니다.

The police raid her apartment.
The clergy are opposed to the plan.
The peasantry are cultivating the waste.

(2) '무관사 + 단수형태'

명사 cattle, people 등과 같은 집합명사는 복수형을 하지 않으며, 관사를 붙일 수 없으며, 항상 복수 취급을 합니다. 그러나 people이 사람이 아닌 '민족'의 의미를 가질 때에는 가산명사로 취급합니다.

Cattle feed on grass.
There are many **people** on the beach.
The English are **a** practical **people**.
Many different **peoples** are living in U.S.A and Canada.

(3) '무관사 + 단수형태'

명사 baggage, clothing, equipment, evidence, furniture, information, jewelry, luggage, mail, money, news, poetry, time 등의 집합명사는 관사를 붙일 수 없으며, 항상 단수 취급합니다. 그리고 양으로 취급하여 much, little 같은 것으로 수식할 수 있습니다. 수량화하기 위해서는 a piece of ～, an article of ～의 형태를 사용합니다.

We have **little furniture** in the plenty of room.
Much clothing is needed in cold countries.
Usually spectators bring to **much baggage** on their trip.
I am going to buy **an article of clothing**.
I need **three pieces of furniture**.

3. 관사

3.1 정관사의 사용

(1) 한정 받거나 문맥상 알 수 있을 때

불가산명사라 하더라도 문맥에서 한정을 받거나 문맥상 식별할 수 있는 대상이면 정관사를 사용합니다.

I need some bread.
I want a loaf of bread.
I want **the** loaf of bread *on the table.*
This poetry has an elegiac quality.
The poetry *she wrote* has an elegiac quality.
Blood is thicker than water.
The water *of this bottle* is good to drink.

My mother is cooking in **the** kitchen.
I bought **a hat** last week.
I found **the hat** was too small for me.

그러나 한정을 받더라도 관직, 신분을 나타내는 명사 앞에는 정관사를 사용하지 않는다.

I expected Mr. Jones to be elected **President** of the company.
Everybody believed that Mr. Jones would be promoted to **Captain** of his team.

(2) 사람이나 동물의 분류

The cat is one of man's best friends.
The Koreans are diligent.
The English are very practical.
The public are inclined to believe the mass media.
The unions get down to serious talking.

(3) 단위에 사용되는 정관사

단위를 나타내는 명사 앞에는 정관사를 사용하여 'by the + 단위명사'의 형식을 사용합니다. 구체적인 수치가 밝혀지지 않으면 부정관사를 사용합니다.

In general, workers are paid **by the** hour.
Sugar is sold **by the** pound.
In general, workers can earn more than one million won **a** month.
KTX conveys at the rate of 300 km **an** hour.

(4) 신체부위에 사용되는 정관사

주어를 제외하고 동사 다음을 보았을 때, 누구의 신체부위인지 알 수 있으면 정관사를 사용하고 그렇지 않으면 소유격을 사용합니다.

She kissed me on **the** forehead.
= She kissed my forehead.

He punched me in **the** eyes.
= He punched my eyes.

She seized him by **the** sleeve.
= She seized his sleeve.

(5) 방위에 사용되는 정관사

방위를 나타내는 표현은 정관사가 붙어 있으면 명사이고 그렇지 않으면 전치사구입니다.

Japan lies to the east of Korea.
명사구

Japan lies east of Korea.
전치사구

Turn to the left.
명사구

Turn left.
전치사구

그러나 병치구조를 이루는 경우에는 관사를 사용하지 않습니다.

This peninsula is covered by sea **from east to west**.

(6) 악기에 사용되는 정관사

악기에는 정관사가 사용되지만 운동에는 정관사가 사용되지 않습니다.

My son plays **the piano** very well.
My son is poor at playing **soccer**.

(7) 고유의 것을 나타낼 때 사용되는 정관사

행성 중에서 지구, 달, 태양 등에서는 정관사가 사용되고 나머지 행성에서는 정관사가 사용되지 않습니다. 그리고 고유의 것을 나타내기 위하여 건물(the White House, The Eiffel Tower), 신문(the Korea Times, the New York Times), 잡지(the Observer), 강(the Thames), 운하(the Panama Canal), 배(the Titanic), 항공사(the Korean Air, The Asiana Air), 반도(the Philippines), 산맥(the Alps), 연합국(the United States, the United Kingdom) 등에는 정관사를 붙입니다.

We live on **the earth**.
Human beings have already stepped on **the moon**.
We believe that we could stop on **Jupiter**.
You'd better take **the English Magazine** to study English.
Korea have two international airlines. One is **the Korean air**, the other is **the Asiana air**.

(8) 장소를 나타내는 명사에 사용되는 정관사

명사 church, hospital, sea, school, table 등이 본래의 목적으로 사용될 때는 정관사를 사용하지 않지만, 다른 목적으로 사용될 때는 정관사를 붙입니다.

We go to **church** every Sunday.
Cf. I go to **the church** to see a preacher.
Students go to **school** every week.
Cf. I go to **the school** to meet my son's teacher.
They were at **table** when I dropped in.
Cf. They asked me to put the bottle on **the table**.

3.2 부정관사의 사용

(1) 특정 집단에 속하는 하나

A Mr. James will come by our office to see you.
= A man who is called Mr. James will come by our office to see you.

You will be **a** Newton in astronomy.
= You will be an excellent astronomer like Newton.

A dog is a domestic animal.

(2) 수량과 관련하여 하나를 의미할 때

I'd like **a** cup of tea.
There is just **a** boy in the classroom.
I am going to buy **an** article of clothing.

(3) 처음 말하는 가산 명사 앞에서

I saw **an** old man at the gate.
The man was talking to **a** girl.
The girl was wearing **a** yell shirt.
She looks her best in **a** dress of that color.

(4) 질병에 대해 언급할 때

I've got a cold/sore throat.
I have (a) headache/toothache/backache/stomach-ache/earache

(5) 불가산명사의 가산명사화

불가산명사라 하더라도 구체적인 의미 혹은 종류를 나타낼 때는 가산명사로 취급합니다.

A light was still burning in the study.(전구)
There was **a fire** last night.(화재)
He threw **a stone**. (돌맹이)
It was **a pleasure** to talk with you.(기쁜 일)
They sell **various teas and tobaccos** at the grocery.(종류)

3.3 무관사

복수 가산명사, 불가산명사, 고유명사에는 관사를 일반적으로 사용하지 않습니다.

(1) 교통 · 통신 수단을 나타내는 by 앞의 무관사

교통·통신 수단을 by를 사용하여 나타낼 때는 관사를 사용하지 않지만, 다른 전치사를 사용할 때는 관사를 사용 할 수 있습니다.

I will get there **by bus** and come back **by taxi**.
We can get there **on a bike**.
We will come to and from home **in a bus**.
Please send them **by mail**.
Please contact me **by phone**.
We can exchange information **through air**(radio).
Be quiet, they are **on the air**.(방송중)

(2) 도취구문에서의 관사의 생략

양보절에서 도취가 되어 보어가 문장 앞으로 나갈 때는 관사가 생략됩니다.

Though you are **a woman**, you are very helpful.
→ **Woman** though you are, you are very helpful.

Though he was **a boy**, he was interested in dolls.
→ **Boy** though he was, he was interested in dolls.

(3) 식사, 질병, 계절 앞에서의 무관사

Let's have **lunch**.
I like **fall** better than **spring**.
Lung cancer is a fatal disease.
He stayed in bed with **flu/gout/hepatitis**.

(4) 고유명사 혹은 준고유명사 앞에서의 무관사

Mary is **aunt**.
I have a sore throat, **Doctor**.
I sent a letter to **Mom and Dad**.

(5) 신문 머리기사에서 관사의 생략

The deadline has been extended.
→ Deadline extended

Scientists discovered a memory switch.
→ Scientists discovered a memory switch.

(6) 동격의 명사구에서 관사의 생략

Movie actor James Cornor
War hero Douglas Macarthur

(7) 공고, 게시물에서의 관사의 생략

The elevator is out of order.
→ Elevator is out of order.

The house is for sale.
→ House for sale.

4. 명사와 수의 일치

4.1 수량표시 수식어와 명사간의 수의 일치

(1) Many + 가산명사의 복수 : 많은 수의 ~ : 복수취급

Many students have attended their classes.

(2) Many a + 가산명사의 단수 : 많은 수의 ~ : 단수취급

Many a student **has** attended class.

(3) A great(good) many + 가산명사의 복수 : 많은 수의 ~ : 복수취급

A great(good) many students **have** attended class.

(4) Much + 불가산명사 : 많은 양의 ~ : 단수취급

Much water **was** needed.

(5) A few/Few + 가산명사의 복수 : 어느 정도 수의 ~(수가 거의 없는 ~)
: 복수취급

A few chances **were** given to students.
Few chances **were** given to students.

(6) A little/Little + **불가산명사** : 어느 정도 양의 ~(양이 거의 없는 ~) : **단수취급**

A little water **was** needed.
Little water **was** needed.

(7) Quite a few + **가산명사의 복수** : 꽤 많은 수의 ~ : **복수취급**

Quite a few students **have** attended class.

(8) Quite a little + **불가산명사** : 꽤 많은 양의 ~ : **단수취급**

Quite a little water **was** needed.

(9) Not a few + **가산명사의 복수** : 꽤 많은 수의 ~ **복수취급**

Not a few students **have** attended class.

(10) Not a little + **불가산명사** : 꽤 많은 양의 ~ : **단수취급**

Not a little water **was** needed.

(11) Only a few, But few + **가산명사의 복수** : 수가 극히 적은 ~ : **복수취급**

Only a few students **have** attended class.
But few students **have** attended class.

(12) Only a little, But little + **불가산명사** : 양이 극히 적은 ~ : **단수취급**

Only a little water **was** needed.

But little water **was** needed.

(13) Very few + **가산명사의 복수** : 수가 극히 적은 ~ : **복수취급**

Very few students **have** attended class.

(14) Very little + **불가산명사** : 양이 극히 적은 ~ : **단수취급**

Very little water **was** needed.

(15) A number of + **가산명사의 복수** : 꽤 많은 수의 ~ : **복수취급**

A number of students **have** attended class.

(16) The number of + **가산명사의 복수** : ~의 수는 : **단수취급**

The number of students attending class **is** being increased.

(17) The number of + **불가산명사** : ~의 수는 : **단수취급**

The number of committee **is** twelve members.

(18) A great deal of + **불가산명사** : 많은 양의 ~ : **단수취급**

A great deal of unreliability **is** contained in all tests.

(19) A large(great) amount of + **불가산명사** : 많은 양의 ~ : **단수취급**

A great(good) amount of unreliability **is** contained in all tests.

(20) Various(A variety of) + **가산명사의 복수** : 많은 수의 ~ : **복수취급**

Various disease**s** **have** attacked since War.

(21) Plenty of + **불가산명사** : 많은 양의 ~ : **단수취급**

Plenty of time **has** to be given.

(22) Plenty of + **가산명사의 복수** : 많은 수의 ~ : **복수취급**

Plenty of jobs **have** to be provided.

(23) A lot of(lots) of + **가산명사의 복수** : 많은 수의 ~ : **복수취급**

Lots of students **have** attended class.

(24) A lot of(lots) of + **불가산명사** : 많은 양의 ~ : **단수취급**

Lots of water **was** needed.

4.2 부분표시 수식어와 수의 일치

부분을 나타내는 most of, half of, a third of, (a) part of, the rest of, 숫자 + percent of 등은 of 뒤의 명사의 수에 의해 동사의 수가 결정됩니다.

Part of the product**s** were sold.
Part of the construction **was** done.
Half of the student**s** do not attend class.
Half of the construction **was** done.
Fifty **percent of** the student**s** **are** present today.

Fifty **percent of** the class **is** absent today.

A third of the students **are** present today.

A third of the class **is** absent today.

Most의 경우에는 명사 앞에 정관사, 소유격, 지시형용사와 같은 한정사가 없으면 of를 사용하지 않고, 한정사가 있으면 반드시 사용하여야 합니다.

Most students have attended class.

Most of the students have attended class.

Most of my time has been spent for my family.

4.3 종류 표시 수식어와 수의 일치

종류를 나타내는 kind, sort, type는 자체의 수에 의해 뒤에 오는 명사의 수가 결정되며, 단수 일 때는 부정관사 a 또는 단수 지시형용사가 앞에 붙습니다.

A kind(sort/type) of + 무관사 단수명사 : 단수취급

This/that kind(sort/type) of + 무관사 단수명사 : 단수취급

Kinds(sorts/types) of + 무관사 복수명사 : 복수취급

I don't like **this kind** of **man**.

I really like these kinds of **men**.

This is **a kind** of **plant**.

4.4 학문명

~s로 끝나는 학문명은 단수취급을 하고 관사를 붙이지 않습니다.

Mathematics is difficult to understand.

Genetics is my major.

Politics is my minor.

4.5 단수형과 복수형의 의미가 다른 명사

arm(팔) - arms(무기)
communication(의사소통) - communications(통신)
custom(습관) - customs(세관)
damage(손해) - damages(손해배상)
good(이익) - goods(상품)
letter(문자) - letters(문학)
mean(중간, 평균) - means(수단)
operation(수술) - operations(작전)
pain(고통) - pains(수고)
regard(관심) - regards(안부)

4.6 명사 + 명사 = 복합명사

두 개의 명사가 하나의 복합명사를 만들 때, 복수형이 필요한 경우, 두 번째 명사를 복수형으로 표시합니다.

Shoe makers.
Shoe stores.
Department stores.
Blood types.
Tree rings.

그러나 복수형과 단수형의 의미가 다른 명사와 복수형 학문명 경우에는 예외로 합니다.

Arms control.
Communications satellite
Customs office
Mathematics teacher

4.7 상호복수

어떤 명사가 상호관계나 교환을 나타낼 때는 복수형을 사용하고 관사를 붙이지 않습니다.

We decided to **become friends**.

We **shake hands**.

We **exchange letters**.

We have to **take turns**.

We are going to **change cars** next bus station.

Change seats with each other.

They **exchanged name cards**.

4.8 수사 + 수사

수사가 연달아 올 때는 두 번째 수사는 항상 단수형으로 표시하고, '수십의, 수백의'처럼 많은 양을 강조할 때는 '복수형 수사 + of + 복수형 명사' 또는 '복수형 수사 + of + 복수형 수사 + of + 복수형 명사'로 나타냅니다.

Two hundred people.

Three hundred people.

Thousands of people came.

Tens of thousands of people came.

4.9 수사를 포함한 명사가 다른 명사 앞에 올 때

수사를 포함한 명사가 다른 명사 앞에 와서 하나의 합성어를 만들 때는 소유격으로 표시하거나 hyphen을 사용하여 표시합니다. 소유격으로 표시할 때는 복수형 명사로 나타내고, hyphen을 이용하여 표시할 때는 단수형 명사로 나타냅니다.

We are going to have **a three days'** trip.

We are going to have **a three-day** trip.

I have **a three-story** house.

I am living in **a ten stories'** apartment.

The boy is **ten years old.**

He is **a ten-year-old** boy.

| 연습문제 |

1. All of the people at the AAME conference are __________. [TOEFL]
① mathematic teachers ② mathematic teacher
③ mathematics teachers ④ mathematic's teacher

2. For the inventor who ____ money, silver or bonds are good options. [TOEFL]
① has very little ② has so little a ③ has so few ④ has very few

3. He has, however, finished ________. [고시]
① a day work ② a day's work ③ day's working ④ a work day

4. Two-thirds of my homework _________ finished. [고시]
① are ② is ③ were ④ get

5. A large number of ______ in this area are from France. [외대대학원]
① people ② crowd ③ person ④ citizen

6. Would you mind exchanging _____ with me? [연세대대학원]
① seats ② a seat ③ the seat ④ the seats

7. Since he has bought a big house, he will have to buy ________ furniture also. [행시]
① quite a few ② many a ③ a few
④ many ⑤ a lot of

8. The myth, a traditional(①) story representing(②) a particular world view(③), is an ancient types(④) of folklore. [홍익대대학원]

9. There is plenty of(①) evidences(②) that(③) late children(④) often have problems that(⑤) other kids do not face. [고시]

10. <u>Early in</u> United States history, the right of <u>woman</u> were championed in Wyoming,
①　②
the state <u>where</u> they <u>were first guaranteed</u> the right to vote. [TOEFL]
③　④

▌실전문제▐

11. The assignment for Monday is to write a ________ about your hometown. [TOEFL]
① five-hundred-word composition　② five-hundred-words composition
③ five-hundreds-words composition　④ five-hundreds-word composition

12. "Have you ever gone on picnics?"
"Oh, yes, ___________________." [한양대대학원]
① a dozen of time　② dozens of time
③ dozens of times　④ a dozen of times

13. "Who'd you go to the beach with?"
"I went with _______________." [행시]
① Smiths families　② the Smiths family　③ Smiths family
④ the Smith family　⑤ Smith family

14. A large ______ of older-model cars do not have proper smog-control devices. [TOEFL]
① many　② lot　③ amount　④ number

15. "What do you want?"
"I want ________that is on the table." [TOEFL]
① the loaf of bread　② a loaf of bread
③ a bread　④ some bread

16. As a safety measure, the detonator for a nuclear device may be made of _______ each of which is controlled by a different employee. [TOEFL]

① two equipments ② two pieces of equipments
③ two pieces of equipment ④ tow equipment pieces

17. Introduced to the joys of life on the waters during summer vacation at a Minnesota
① ② ③
lake, Mr. Giardini joined the Navy after high school. [외시]
④ ⑤

18. On behalf of the committee, I wish to express the sincere gratitude we all feel for
① ② ③
contribution you made to the cause. [외국어대편입]
④

❙ 연습문제 ❙

1. <해석> AAME 회의에 참석한 모든 사람들은 수학교사들이다.
   <해설> '명사+명사'가 하나의 명사가 될 때, 이를 복수로 만들기 위해서는 뒤의 명사를 복수로 합니다. 그러나 복수형과 단수형의 의미가 다른 복수명사와 학문명의 경우에는 둘 다를 복수로 합니다. 그리고 주어가 복수이므로 보어도 복수가 되어야 합니다.
   Mathematics teachers(수학교사들)
   Communications satellite(통신위성)
   Customs office(세관)
   Arms control(무기통제)
2. <해석> 매우 적은 돈을 가지고 있는 투자자들에게 은과 증권은 좋은 선택대상입니다.
   <해설> money는 불가산 명사이므로 관사를 취할 수 없으며, 수를 의미하는 few에 의해 수식받지 않고 양을 의미하는 little에 의해 수식받습니다.
3. <해석> 그러나 그는 하루 일과를 끝냈다.
   <해설> '숫자 +명사 + 명사'는 'one-day work' 또는 'a day's work'로 표현하는 방법이 있습니다.
4. <해석> 내 숙제의 2/3이 끝났다.
   <해설> 'two thirds of + 불가산명사'는 단수취급하고, 'two thirds of + 가산명사의 복수'는 복수취급 합니다. 수동태를 나타내는 형식은 'be + 과거분사' 또는 'get + 과거분사'가 있습니다. 'be + 과거분사'는 상태를 나타내는 수동태 형식이고 'get + 과거분사'는 동작을 나타내는 수동태 형식입니다.
5. <해석> 이 지역 사람들의 대다수가 프랑스 출신이다.
   <해설> 'a large number of + 복수명사'는 복수취급 합니다. People과 cattle은 단수형태이면서 복수의 의미를 지니고 있는 집합명사입니다.
6. <해석> 저와 자리를 바꿔주시겠습니까?
   <해설> 어떤 명사가 상호관계나 교환을 나타낼 때는 복수형을 사용하고 관사를 붙이지 않습니다.
   We decided to **become friends**. We **shake hands**. We **exchange letters.**
   We have to **take turns.** We are going to **change cars** next bus station.
   Change seats with each other. They **exchanged name cards**.
7. <해석> 큰 집을 샀기 때문에, 그는 또한 많은 가구를 사야 할 것이다.
   <해설> furniture는 셀 수 없는 불가산 명사이기 때문에 양의 의미를 지니는 little, a lot of, lots of 등에 의해 수식받을 수 있습니다.
8. <해석> 특정한 세계관을 제시하는 전통적인 이야기, 즉 신화는 고대에 기원을 둔 민간설화의 한 유형이다.
   <해설> 종류를 나타내는 kind, sort, type는 자체의 수에 의해 뒤에 오는 명사의 수가 결정되며, 단수 일 때는 부정관사 a 또는 단수 지시형용사가 앞에 붙습니다. a type of +단수명사,

types of + 복수명사.

I don't like **this kind** of **man.** I really like these kinds of **men.**

9. <해석> 미숙아들은 다른 아이들이 직면하지 않는 문제들을 종종 겪고 있다는 많은 증거들이 있다.

<해설> evidence는 불가산 명사이므로 단수가 되어야 합니다. 또한 be동사가 단수동사기 때문에도 evidence가 단수형이 되어야 합니다.

10. <해석> 미국 역사 초기에, 여성들의 권리는 여성의 투표권을 최초로 보장받은 Wyoming 주에서 옹호되었다.

<해설> woman은 가산명사이기 때문에 한정사 또는 부정관사에 의해서 수식받아야 합니다. where they were first guarnated.에서 they가 나오기 때문에 woman이 women이 되어야 합니다.

▌실전문제▐

11. <해석> 월요일의 과제는 자기 고향에 대해 500자 분량의 작문을 하는 것이다.

<해설> '숫자 + 명사 + 명사'에서 단수일 때는 hyphon을 사용하고 복수일 때는 소유격을 사용합니다. '숫자 + 숫자'에서는 앞의 숫자는 복수로 하지만 뒤의 숫자는 단수로 합니다.

five-thousand-word composition / five thousand words' composition

12. <해석> "너는 소풍 가본 적이 있니?" "그럼, 수십 번은 가 봤지"

<해설> 수사 다음에 전치사 of가 오면 그 수사는 복수형이 됩니다.

13. <해석> "너는 누구랑 해변에 갔었니?" "나는 Smith씨 가족과 갔었어."

<해설> Smith씨 가족은 the Smith family 또는 the Smiths로 표현합니다.

14. <해석> 많은 수의 구형 자동차들은 적절한 매연 조절 장치를 가지고 있지 않다.

<해설> 'a large ____ of + 명사'의 형태에서 가산명사의 복수형이 오면 number가 오고, 불가산 명사가 오면 amount/deal이 옵니다.

15. <해석> "당신은 무엇을 원하십니까?" "나는 그 식탁위에 있는 빵 한 덩어리를 원합니다."

<해설> 빵 한 덩어리는 a loaf of bread이지만 '식탁위에 있는'에 의해 한정을 받으면 정관사를 사용해서 the loaf of bread가 됩니다.

16. <해석> 안전을 위한 수단으로써, 핵폭탄의 기폭장치는 다른 직원들에 의해 각각 통제되는 두 개의 장치로 만들어질 수 있다.

<해설> equipment는 불가산 명사이므로 숫자적 개념을 사용할 때는 a piece of equipment 또는 two pieces of equipment로 합니다.

17. <해석> 여름 방학동안 Minnesota 주의 한 호수에서 맛보았던, 수상생활의 즐거움 때문에 Giardini씨는 고등학교 졸업 후 해군에 입대했다.

<해설> 불가산 명사라 하더라도 한정을 받으면 정관사를 붙입니다. Introduced to the joys of life on the waters during summer vacation at a Minnesota lake.에서 joy는 of the life에 의해 한정을 받기 때문에 정관사를 붙일 수 있습니다. 그러나 waters는 한정을 받지 못하고 있습니다. at a Minnesota lake에 의해 한정 받는다고 생각할 지도 모르지만, during summer vacation at a Minnesota lake는 introduced를 수식하는 부사구입니다. 따라서 waters에는 정관사를 붙일 수 없습니다. waters는 호수나 바다 등의 많을 물을 의미합니다.

18. <해석> 위원회를 대신하여, 나는 그 운동에 대한 당신의 공헌에 대해 우리 모두가 느끼는 진심 어린 감사를 표하고 싶습니다.

<해설> 추상명사도 한정을 받으면 정관사를 사용해야 합니다.

The contribution that you made is big.

<정답>

1. ③ 2. ① 3. ② 4. ② 5. ① 6. ① 7. ⑤ 8. ④ 9. ② 10. ② 11. ① 12. ③ 13. ④ 14. ④ 15. ① 16. ③ 17. ② 18. ④

제12장 전치사

전치사는 동사처럼 목적어를 취할 수 있는데 주로 명사, 대명사, 동명사와 같은 명사적 표현을 취합니다. 그리고 '전치사 + 명사적 표현'의 형태로 문장 내에서 형용사나 부사의 역할을 하기도 합니다. 일반적으로 '전치사 + 명사적 표현'은 시간, 장소, 이유 등의 다양한 의미를 나타냅니다.

1. 전치사의 역할

전치사는 목적어를 취하거나, 문장 내에서 형용사나 부사의 역할을 합니다.

1.1 목적어를 취함

I look forward **to** *seeing* you again.
He insisted **on** *leaving*.
She persisted **in** *starting* now.

1.2 형용사구

We have *the detailed information* **for the project**.
This book *is* **on human relationship**.

1.3 부사구

The promotion was *successful* **for two months**.

I *made* this swing **for myself**.

In my opinion, *we have no choice but to follow his suggestion.*

2. 시간을 나타내는 전치사

2.1 at

전치사 at은 분, 시, 정오, 밤, 일몰, 새벽 등과 같은 짧은 시간 명사 앞에 사용됩니다.

I had lunch **at noon**.

I will meet him at **7 o'clock**.

We woke **at dawn**.

We could work **at night**.

We sat on the beach **at sunset**.

The young were dancing **at midnight**.

2.2 in

전치사 in은 오전, 오후, 연, 월, 계절, 세기와 같은 명사 앞에 사용됩니다.

The second term begins **in September**.

We had dinner **in the evening**.

He usually get up early **in the morning**.

We are living **in the twentieth century**.

The whole world becomes white **in Winter**.

My father was dead **in 1996**.

2.3 on

전치사 on이 요일과 날짜 앞에 사용됩니다. 특히 날짜 쓰이면 특정한 날짜를 나타내게 됩니다.

It's nice to go for a walk **on a summer evening.**

On Christmas Day/New Year's Day

On Monday morning, I have always English class.

연도 앞에는 in이 사용되지만, 월·일까지 표시되면 on을 사용합니다.

We married **on the fifth of September, 1999.**

2.4 현재 시간을 기준

현재시간을 기준으로 해서 in은 '어느 시간만큼 지나서', within은 '어느 시간 이내에', by는 '언제까지'로 완료의 의미를 나타내며, till과 until은 '언제까지'로 지속 또는 계속의 의미를 나타냅니다.

We will visit you again **within a few weeks.**

I will have finished my homework **by 8 o'clock.**

I will watch TV **until 12 o'clock.**

I will return **in a week.**

in은 현재를 기점으로 '후에'의 의미를 나타내지만, after는 과거를 기점으로 '후에'의 의미를 나타냅니다.

I came back **after a month.**

2.5 기간

'~하는 동안'처럼 기간을 나타낼 때는 'for + 숫자' 또는 'during + 기간'을 사용하며, '~동안 내내'의 의미는 'through + 숫자 혹은 기간'을 사용합니다. '시간이 흐르면서'의 의미는 'over'를 사용해서 나타냅니다.

The war lasted **for the last three years**.

This play continues **for two hours**.

What are you going to do **during this summer vacation**.

I will watch you **through next week**.

Over the years, he and I had drift apart.

2.6 과거의 시점을 기준으로

과거의 시점을 기준으로 '언제부터'의 의미를 from과 since를 사용해서 나타낼 수 있는데, from은 시작시점 만을 나타내기 때문에 현재의 상황을 알 수 없으며, since는 시작시점부터 현재까지의 상황을 알려줍니다. 따라서 since는 완료시제와 같이 쓰입니다.

She began consulting a lawyer **from last month**.

She **has been** consulting a lawyer **since last month**.

3. 장소를 나타내는 전치사

3.1 장소를 나타내는 in, at, on

넓은 장소 앞에는 in, 좁은 장소 앞에는 at, 거리명 앞에는 on을 사용합니다.

We have lunch **at** a small cafeteria **in** Jongro.

We will build a big library **at** Jongro **in** Seoul.

We are living **at** Seoul **in** South Korea.

We met him **on the street**.

She lives **on Maple street**.

거리명 앞에 번지수가 오면 at을 사용합니다. 그리고 be동사는 전치사 in 함께 다양한 의미를 나타낼 때가 있습니다.

She lives **at 56 Maple street.**

She is **in bed.**

She is **in school(college)**.

She is **in prison(jail)**.

Put the sugar **in my coffee**.

She is **in the middle of** doing something.

3.2 위치

in/inside(~안에), on(붙어서 ~위에, ~아래에, ~옆에), by/beside/next to(~옆에), in front of(~앞에), behind(~뒤에), over(~바로 위에), under(~바로 아래), above(~보다 높이 위에), below(~보다 저 아래에), between(둘 사이에), among(셋 이상 ~사이에) 등의 전치사가 위치를 나타냅니다.

Put the ball **in the box**.

Put the book **on the table**.

A fly is **on the ceiling**.

Paste a piece of paper **on the wall**.

She is standing **by him.**

Go and stand **in front of wall**.

A bear is **behind a large rock.**

A boat is passing **under the bridge**.

A car is crossing **over the river.**

A plane is flying **above the roofs of the city**.

A submarine is **below the horizon.**

There is a quarrel **between him and her.**

There is a quarrel **among people**.

3.3 방향성

into(~안쪽으로), out of(~밖으로), for(~를 향해서), through(~을 통과하여),

along(~를 따라서), across(~를 가로질러), to(~도착점으로), toward(s)(~방향 쪽으로) 등의 전치사는 방향을 나타냅니다.

A boat steams **into a harbor**.
Get out of my sight.
A car is passing **through the city**.
The princess is walking **along the river**.
My plane is flying **across the ocean**.
Many spectator leave **for New York**.
Many students are running **to school**.
He is walking **toward the north**.

3. 목적을 나타내는 전치사

for(일반적인 목적), on(심부름, 사업, 여행 등의 목적), after(~을 추구하여) 등의 전치사는 목적을 나타내기 위하여 사용됩니다.

Many students go abroad **for study**.
My boss sent him to America **on business**.
They are **going on a trip**.
People are seeking **after the money**.

4. 도구, 수단을 나타내는 전치사

by(~에 의해, ~함으로써), with(구체적인 ~를 가지고), without(~없이), through(~를 통해서) 등의 전치사는 도구 및 수단을 나타냅니다.

The decision was made **by my boss**.
We realized our dream **by doing our best**.

We can make a hole in box **with the knife**.
We could discriminate the difference **with the naked eye**.
We can't enter his house **without his permission**.
Please send the products **through air mail**.
He tore his clothe **by his hands**.
I will go there **in a car**.
I will go there **on a bus**.
I will go there **on a train**.
I will go there **on a plane**.
I ride **on a horse/bicycle/motorcycle**.
We go there **on foot**.

5. 원인, 이유를 나타내는 전치사

for(~ 때문에), from(~라는 직접적 이유 때문에), through(~라는 간접적 이유 때문에; help, diligence, idleness, fault, neglect, carelessness 등이 같이 오는 경우), at(~를 듣고서, ~알고서), of(~라는 병 때문에) 등의 전치사는 원인 또는 이유를 나타냅니다.

He can not buy the book **for the lack of money**.
He was sick all day long **from eating too much**.
He was fired **through neglect of his duty**.
She was surprised **at the price reduction**.
She died **of lung cancer**.
She died **from overwork**.

'질병 때문에 죽다'는 die of를, '질병 이외의 것 때문에 죽다'는 die from을 사용합니다.

6. 관련주제, 분야, 자격을 나타내는 전치사

about(~에 대해), on(~에 관한), over(~에 대해서), of(~에 관한), in(~에서의), as(~로서), like(~처럼) 등의 전치사는 주제, 분야, 자격을 나타내기 위해 사용됩니다. '~에 관해서'에 대한 의미를 지니고 있는 about은 넓은 범위에 한정하여 사용되며, on은 학문, 연구주제 등과 같이 좁은 범위에 한정하여 사용합니다.

Did you see the program **about computers** last night?
Do you have any idea **on humanism**?
Let's argue **over the solution**.
Did you hear the news **of the accident**?
You have to pay attention to the change **in the market**.
As a manager, he has done his best.
Be a good person **like Newton**.

7. 재료와 착용을 나타내는 전치사

물리적 변화에는 of, 화학적 변화에는 from, 재료나 원료가 주어일 때는 into, 옷이나 안경 등의 착용을 나타내는 in, 그리고 '명사 + in + 재료 명사' 또는 '동사 + in + 재료 명사'에서 재료를 나타내는 in 등의 전치사는 재료나 착용의 의미를 나타내기 위해서 사용됩니다.

Wine is **made from** grapes.
Chair is **made of** woods.
Barley is **made into** beer.
There is a woman **in a coat**.
He was dressed **in a black suit**.
Who is that man **with the beard**?
I'd like to have **a house with a garden**.

I have **a statue in bronze**.

I have **a model in clay**.

I **draw in ink**.

8. 주의해야 할 전치사

8.1 명사와 명사를 연결할 때의 of

Excessive consumption **of** caffeine can result in insomnia.

The death **of** the president makes people confused.

8.2 despite

despite는 전치사이기 때문에 of와 같이 쓰이지 않습니다.

Despite many attempts, the effort has met with little success.

= **In spite of** many attempts, the effort has met with little success.

Despite a big star, she is very approachable.

= **In spite of** a big star, she is very approachable.

8.3 동명사 형태의 전치사

Everybody should be patient, not **excepting** me.

Dinner costs 10,000 won, **excluding** drinks.

Concerning your letter, it was very impressive.

Laws **respecting** property have much ambiguities.

She said nothing **regarding** you.

We are setting the table **assuming** her attendance.
She is very mature **notwithstanding** her age.
Language difference **notwithstanding**, they fell in love.
I have many pets **including** three cats.

8.4 전치사 near와 형용사 nearby

He puts the refrigerator near the kitchen.
We decided to drive to a nearby hotel.

8.5 beside와 besides

Beside는 '~옆에', besides는 '~이외에, 게다가'의 의미를 가지고 있습니다.

He stands **beside** me.
Besides rich, he is handsome.

8.6 inside와 inside of

Inside는 '장소 안에', inside of는 '시간 이내에'의 의미를 가지고 있습니다.

Inside of five minutes, he will be **inside** the building.

8.7 두 지역 사이의 거리

거리가 떨어져 있으면 to, 붙어 있으면 on, 속해있으면 in을 사용합니다.

Japan lies **to** the east of Korea.
China lies **on** the north of the Korean Peninsula.
Rome is located **in** Italy.

8.8 전치사 + 명사/동명사

I **am busy with my homework.**

I **am busy in doing** my homework.

He **had difficulty with the problem.**

Mom **prevents** me **from going out.**

I **succeeded in the exam.**

I **succeeded in passing the exam.**

Psyche was expected to **succeed to Venus.**

He **failed in the test.**

He **failed in passing the test.**

8.9 전치사에 따라 의미가 달라지는 표현

(1) be concerned in/with : ~와 관련되어 있다.
   be concerned about : ~에 대해서 걱정하다.

They **are** deeply **concerned in** this project.

They **are** deeply **concerned with** this project.

They **are** deeply **concerned about** the result of the project.

(2) be familiar to : ~에 알려지다.
   be familiar with : ~에 정통하다.

I **am familiar with** Mathematics.

Your country **is familiar to** us.

(3) be tired of : ~에 싫증나다.
   be tired from : 피곤하다.

I **am tired of** the whole business.

I **am tired from** overwork.

(4) compare from : ~와 비교되다.
compare to : ~에 비유되다.

The English pronunciation of Japanese **is** usually **compared from** that of Korean.
Life **is** often **compared to** voyage.

(5) differ from : ~와 다르다.
differ in : ~에 있어서 다르다.

Whisky **differs from** Soju.
The twins **differ in** many respects.
Whisky **differs from** Soju **in** many respects.

(6) succeed in : ~에 성공하다.
succeed to : ~에 계승하다.

He **succeeded in** making a new model.
He **succeeded to** his father.

(7) result in : ~에 초래되다.
result from : ~에 기인하다.

Success **resulted from** my efforts.
My efforts **resulted in** success.

(8) hear of : 간접적으로 듣다.
hear from : 직접적으로 듣다.

I have heard of you.
I heard from Jane about you.

| 연습문제 |

1. This conclusion has created a major controversy ________. [연세대대학원]

   ① to the students ② among the students
   ③ between students ④ with students involved

2. During the movie Alex sat __________ Grace. [TOEFL]

   ① beside ② next at ③ besides ④ besides of

3. A tadpole is the early stage _____ development of a frog or toad. [TOEFL]

   ① about ② after ③ from ④ of

4. ________ their senses, many-celled animals perceive what is happening in their environment. [TOEFL]

   ① Means of ② By means of ③ Of the means by ④ By menas

5. __________ periods of economic stability, manufacturers may be able to estimate their production costs rather accurately. [TOEFL]

   ① Even ② During ③ While ④ Because

6. According as(①) the report, Elvis Presley died of(②) a heart condition on(③) August 16, 1977. Yet medical examiners found a high concentration of(④) dangerous drugs in his body. [연대대학원]

7. Due(①) his efforts to attack(②) weakness in American society, Sinclair Lewis was(③) the first American author to win the Nobel Prize(④) for Literature in 1930. [TOEFL]

8. Every human being must be valued as such __________ his social position. [서울대대학원]

① irrespective of ② in spite of ③ not to speak of ④ with regard to

9. Heather was born _____ Lima ___________ August 7, 1966 _____________ 3:30 in the afternoon. [연세대대학원]

① at-by-on ② in-in-in ③ in-on-at ④at-at-at

Ⅰ 실전문제 Ⅰ

10. "Is Tom here at the party?"
"Yes, but he's hidden _____________ the other guests." [행시]

① around ② among ③ in
④ at ⑤ under

11. Copper was the first metal used(①) by man and is still of(②) strong demand because(③) it is a good conductor of electricity(④). [TOEFL]

12. Louis and Mary Leakey were(①) a famous team of anthropologists(②) responsible of finding(③) clues to the origin of man(④). [TOEFL]

13. Christopher is trained(①) in accounting(②), and no one in the group but(③) he would have(④) realized that the money is missing(⑤). [고시]

14. Buyers and sellers may be <u>scattered</u>(①) over the whole world and instead of actually <u>meet</u>(②) together in a market-place they may deal <u>with</u>(③) one another <u>by</u>(④) telephone, telegram, cable or letter. [행시]

15. The <u>appearance</u>(①) and <u>meaning a work</u>(②) of art are often the <u>subjects</u>(③) of <u>controversy</u>(④). [TOEFL]

16. Biography provides clues <u>to history</u>(①), but exclusive dependence <u>to</u>(②) it <u>may tend</u>(③) to distort historical <u>events</u>(④). [TOEFL]

17. <u>Since</u>(①) 1921 the <u>budget</u>(②) of the United States became the <u>primary</u>(③) <u>responsibility</u>(④) of the President. [TOEFL]

18. "이 점에 대해서 아무 할 말이 없습니다."의 영역으로 틀린 것은? [외시]

① I have nothing to say in regard to this.
② I have nothing to say with regard to this.
③ I have nothing to say with this regard.
④ I have nothing to say regrading this.
⑤ As regards this, I have nothing to say.

| 연습문제 |

1. <해석> 이 결정은 학생들 사이에서 커다란 논쟁을 일으켰다.
   <해설> '~사이에서'는 between과 among을 사용해서 나타낼 수 있습니다. 둘 사이일 때는 between을, 3명 이상일 때는 among을 사용합니다.
2. <해석> 영화가 상영되는 동안 Alex는 Grace 옆에 앉았다.
   <해설> beside는 '~옆에', besides는 '~게다가'의 의미를 가지고 있는 전치사입니다.
3. <해석> 올챙이는 개구리나 두꺼비의 성장과정에서 초기단계에 속한다.
   <해설> 일반적으로 명사와 명사를 연결할 때는 of를 사용합니다.
   the early stage of development : 발단단계
   the early stage of development of a frog or toad. : 개구리나 두꺼비의 초기발달단계
4. <해석> 다세포 동물들은 감각에 의하여 그들의 주변에 무슨 일이 일어나고 있는지를 감지한다.
   <해설> 도구를 나타낼 때, 전치사 by를 사용합니다. means(수단, 방법)와 their senses 두 명사를 연결하기 위하여 of를 사용합니다. by means of ~, by the way of ~: ~을 통하여.
5. <해석> 경제가 안정적일 때는 제조업자들은 생산원가를 보다 정확하게 산출할 수 있을 것이다.
   <해설> 기간을 나타낼 수 있는 것은 during, for와 같은 전치사와 while과 같은 접속사가 있습니다. 이 문제에서는 명사가 바로 왔기 때문에, 전치사가 필요합니다. 전치사 for 뒤에는 '숫자 + 명사'가 오고, during 뒤에는 기간을 나타내는 명사가 옵니다.
6. <해석> 그 보고서에 따르면, Elvis Presley는 1977년 8월 16일에 심장병으로 사망했다. 그렇지만 검시관들은 그의 몸에서 높은 농도의 위험한 약물을 발견했다.
   <해설> '~에 따르면'은 according to로 표현합니다.
7. <해석> 미국사회의 약점들을 극복해보려는 노력 때문에 Sinclair Lewis는 1930년 노벨문학상을 수상한 최초의 미국작가가 되었다.
   <해설> '~때문에'의 나타낼 수 있는 전치사는 because of, due to, thanks to, owing to 등이 있습니다.
8. <해석> 모든 인간은 자신의 사회적 지위와 관계없이 그 자체로 존중되어야 한다.
   <해설> irrespective of = regardless of : ~ 에 관계없이
9. <해석> Heather는 1966년 8월 7일 오후 3시 30분 Lima에서 태어났다.
   <해설> 연도가 포함된 날짜 앞에 전치사 on, 시간 앞에 전치사 at, 넓은 장소에 전치사 in입니다.

| 실전문제 |

10. <해석> "Tom이 여기 파티에 왔니?" "그래, 하지만 그는 다른 손님들 사이에 가려져 있다."
    <해설> '사람들 사이에 숨겨져 있다'에서 사람이 3명 이상이면 among을 사용해야 합니다. the

other guests로 보아 손님들이 3명 이상이라는 것을 알 수 있습니다. <문제 1번 참조>

11. <해석> 구리는 인간이 사용한 최초의 금속이었고, 그것은 좋은 전도체이기 때문에 여전히 많은 수요가 있다.

<해설> '수요가 있는'은 'be in demand'로 표현합니다.

12. <해석> Louis와 Mary Leakey는 인간 기원의 단서를 발견할 중책을 맡은 저명한 고고학자 팀이었다.

<해설> '책임을 맡다'는 'be responsible for/be in charge of'를 사용합니다.

13. <해석> Christopher는 회계학에 대해 교육받았기 때문에, 그를 제외한 그 집단의 어느 누구도 그 돈이 없어진 것을 알아채지 못했을 것이다.

<해설> 전치사 but(except)은 '누구를 제외하고'의 의미를 가지고 있습니다. 전치사 뒤에는 항상 목적격이 와야 합니다.

14. <해석> 구매자와 판매자가 전 세계에 산재해 있을 수 있다. 그들이 실제로 시장에서 서로 만나는 대신에 전화, 전보, 통신케이블, 혹은 서신으로도 거래를 할 수 있다.

<해설> meet가 instead of(대신에)의 목적어이기 때문에 동명사가 되어야 합니다.

15. <해석> 예술 작품의 모양과 의미는 종종 논쟁의 주제가 된다.

<해설> 'The appearance and meaning a work of art'에서 예술 작품은 a work of art이기 때문에 이것과 the appearance and meaning을 연결시키려면 두 명사를 연결할 때 사용하는 전치사 of를 사용해야 합니다. the appearance and meaning of a work of art.처럼 되어야 합니다.

16. <해석> 전기는 역사에 대한 단서를 제공해 주시만, 그것에 전적으로 의존하게 되면 역사적 사건들이 왜곡될 수 있다.

<해설> dependence는 전치사 on과 관련되어 있습니다. be dependent on/depend on: ~에 의존하다.

He is to blame for his dependence on his parents.

For the economic independence of women, they should decrease the economic dependence on her husband.

17. <해석> 1921년에 미국의 예산은 대통령의 주요 책무가 되었다.

<해설> 단순과거 시제로 표현되어 있기 때문에, 과거를 나타내는 부사구가 되어야 합니다. 년도 앞에 전치사 in이라는 관점에서 해결할 수도 있고, 과거의 어느 시간으로 부터라면 from을 사용할 수도 있습니다.

18. <해설> '~에 관하여'는 in regard to~/ with regard to~/as regards~/regarding~ 등으로 표현합니다.

<정답>

1. ② 2. ① 3. ④ 4. ② 5. ② 6. ① 7. ① 8. ① 9. ③ 10. ② 11. ② 12. ③ 13. ④ 14. ②
15. ② 16. ② 17. ① 18. ③

제13장 접속사

접속사는 서로 떨어져 있는 말과 말을 하나로 연결해 주는 역할을 합니다. 이런 접속사의 연결 기능 때문에 둘 이상의 단어, 구, 절들이 하나로 합쳐져 복잡하고 긴 형태가 됩니다. 접속사는 문법적으로 서로 같은 성격의 단어, 구, 절을 연결하는 등위접속사와 종속절과 주절을 연결하는 종속접속사로 구분됩니다. 종속접속사는 that, 의문대명사, 의문부사와 같은 명사절을 이끌거나, 관계대명사, 관계부사와 같은 형용사절을 이끌거나, 부사의 역할을 하는 부사절이 됩니다.

1. 등위접속사

등위접속사는 and(그리고), or(혹은), but(그러나), yet(그러나), so(그래서), for(때문에)와 같은 문법적으로 서로 같은 성격의 단어와 단어, 구와 구, 절과 절을 연결하는 등위접속사와 both A and B(A와 B 둘 다), either A or B(A나 B 둘 중 하나), neither A nor(A도 B도 둘 다 아닌), not A but B(A가 아니라 B) 등과 같이 두 단어 이상이 쌍을 이루어 함께 쓰여야 하는 상관접속사로 구분됩니다.

1.1 등위접속사

(1) and

My mom got up **and** began to make something to eat.(동작의 연속)
My father missed the bus **and** was late for the meeting.(원인과 결과)
Tom is tall **and** Timothy is small.(대조)
They tried hard **and** did not win the game.(양보)
They went shopping **and** there was a Winter Madness Sale in the department store. (부가)

Try hard **and** you will get a chance.(조건)
= If you try hard, you will get a chance.

(2) or

What would you like coffee **or** tea?(선택)
He is brave, you know, **or** fool.(재기술)

Try hard, **or** you will miss the chance.(조건)
= If you don't try hard, you will miss the chance.

(3) but

They are poor **but** happy.(의외의 내용)
They borrowed money from me **but** you.(A가 아닌 B)
They prepared everything **but** a seasoning.(except)
They need **nothing but** courage.(only)

(4) yet

He can listen and speak, **yet** can't read and write.(의외의 내용)
I feel sleepy, **yet** I must read through the book.(양보)
He is rich, **yet** modest.(양보)

(5) so

I was tired, **so** I went to bed.(원인 결과)
He looked pale, **so** I asked him to take a rest.(원인 결과)

(6) for

For가 등위접속사로 사용된 경우에는 반드시 comma를 사용해야 합니다.

I know spring is coming**, for** flowers come out.(이유)
I decided to stop and take a rest**, for** I felt tired.(이유)

1.2 상관접속사

분리되어 있는 두 개 이상의 단어로 구성된 접속사를 상관접속사라고 합니다.

(1) both A and B : A와 B 둘 다

This new blend will be successful **both** in Korea **and** in Japan.
This book is **both** interesting **and** instructive.
= This book is interesting **and** instructive **alike**.
= This book is **at once** interesting **and** instructive.

'both A and B'가 문장의 주어일 경우에 동사의 수는 항상 복수입니다.

Both you **and** I have to attend the meeting.

(2) not only A but (also) B : A뿐만 아니라 B도

He ate **not only** lunch **but dinner** at the same place.
He can speak well **not only** in English **but (also)** in French.
= He can speak well **not only** in English; **(also)** in French.
= He can speak well **not only** in English **but** in French **as well**.
= He can speak well **not merely** in English **but (also)** in French **as well**.

'not only A but (also) B'가 문장의 주어일 경우에 동사의 수는 B에 일치시킵니다.

Not only making a plan **but (also)** *carrying it out* <u>is</u> important.
Not only bread **but** *apples* <u>are</u> good for your health.

(3) A as well as: B뿐만 아니라 A도

This building was designed to be a housing **as well as** a business.
= This building was designed to be a business **and** a housing **as well**.

'A as well as B'가 문장의 주어일 경우에 동사의 수는 A에 일치시킵니다.

Bread **as well as** grapes <u>*is*</u> good for your health.
Grapes **as well as** bread <u>*are*</u> good for your health.

(4) either A or B : A나 B 둘 중 하나

You should select **either** this car **or** that one.
You would **either** love her **or** hate her.

'either A or B'가 문장의 주어일 경우에 동사의 수는 동사에 가까운 것에 일치시킵니다.

Either you **or** *I* <u>*am*</u> in the wrong.

(5) neither A nor : A도 B도 둘 다 아닌

He **neither** have tried **nor** will not.

'neither A or B'가 문장의 주어일 경우에 동사의 수는 동사에 가까운 것에 일치시킵니다.

Neither she **nor** *you have* studied hard.
Neither writing **nor** *calling parents is* a bad attitude.

(6) not A but B : A가 아니라 B

Not husband **but** *children support* her family.
= Her children **not** her husband support the family.
= **Not** her husband**;** her children support the family.

2. 명사절을 이끄는 종속접속사

명사절은 명사가 올 수 있는 자리인 주어, 보어, 목적어 등의 위치에서 절의 형태로 사용됩니다. 명사절을 유도하는 절은 that절(~라는 것), if절, whether절(~인지 아닌지), 간접의문문 등이 있습니다.

2.1 주어절

Whether절은 주어, 목적어, 보어로 사용될 수 있지만, if절은 목적어, 보어로 사용되지만 주어로는 절대로 사용될 수 없습니다. 또한 whether절은 전치사의 목적어로 사용될 수 있지만 if절은 전치사의 목적어로 사용될 수 없습니다.

That they respect each other is natural.
→ It is natural **that they respect each other**.

Whether he succeed or not is important to his company.
→ **It** is important to his company **whether he succeed or not**.

The result depends **on whether you do your best or not**.(O)
I don't know **if it will not snow**.(O)
I don't know **if it will snow or not**.(O)
I don't know **whether** it is snowing **or not**.(O)
I don't know **whether or not** it is snowing.(O)

I don't know **if or not** it is snowing.(X)

I don't know **whether** it will **not** snow.(X)

If he succeed or win is not important to his parents.(X)

The result depends **on if you do your best or not**.(X)

2.2 보어절

The critical point is **when you will decide it**.

The decision is **that we will not accept their proposal.**

The important thing is **if he will accept our proposal or not**.

The reason (that) he refused their proposal is his conscience.

This is because women have more powerful abilities than men.

2.3 동사의 목적어절

I think **that he will come**.

I believe **that he will pass the exam**.

He decided **that he would take early retirement**.

I know **that he will accept our proposal**.

주절의 동사가 don't know, have no idea, doubt, wonder, want to see, ask 등처럼 '모르다, 궁금해 하다'의 뜻을 내포하고 있는 경우에는 if/whether/간접 의문문이 와야 합니다.

You should ask him **if he will accept our proposal**.

You should ask him **how to solve this problem**.

You should ask him **how he will solve this problem**.

I don't know **whether he will accept our proposal or not**.

I don't know **if he will accept our proposal (or not)**.

I don't know **how to solve this problem.**

I don't know **how I should solve this problem.**(간접의문문)

I don't know **when it will rain.**(의문부사절)

I don't know **what was promised.**(의문대명사절)

주절이 believe, imagine, suppose, think 등과 같은 인식동사를 이용한 의문문인 경우, 의문사가 문장 맨 앞으로 와야 합니다. 그러나 know 동사의 경우에는 간접의문문이 문장도취 없이 사용되고, say 동사의 경우에는 도취를 해도 되고, 하지 않아도 됩니다.

Do you believe who is that makes him happy?(X)

→ **Who do you believe** is that makes him happy?(O)

Do you think who made a mistake?(X)

→ **Who do you think** made a mistake?(O)

Do you know who made a mistake.(O)

→ **Who do you know** made a mistake?(X)

Should I say **who will come to you**?(O)

Who should I say will come to you?(O)

2.4 형용사의 목적어절

I'm afraid **that I did not get any detailed information.**

I'm proud **that my children have done their best.**

2.5 전치사의 목적어절

전치사의 목적어로 that과 if절은 올 수 없고, 반드시 간접의문문 또는 whether절이 와야 합니다.

The boss will check **on** *whether the project is on schedule.*(O)
There is debate **over** *how severe this problem is.*(O)
The result depends **on if you do your best or not.**(X)

2.6 동격절

He was horrified by **the fact** *that he could be fired.*
The question *whether they believe in God* or not is not the issue.
He gave **orders** *that they should do it right now.*
They were fired because of **the simple reason** *that they came to the office late.*

3. 형용사절을 이끄는 접속사

형용사절을 이끄는 접속사는 관계대명사절과 관계부사절 뿐입니다.

This is **the woman**. **She** wanted to see you.
→ This is the woman **who** wanted to see you.

The lady is my friend. We met **her** at the airport.
→ The lady **whom** we met at the airport is my friend.

This is **the hospital**. He was born in **the hospital**.
→ This is the hospital **in which** he was born.
→ This is the hospital **that** he was born **in**.

This building is **the place**. A national conference was held at **this building**.
→ This building is the place **at which** a national conference was held.
→ This building is the place **where** a national conference was held.

Tell me **the day**. It will rain **on day**.
→ Tell me the day **on which** it will rain.
→ Tell me the day **when** it will rain.

Tell me **the reason**. I have to do this **by the reason**.
→ Tell me the reason by which I have to do this.
→ Tell me the reason **why** I have to do this.

This is **the way**. The accident happened in **this way**.
→ This is the way **in which** the accident happened.
→ This is **how** the accident happened.

4. 부사절을 이끄는 접속사

4.1 시간의 부사절을 이끄는 접속사

(1) 반복 · 계속

When I was young, I used to go out.
Please visit me **any time** you want to.
He has studied his major **since** he decided his major.
He will do his best **by the time** he succeeds.

(2) 동시

When I woke up, he watched TV.
As I finished the work, he did, too.
While I was taking a nap, my sister was studying.

(3) 즉각

My mom welcomed me **as soon as** I knocked the door.
She did **not** start to read **until** she was ten years old.
It will **not** be long **before** we meet again.

(4) 시한 · 기점

The children slept **till** their mother woke them.
They keep working **till** the sun rises down.
After he failed his business, he did not feel good.

(5) 전후관계

My children washed their hands **before** they went to bed.
Take this medicine 30 minutes **after** you eat.

4.2 장소의 부사절을 이끄는 접속사

How about meeting **where** we met before.
You can have a party **wherever** you want to.

4.3 원인 · 이유의 부사절을 이끄는 접속사

He did not accept to join the party **because** he did not get his father's permission.
As she did not know about him, she refused his request.
I am expected to quit smoking, **since** I am not good condition.
For fear that their children could be kidnapped, they hired a bodyguard.
Now (that) you are 20, you must not behave like a child.

4.4 목적의 부사절을 이끄는 접속사

I will study English **in order that** I can understand English culture.

Write it clearly **so that** we can see it.

I used to write their names **lest** I **(should)** forget them.

= I used to write their names **for fear that** I **(should)** forget them.

4.5 결과 · 정도의 부사절을 이끄는 접속사

She was **so** excited **that** she did not feel shame.

There are **such** great differences **that** both parties can not negotiate.

She was **so** beautiful **that** everyone thought she had a boyfriend already.

She gave **so** witty an answer **that** everyone burst out laughing.

= She gave **such** a witty answer **that** everyone burst out laughing.

4.6 조건의 부사절을 이끄는 접속사

You can take it **if** you want to.

I would be sad **unless** I see you tomorrow.

If you want to become a scientist, you'd better study science.

Once we made a decision, we went ahead.

In case (that) you are right, you'd better go ahead.

He will do his best **so long as** he is concerned.

Considering that she is just 19, she has done well until now.

4.7 양보의 부사절을 이끄는 접속사

Although we want to take a rest, we must go on working.

Even if it rains, the football game continues.

Whether you like the project **or not**, it will be carried on.

Tired as he is, he insists on continuing the work.
I will believe him **whatever** you say.
I will believe him **no matter what** you say.

Though(as) sugar is important, we can't live upon it.
→ Important though(as) sugar is, we can't live upon it.

Though she is a girl, she is brave.
→ Girl though she is, she is brave.

4.8 양태 · 상태의 부사절을 이끄는 접속사

Behaviour **as** your father does.
It looks **as though** it might rain at any second.

4.9 제한 · 범위의 부사절을 이끄는 접속사

I can believe you **as far as** you are concerned.
She is a good English teacher **as far as** I know.
You can stay here **as long as** you pay.
I had tried to keep the secret **as much as** I could.

Men differ from beast **in that** they can think and speak.
= Men differ from beast **in the sense that** they can think and speak.

※ in that은 in the sense that에서 유래되었기 때문에 항상 주절 뒤에 옵니다.

4.10 비교 · 대조의 부사절을 이끄는 접속사

I was more **as** brave **as** I had been.
He worked two times **as** much **as** I had.

4.11 비례의 부사절을 이끄는 접속사

They began to love each other **as** time went by.

We were stuck in fog **as** we walked longer.

| 연습문제 |

1. The main reason I stopped smoking was ______________________. [고시]
   ① because my brother had already stopped smoking.
   ② because my brother had already stopped to smoke.
   ③ that my brother had already stopped to smoke.
   ④ that my brother had already stopped smoking.
   ⑤ since my brother has already stopped smoking.

2. ________ on water depends on the density of both the object and the water. [변리사]
   ① An object floats ② Whether an object floats ③ Does an object floats
   ④ So an object floats ⑤ As an object floats

3. _________ of the Stamp Act in 1765 provoked strong opposition among the American colonists. [외국어대대학원]
   ① The passage was ② It was the passage
   ③ Before the passage ④ The passage

4. No one is completely sure ____ causes booms and depressions in free economies. [연세대대학원]
   ① what ② why ③ whom ④ how

5. _________ accurate records has never been questioned by anyone. [연세대대학원]
   ① His keeping ② If he keeps ③ He keeps ④ Because he keeps

6. Ironically, sails were the salvation of many steamships _______ mechanical failures. [연세대대학원]
   ① they suffered ② suffered ③ were suffered ④ that had suffered

7. Lemon differs from all other citrus fruits _____ more edible after the are picked. [연세대대학원]
   ① become ② that they become ③ they become ④ in that they become

8. As you treat me, _____ will I treat you. [건국대대학원]
① like ② as ③ and ④ so

9. _______ small specimen of embryonic fluid is removed from a fetus, it will be possible to determine whether the baby will be born with birth defects. [TOEFL]
① A ② That a ③ If a ④ When it is a

10. ________ that gold was discovered at Sutter's Mill and that the California Gold Rush began. [TOEFL]
① Because in 1848 ② That in 1848
③ In 1848 that it was ④ It was in 1848

▌실전문제▐

11. Reading nourishes the mind as food does the body: it is to the mind ______ food is to the body. [연세대대학원]
① when ② what ③ like ④ so

12. Malaria, which can be fatal if let untreated, is transmitted by the female, _________ by the male mosquito. [TOEFL]
① not ② however ③ despite ④ instead

13. They live in constant fear _______ the storm that threatens every moment should break upon them with dreadful violence. [외시]
① while ② if ③ lest
④ with ⑤ for

14. The fuel saving ______ by adequate home insulation are very significant. [TOEFL]
① that accomplished ② that can be accomplished
③ can be accomplished ④ can be so accomplished

15. Let's keep the heating on ________ the temperature drop below zero over night. [고려대대학원]

① unless ② in case ③ as ④ for

16. Fred enjoyed the company of women and he understood them. He knew ____ married women to look after house and husbands and children, having to serve up perhaps twenty meals a week and to nurse the family through its problems and illnesses. [고려대편입]

① that life was not easy for ② how many times a week
③ everything there was to know about ④ what it was like for

17. Jim and his father disagreed over ______ proper to ask for a raise after being employed only six months. [고려대대학원]

① whether it could be ② but it was
③ if it were ④ whether it was

18. It is not known exactly when did the first immigrants arrived in(①) in the new world(②), but where that event(③) occurred is certain(④). [연세대대학원]

19. The northeast(①) tradewinds of the(②) Pacific they were(③) used by sailors travelling(④) from North America to Asia. [TOEFL]

20. We requested the superintendent of the building to clean(①) up the storage room in(②) the basement so that(③) the children had(④) enough space for their bicycles. [TOEFL]

❙ 연습문제 ❙

1. <해석> 내가 담배를 끊은 주된 이유는 내 형이 벌써 담배를 끊었기 때문이다.
   <해설> the reason과 동격이 될 수 있는 that절이 와야 합니다. 그리고 내가 담배를 끊은 것보다 형이 먼저 끊었기 때문에 과거완료시제가 되어야 합니다. stop to + 동사원형은 '~하기 위하여 멈추다'의 뜻이고 stop + 동명사는 '~을 멈추다, 끊다'의 의미를 나타냅니다.
2. <해석> 물체가 물 위에 뜨지 안 뜨지는 물체와 물 모두의 밀도에 달려있다.
   <해설> ____an object floats on water depends on the density.에서 동사 float가 포함된 절이 동사 depend의 주어가 되어야 하므로 명사절이 되어야 합니다. 명사절을 이끄는 접속사는 that과 의문사 두 가지 밖에 없습니다. 따라서 whether가 되어야 합니다.
3. <해석> 1765년 Stamp Act의 통과는 미국 식민지 개척자들에게 강한 반발을 일으켰다.
   <해설> 동사가 하나 밖에 없기 때문에 접속사가 필요 없습니다. 따라서 명사+명사를 연결할 수 있는 전치사 of가 필요합니다. The passage of the Stamp Act.
4. <해석> 어느 누구도 자유 경제체제에서 무엇이 호황과 불황을 야기하는지를 확실히 알 수 없다.
   <해설> No one is sure 다음에는 명사절이 와야 합니다. 명사절의 역할을 할 수 있는 것은 that절과 의문사절 입니다. 이 문제에서는 주어가 비어 있으므로 의문대명사절이 와야 합니다.

   주절의 동사가 it is not sure, don't know, have no idea, doubt, wonder, want to see, ask 등처럼 '모르다, 궁금해 하다'의 뜻을 내포하고 있는 경우에는 if/whether/간접 의문문이 와야 합니다.

   You should ask him **if he will accept our proposal.**

   You should ask him **how to solve this problem**.

   You should ask him **how he will solve this problem.**

   I don't know **whether he will accept our proposal or not.**
5. <해석> 그가 정확한 기록을 남기는가는 어느 누구에 의해서도 의심받은 바 없다.
   <해설> 동사 keep과 have been questioned 2개가 있으므로 접속사가 필요하며, keep이 포함된 절이 주어의 역할을 해야 합니다. 따라서 명사절이 와야 합니다. 그러나 예제에서 명사절은 if절 밖에 없습니다. if절은 문장의 주어로 사용될 수 없으므로, 동사의 성질을 가지고 있으면서 명사의 역할을 할 수 있는 동명사나 to 부정사가 와야 합니다.
6. <해석> 역설적이게도 기계고장을 겪은 많은 기선들의 구조수단은 돛이었다.
   <해설> 종속절이 명사를 수식해 주는 형용사절의 역할을 해야 합니다.

   Sails were the salvation of **many steamships. They** had suffered mechanical failures.

   → Sails were the salvation of many steamships that had suffered mechanical failures.
7. <해석> 레몬은 따낸 후에 더욱 맛있어진다는 점에서 모든 다른 밀감류와는 다르다.

<해설> 주절이 완전한 문장이기 때문에 주절을 수식할 수 있는 부사절이 와야 합니다. 따라서 in that 절(~라는 점에서)이 와야 합니다.

8. <해석> 네가 나를 대하는 것처럼, 나도 너를 대하겠다.
   <해설> 'as ~, so ~'는 '~하는 것처럼 ~해라'의 의미를 나타냅니다.
9. <해석> 태아 유동체의 작은 표본이 태아로부터 분리될 수 있다면, 아이가 선천적 결함을 가지고 태어날지 아닐지를 결정하는 것은 가능할 것입니다.
   <해설> 주절은 완벽한 문장이므로 부사절이 필요합니다. 의미상 조건의 부사절이 필요합니다.
10. <해석> Sutter's Mill에서 금이 발견되고 California에서 골드러시가 시작된 것은 1848년이다.
    <해설> It was ~ that 강조구문입니다.

| 실전문제 |

11. <해석> 독서는 음식이 그러하듯이 몸을 살찌운다. 즉 독서와 정신의 관계는 음식과 몸의 관계와 같다.
    <해설> 'A is to B what(as) C is to D'는 'A와 B의 관계는 C와 D의 관계이다'를 나타냅니다.
12. <해석> 치료하지 않고 두면 치명적일 수 있는 말라리아는 모기의 수컷이 아니라 암컷에 의해 전염된다.
    <해설> 'A, not B', 'not B but A'는 'B가 아니라 A이다'의 의미를 나타냅니다.
13. <해석> 그들은 매 순간 위협하는 폭풍이 끔찍할 정도로 그들에게 불어 닥치지 않을까하는 계속되는 걱정 속에 살고 있다.
    <해설> 'lest ~ should'는 '~하지 않을까, ~하지 않도록'라는 의미를 나타냅니다.
14. <해석> 적절한 가정 단열로서 상당한 연료 절약이 가능하다.
    <해설> The fuel saving are very significant.는 완전한 문장이므로 동사 accomplish가 포함된 절이 the fuel saving을 수식해 주는 형용사절이 되어야 합니다.

    The fuel saving are very significant. **It** can be accomplished by adequate home insulation.

    → The fuel saving that can be accomplished by adequate home insulation are very significant.
15. <해석> 기온이 밤새도록 영하로 내려갈 것에 대비하여 계속 난방을 하자.
    <해설> '~을 대비하여'는 'in case'로 표현합니다.
16. <해석> Fred는 여성들과의 교제를 즐겼고, 그들을 이해했다. 그는 결혼한 여성들이 가사와 남편과 자녀들을 보살피고, 일주일에 줄잡아 20인분의 식사를 차려야하고, 가족에게 문제가 생기거나 질병에 걸렸을 때 가족들을 간호하는 것이 어떤 것이라는 것을 알고 있었다.

<해설> He knew how for married women to look after house and husbands and children was.에서 'to + 동사원형'이 너무 길기 때문에 가주어 it을 사용합니다.

He knew how it was for married women to look after house and husbands and children.

그리고 how는 'what ~like'으로 대신 나타낼 수 있습니다.

He knew what it was like for married women to look after house and husbands and children.

17. <해석> Jim과 그의 아버지는 채용된 지 6개월 만에 임금 인상을 요구하는 것이 적절한 것인지에 대해 의견이 달랐다.

<해설> 전치사 over의 목적격이 와야 하므로 명사절 중에서도 whether절이 와야 합니다.

18. <해석> 최초의 이민자들이 언제 신세계에 도착했는지는 정확하게 알려져 있지 않지만, 그 사건이 어디서 일어났는지는 확실하다.

<해설> 의문부사절은 '의문사+주어+동사'의 어순을 취합니다.

19. <해석> 태평양의 북동무역풍은 항해자들이 북미에서 아시아로 여행하는데 이용된다.

<해설> The northeast tradewinds of the Pacific은 문장의 주어입니다. 그런데 바로 they가 왔습니다. 이런 구조를 동격구조라고 볼 수 있는데, 동격구조는 앞에 것을 부연 설명하는 기능을 하는 것입니다. 대명사는 부연기능을 가지고 있지 않기 때문에 탈락시켜야 합니다.

20. <해석> 우리는 아이들이 자전거를 둘 수 있는 충분한 공간을 확보하기 위해 건물 관리자에게 지하의 창고를 깨끗하게 치우라고 요구하였다.

<해설> 'so that ~ may/can/will'은 '~할 수 있도록'의 의미를 가지고 있습니다.

<정답>

1. ④ 2. ② 3. ④ 4. ① 5. ① 6. ④ 7. ④ 8. ④ 9. ③ 10. ④ 11. ② 12. ① 13. ③ 14. ② 15. ② 16. ④ 17. ④ 18. ① 19. ③ 20. ④

제14장 형용사와 부사

형용사는 명사를 수식하는 역할과 보어의 역할을 하지만, 부사는 단어, 부사구, 전치사구, 명사구의 형태를 취하며, 문장에서 수식하는 역할 밖에는 하지 못합니다. 주로 형용사, 부사, 동사를 수식하지만, 때로는 구, 절, 문장전체를 수식하기도 합니다.

Ⅰ. 형용사

1. 형용사의 기능

형용사는 명사를 수식하는 한정용법과 보어의 역할을 하는 서술용법으로 구분됩니다.

1.1 한정용법

짧은 형용사는 명사 앞에서 수식하고, 형용사가 긴 경우에는 명사 뒤에서 수식합니다. 그리고 alive, alone, alike, afraid, asleep, awake, ashamed, afloat, alight 등과 같은 형용사는 명사 뒤에서 수식하거나 서술용법으로 사용됩니다.

She is an **imaginative** *student*.
She became a **famous** *scholar*.
There is a **sleeping** baby.
There is a baby **sleeping in the bed**.
I' d like to buy a *tree* **alive** not a **dead** *one*.

It is easy to take care of a **sleeping** baby.
It is easy to take care of a baby **asleep**.

1.2 서술용법

형용사의 서술용법은 주격보어 혹은 목적격 보어로 사용되는 경우입니다.

The student is **imaginative**.
The scholar is **famous**.
I watched the baby **sleeping**.

다음의 경우에는 서술용법으로만 사용된다.

(1) alive, alone, alike, afraid, asleep, awake, ashamed, afloat, alight 등과 같이 a~의 형태를 가진 형용사

The tree is **alive**.
The baby fells **asleep**.
I kept the baby **asleep**.

(2) content, glad, pleased, sorry, upset, far, near 등과 같이 감정이나 거리를 나타내는 형용사

I am **content**.
I feel **sorry**.
It's **far**.

(3) 전치사와 같이 쓰이는 형용사

I **am proud of** my son.

They **are conscious of** their crime.
I **am familiar with** him.
Your country **is familiar to** us.
I **am busy with my homework.**
This play **is worthy of** seeing.
= This play is **worth seeing**.

1.3 용법에 따라 뜻이 달라지는 형용사

This is an **ill** news.(나쁜 소식)
She is **ill**.(아프다)
He is a **sick** man.(아픈 남자)
He is **sick**.(병에 걸리다.)
They don't like the **present** mayor.(현재의 시장)
The mayor is **present**.(참석하다.)
That is **certain**.(확실하다.)
A **certain** student came to see you.(어떤 학생)
She was **late**.(늦었다.)
Today is the memorial day of my **late** mother.(작고한 어머니)
He usually use his **right** hand.(오른쪽 손)
He is **right**.(옳다)

2. 명사 앞에 오는 형용사의 어순

명사 앞에서 한정용법으로 쓰이는 형용사는 다음과 같은 어순으로 배치됩니다.

전치한정사 + 한정사 + 서수 + 기수 + 일반형용사 + 명사

한정사 앞에 오는 것을 전치한정사라고 하며, 전치한정사에는 double, three times

등과 같은 배수사와 all, both, half 등과 같은 부정대명사가 포함됩니다. 한정사에는 정관사, 소유격, 지시형용사 등이 포함됩니다. 2개 이상의 일반형용사가 사용될 때는 주관적 형용사가 먼저오고 객관적 형용사가 나중에 옵니다.

I want to buy half of these first four typical large English flowers.

2.1 전치한정사

전치한정사 all, both, half 뒤에 of가 올 수도 있고 오지 않을 수도 있습니다. 그러나 전치한정사 뒤에 대명사가 오면 반드시 of가 와야 합니다. 그리고 배수사 뒤에는 전치사 of가 절대로 올 수 없습니다.

All these students are attending the class.
All *of* these students are attending the class.
There are some students over there. But all **of** them did not attend the class.
One meter is **hundred times** one centimeter.(O)
One kilometer is hundred times of one meter.(X)

2.2 한정사

막연한 뜻을 나타내는 명사에서 특정한 뜻을 가진 명사로 바꾸어 주는 것이 한정사입니다.

All friends are important to me.(모든 친구가 소중하다.)
All of the friends are important to me.(그 친구들 모두가 소중하다.)

한정사가 중첩될 경우에는 이중소유격 또는 소유격으로 표시합니다.

the his book → the book of his
lion's the share → the lion's share

3. 가주어-진주어 구문에서의 형용사의 역할

3.1 It + 동사 + 형용사 + for +목적격 + to + 동사원형

이 문형에 속하는 형용사에는 hard, difficult, easy, tough, good 등이 있습니다.

It is difficult for you to do this.
It is not easy for you to persuade him.
It is not good for you to abuse your authority.

3.2 It + 동사 + 형용사 + of +목적격 + to + 동사원형

이 문형에 속하는 형용사는 kind, nice, good, wise 등과 같이 사람의 성질을 나타내는 것들입니다. 이런 문장의 형식은 진주어가 문장의 주어로 이동할 수 있습니다.

It is nice of you to help them.
→ You are nice to help them.

It is kind of you to take care of the poor.
→ You are kind to take care of the poor.

3.3 It + 동사 + 형용사 + that절

이 문형에 속하는 형용사는 likely, unlikely, certain, clear, true 등입니다. 이 문형에서도 진주어가 문장의 주어로 이동할 수 있습니다. 그러나 이때 that절은 to 부정사의 형태로 바뀌어야 합니다.

It is likely that she will come soon.
= She is likely to come soon.

It is certain that he helped the poor.
= He is certain to have helped the poor.

3.4 It + 동사 + 형용사 + that절/ for + 목적격 + to + 동사원형

형용사 essential, important, impossible, necessary, possible, rare 등이 이 문형에 속합니다. 그러나 진주어의 이동은 할 수 없습니다.

It is necessary for you to be kind.
= It is necessary that you (should) be kind.

It is rare for a Republican to become a Democrat.
= It is rare that a Republican becomes a Democrat.

4. so/such + 형용사 + that 구문에서의 형용사의 역할

'~해서 ~하다'의 의미를 나타내는 문형은 아래와 같습니다.

1) so + 형용사 + that절
2) so + 형용사 + 부정관사 + 가산명사의 단수형 + that절
3) so + 수량형용사(many/much/few/little) + 가산명사의 복수형/불가산명사 + that절
4) such + 부정관사 + 형용사 + 가산명사의 단수형 + that절
5) such + 형용사 + 가산명사의 복수형/불가산명사 + that절
6) such + 부정관사 + 단수명사 + that절/to 부정사
7) such + 복수명사 + that절/to 부정사

The book is *so* **interesting** *that* I can't stop reading it.
so + Adj. + that절

I have *so* **interesting** *a book that* I can't stop reading it.
so + Adj. + A.+가산명사의 단수형 + that절

I have *such an* **interesting** *book that* I can't stop reading it.

such+A.+ Adj. +가산명사의 단수형 + that절

I have *so* many *books that* I can't read all of them.

so+수량형용사+가산명사의 복수형 + that절

I have *such* **interesting** *books that* I can't read all of them.

such+ 형용사 + 가산명사의 복수형 + that절

I have *so* **little** *money that* I can't buy the book.

so+수량형용사+불가산명사 + that절

It is *such* **fine** *weather that* we want to go out and play.

such+Adj.+불가산명사 + that절

I looked such a sight *that* I could not speak.

such+Adj.+단수명사 + that절

I looked such sights *that* I could not breath.

such+복수명사 + that절

5. The + 형용사

5.1 명사

The rich are pursuing the more money.

The poor is always not unhappy.

Sometimes we have to change **the impossible** into **the possible**.

그러나 the + 형용사가 병렬구조를 이룰 때에는 the를 생략합니다.

This policy will be welcomed by **poor and rich.**
Slow and steady wins the race.

5.2 same, only, first, last, very, most 등이 형용사로 사용되면 the가 붙습니다.

She is always **the same.**
Apollo 3 is **the first** spaceship to land on the moon.
Tom is **the most** brave man in our team.

6. 형용사로 사용된 부정대명사

1) another + 단수명사, 2) any other + 단수명사, 3) other + 복수명사, 4) every other + 단수명사, 5) the other + 단수/복수명사, 6) some other + 단수/복수명사, 7) another +수사+복수명사

1) One person's merit could be **another** man's demerit.
2) Jane is more brave than **any other** girl.
3) Jane is more brave than **other** girls.
4) This magazine has been published **every other** week.
5) I have two books. One book is for a son, **the other** book is for a daughter.
   I have several presents. One is for a daughter, **the other** presents are for my wife.
6) Do it **some other** day.
   Show me **some other** shoes.
7) I will have done this for **another** ten years.

7. 그 밖의 주의해야 할 형용사

7.1 형용사에 따른 주어

(1) 사물을 주어로 요구하는 형용사

형용사 considerable(상당한), convenient(편리한), credible(믿을 만한), healthful(건강에 좋은), imaginable(가상의), imaginary(허구의, 가상적인), luxuriant(비옥한), pleasing/ pleasant(기쁨을 주는), regrettable(후회하는, 안타까운), satisfying/satisfactory (만족을 주는) 등은 사물을 주어로 취합니다.

Your work is **satisfactory**.
It is **regrettable** that I didn't meet you at the conference.
Come whenever it is **convenient**.

비록 사물을 주어로 요구하는 형용사라 할지라도, 진주어-가주어 구문에서 주어의 이동현상에 의한 것은 용납됩니다.

It is **pleasant** to talk to him.
→ *He* is **pleasant** to talk to.

(2) 사람을 주어로 요구하는 형용사

형용사 childlike(순진한), comfortable(편한), considerate(사려 깊은), credulous(잘 믿는), imaginative(상상력이 풍부한), intelligent(총명한), pleased(기쁜), regretful(후회하는), satisfied(만족하는) 등은 사람을 주어로 요구합니다.

She was **satisfied**.
She is **regretful** for her rude act.
I was **comfortable** when I was home.

I was **pleased** when I was with him.

He is very **intelligent**.

(3) 오해하기 쉬운 형용사

The price is expensive/cheap.(X)

The price is high/low.(O)

She wear the expensive/cheap coat.(O)

His salary is many/few.(X)

His salary is high/low.(O)

He want to receive the higher salary.(O)

The speed of the train is fast/slow.(X)

The speed of the train is high(great)/low.(O)

The train is fast/slow.(O)

The population of the city is many/few.(X)

The population of the city is large(big)/small.(O)

II. 부사

1. 부사의 형태

부사는 단어, 부사구, 전치사구, 명사구의 형태를 취합니다.

They are siting on the chair **quietly**.(단어)

Frankly, I don't believe him.(단어)

They earned **enough to live happily**.(부사구)

They are playing football **on the ground**.(전치사구)

I am looking forward to seeing you **next time**.(명사구)

2. 부사의 기능

부사는 형용사, 동사, 부사 때로는 문장전체를 수식하지만, 보어로는 사용될 수 없습니다.

2.1 형용사 수식

This mountain is **very** *high*.
This antique is **very** *valuable*.
He is *old* **enough to drive**.

2.2 동사 수식

Many workers *worked* **hard**.
My son *played* the piano **beautifully**.
They *left* **without saying a good-bye**.

2.3 부사 수식

He has done it *well* **enough to be satisfied.**
He drives his car **very** *carefully*.
They ran away **awfully** *fast*.

2.4 구의 수식

Please, receive this present **only** *by way of apology*.
You are **generally** *in the wrong*.

2.5 절의 수식

He decided that he would do it, **simply** *because he wanted to.*

He insisted on doing **only** *what he wanted to.*

2.6 문장전체 수식

Frankly, *I could not agree with your idea.*

Evidently, *he saw everything.*

3. 부사의 종류

부사에는 장소부사, 시간부사, 양태부사, 빈도부사, 정도부사 등이 있습니다.

3.1 장소부사

He arrive **at the place** where the conference is going to be held.

We promised to meet **on Maple street**.

We promised to meet **at 19 Maple street**.

3.2 시간부사

I look forward to seeing you **soon**.

We are going to take a test **on next Tuesday**.

Last night, I could not sleep at all.

3.3 양태부사

They **kindly** welcomed us.

She **furiously** answered me.

We have to be **in a hurry**.

3.4 빈도부사

He **sometimes** went to bed late.
He **often** did not attend his class.
He **always** kept his promise.

3.5 정도부사

The price is **too** *high*.
I was **too** *late* to the conference.
I had eaten **too** *much* last night.

4. 부사의 위치와 부사의 어순

4.1 일반부사의 위치

부사는 형용사나 부사를 수식할 때는 앞에서 수식하고, 동사를 수식할 때는 동사 뒤에서, 목적어가 있을 때는 목적어 뒤에서 수식합니다. 그러나 목적어의 긴 경우에는 목적어 앞에 놓여 집니다.

He is **very** *tall*.
He *ate* **much**.
He ate **too** *much*.
I *wrote* a letter **carefully**.
He *admitted* **frankly** that he had stolen the watch.

4.2 빈도부사의 위치

빈도부사는 일반동사 앞에, be동사 뒤에, 조동사와 본동사 사이에 옵니다.

He **often** *goes* the to church.
He *is* **always** busy.
Ann *has* **always** *come* on time.

4.3 enough

Enough가 형용사나 부사를 수식할 때는 반드시 형용사나 부사 뒤에 위치하여야 합니다. 명사를 수식할 때는 명사 앞에 올 수 있습니다.

He is *old* **enough to drive**.
He has done it *well* **enough to be satisfied**.
He earned **enough** *money* to buy a boat.

4.4 only와 alone

강조부사 only는 반드시 강조 받는 말 앞에 놓여야 합니다. 그러나 alone은 강조 받는 말 바로 뒤에 옵니다.

I will fight against the sword by **only** *the pen*.
I can explain to you **only** *what I saw*.

Cf. **Only** *the fact that* he told a lie makes me not believe him.
The **only fact** is that he told a lie.

Man shall not live by *the bread* **alone**.
Though the rice is important, we can't live by *the rice* **alone**.

4.5 부정문에서의 yet과 still

부정문에서 yet은 부정어 뒤에 오지만, still은 부정어 앞에 위치합니다.

My father has *not* come home **yet**.

My father **still** has *not* come home.

I have *not* finished my homework **yet**.

I **still** have *not* finished my homework.

4.6 부사의 어순

한 문장 안에 여러 개의 부사가 나올 때는 '양태·방법 + 장소 + 시간'의 순서로 나오고, 왕래발착동사(arrive, come, go, start...)가 있을 때는 '장소 + 양태·방법 + 시간'의 순서가 됩니다.

He shouted furiously at the front door of his house at ten last night.

He is going to arrive here safely on time.

시간부사가 여러 번 나올 때는 짧은 시간에서 긴 시간의 순서로 배열하고, 장소부사가 여러 개 나올 때는 좁은 장소에서 긴 장소의 순서로 배열합니다.

I had a quarrel with someone badly at the front door of Bar, on Maple street in Chicago, at ten o'clock last night.

5. 부분부정

All, always, absolutely, altogether, both, completely, entirely, every, fully, necessarily, quite, wholly와 같이 전체를 나타내는 부사가 부정어와 함께 사용되면, 전체를 부정하는 것이 아니라 부분부정의 의미를 가집니다.

All is **not** gold that glitters.

The rich is **not always** happy.

I do **not** know **both** of them.

The strongest man do **not necessarily** live longest.

6. 주의해야 할 부사

6.1 much와 very

부사 very는 형용사와 부사의 원급과 현재분사만을 수식할 수 있으나 동사를 직접 수식할 수는 없습니다. 그러나 much는 과거분사와 비교급을 수식합니다. 그리고 alive, alone, alike, afraid, asleep, awake, ashamed, afloat, alight의 형용사들이 보어로 쓰인 경우도 very가 아니라 much로 수식합니다.

My son can play the piano very. (X)
→ My son can play the piano **very** *well.*

I like coffee **very** *much.*
The play is **very** *boring.*
Coffee is **much** *better* than tea to me.
Mr. Hwang **much the best** Marathoner.
He is **much** *afraid* of snakes.
The twins look **much** *alike.*

과거분사 형태이지만 사전에 형용사로 등록이 되어 있는 bored, delighted, interested, pleased, satisfied, surprised, tired 등은 예외적으로 very에 의해 수식받을 수 있습니다. 그러나 뒤에 전치사가 붙으면 수동태로 취급받아 much로 수식해야 합니다.

He is **very** *interested.*
He is **much** *interested in* studying English.
He was **very** *satisfied.*
He was **much satisfied with** their presents.

He is a very tall boy in his class.
→ He is the **very** tallest boy in his class.
→ He is **much** the tallest boy in his class.

6.2 too much와 much too

Too much는 형용사의 역할을 하고 much too는 부사의 역할을 합니다.

I need **too much** *money*.
How **much too** *hot* it is today!

6.3 before와 ago

부사 ago와 before는 과거시제와 항상 같이 쓰이고, ago는 시간명사를 항상 앞에 동반하지만, before는 시간명사를 앞뒤에 동반할 수 있습니다.

My father died/had died *ten years* **ago**.
My father died/had died *ten years* **before**.
My father died/had **before** *ten years*.
My father died **before**.

6.4 fairly와 rather

부사 fairly와 rather는 '상당히, 꽤'의 의미를 가지고 있지만, fairly는 긍정적 의미를, rather는 부정적 의미를 가집니다.

It is **fairly** fine today.
It is **rather** cloudy today.
He is a **fairly** good singer.
He is **fairly** diligent, but she is **rather** idle.

6.5 good과 well

부사 well은 good의 부사형이기도 하지만, 자체적으로 형용사의 역할을 합니다.

He can play football **well.**
= He is a **good** football player.

Everything is going **well.**
You look **well** today.

You will soon get **well.**
= You will soon get better.

6.6 형용사와 부사가 같은 형태인 경우

My watch is *2 minutes* **fast.**
He *speaks* **fast.**

He is a **hard** *worker.*
He *works* **hard.**

The **early** *bird* catches the worm.
I *get up* **early** in the morning.
This is a **monthly** *magazine.*
This magazine is *published* **monthly.**

6.7 형용사와 형용사+ly

He works **hard.**
He **hardly** works on weekends.

The products will be sent by the **express** mail.
They usually speak **expressly.** (분명하게)

I was **late**.
He has not met her wife **lately**.

6.8 부사 +ly

'부사 +ly'는 추상적이거나 비유적인 의미를 나타냅니다.

The story is **highly(=very)** interesting.
I am **deeply(=very)** interested in the news.

They *buy* **cheap** and *sell* **dear**.

They won the battle **dearly**.
= They won the battle with the extensive damages.

They won the battle **cheaply**.
= They won the battle with little damage.

| 연습문제 |

1. With ______ left before Sunday, it is impossible to meet the deadline. [연세대대학원]
   ① short times ② so short a time ③ such short time ④ such short a time

2. Marilyn doesn't have ________ gas in her car. [TOEFL]
   ① some ② no ③ lots ④ any

3. __________ volcanoes exit in North America at the present time. [외국어대편입]
   ① Thirty-three only active ② Thirty-three active only
   ③ Only thirty-three active ④ Only active thirty-three

4. Despite his broken leg, All can walk ________ get ground. [행시]
   ① good to ② find enough to ③ good enough
   ④ well enough to ⑤ bed enough

5. In central Georgia, archaeological evidence indicates that Native American first inhabited the area ________. [TOEFL]
   ① since thirteen countries ② thirteen centuries ago
   ③ ago thirteen centuries ④ thirteen centuries were before

6. Interest <u>in</u>① automatic date processing has <u>grown</u>② <u>rapid</u>③ <u>since</u>④ the first large calculators were <u>introduced</u>⑤ about thirty years ago. [고시]

7. <u>Automation in</u>① factories and offices <u>can contribute</u>② to <u>a certain increases</u>③ in <u>unemployment</u>④. [TOEFL]

8. Alike bears, the giant panda of China has a clumsy manner of walking. [TOEFL]
① Alike ② the giant ③ China has ④ of walking

9. "What is you nationality?" "I am ________."
① the Korean ② Korean ③ Koreans
④ Korea ⑤ a Korea

10. It's still not ______ that the meeting will go ahead as planned. [고시]
① definitive ② doubtless ③ positive
④ certain ⑤ sure

❙ 실전문제 ❙

11. All the men were farm laborers, and they were paid ten dollars a day; they all had _____ each other. [서울대대학원]
① the same as exactly ② the exactly same as
③ exactly as the same ④ exactly the same as

12. "Haeyoung, how are you today?"
"I am ____ that I can meet you." [고시]
① too glad ② so glad ③ such glad ④ very glad

13. Most Korean students learn English ______ as Japanese students. [고려대대학원]
① for like reasons ② for much the same reasons
③ for likely reasons ④ for those very reasons

14. It was considerable of you not to play the piano while your mother had a bad headache. [C.P.A]
① considerable ② of you ③ while ④ had a

15. Glucose is different from fructose <u>in its</u> structural formula, <u>but</u> the molecular formula
① ②
for <u>these</u> two sugars is the <u>similar</u>.
③ ④

16. <u>Authenticity</u> stained glass <u>is colored</u> <u>while</u> the glass is in a <u>liquid</u> state. [TOEFL]
① ② ③ ④

17. Although it had been explained to him several times, he _____ could not see what the problem was. [고려대대학원]
① yet ② no longer ③ always ④ still

18. Is it time for the game to begin ______? No, not _________. [연세대대학원]
① already - yet ② yet - still ③ already - already ④ yet - already

19. A goose's neck is a <u>tiny</u> longer than <u>that</u> of a duck and not so <u>gracefully</u> curved
① ② ③
<u>as</u> a swan's. [TOEFL]
④

20. 다음 중 문법적으로 옳은 것은? [행시]
① She felt proud that she had received the prize.
② This exercise is considerably difficult.
③ I have come back home yesterday.
④ Should a storm arise suddenly, we can find shelter easy.
⑤ He began playing enthusiastic on the piano.

▎연습문제 ▎

1. <해석> 일요일까지는 시간이 얼마 남지 않았으므로 마감시간을 맞춘다는 것은 불가능합니다.
   <해설> such +(관사) + 형용사 + 가산명사/ so + 형용사 + (관사) + 가산명사
   such + 형용사 + 불가산명사 / so + 형용사 + 불가산명사
   I have *so* **interesting** *a book that* I can't stop reading.
   I have *such an* **interesting** *book that* I can't stop reading.
   I have *so* **little** *money that* I can't buy the book.
   It is *such* **fine** *weather that* we want to go out and play.
2. <해석> Marilyn의 차에는 연료가 거의 없다.
   <해설> 긍정문에 some, 부정문/의문문/조건문에 any를 사용합니다. Not any는 No의 의미를 지닙니다.
3. <해석> 북미에는 현재 33개의 활화산이 존재한다.
   <해설> 형용사의 배열순서는 '전치한정사+한정사+서수+기수+일반형용사+명사'입니다. 예문은 '전치한정사+수사+형용사+명사'의 순서입니다. Only thirty-three active volcanoes.
4. <해석> 다리가 부러졌음에도 불구하고 Allan은 나돌아 다닐 정도로 잘 걷는다.
   <해설> 동사 walk를 수식하기 때문에 부사 well이 사용되어야 하고, enough가 형용사나 부사를 수식할 때는 형용사나 부사 뒤에서 수식합니다.
5. <해석> 중앙 Georgia 주에서 발견된 고고학적 자료들에 따르면 미국 원주민들은 1300년 전에 최초로 이 지역에 거주했다.
   <해설> 단순히 과거시제로 되어있기 때문에 since는 사용할 수 없습니다. '막연하게 ~전에'를 표현 하려면, '시간 + ago', '시간 + before', 'before +시간'을 사용합니다.
6. <해석> 30년 전에 최초의 대형 계산기가 도입된 이후로 자동 정보처리에 대한 관심이 빠르게 증가해 왔다.
   <해설> 동사 grow를 수식하기 위해서는 형용사가 아닌 부사 rapidly가 필요합니다.
7. <해석> 공장과 사무실의 자동화는 약간의 실업증가의 원인이 될 수 있다.
   <해설> a certain + 단수명사, certain + 복수명사 : 어느 정도의, 약간의
   Early man shows **certain similarities** with the monkey.
   I achieved **a certain** measure of success.
8. <해석> 곰처럼 중국의 자이언트 팬더는 걷는 모양새가 어색하다.
   <해설> alive, alone, alike, afraid, asleep, awake, ashamed, afloat, alight 등의 형용사는 서술용법으로 사용됩니다. 명사를 바로 수식할 경우에는 명사 뒤에서 수식합니다.
9. <해설> 국적의 의미를 나타낼 때는 관사를 사용하지 않고 형용사를 사용합니다.
10. <해석> 회의가 계획대로 진행될 지는 아직 확실하지 않다.

<해설> It is certain ~that : that이하는 확실하다. 주어 + be동사 + sure/positive/convinced + that: 주어가 that이하를 확신하다. definitive(확실한)는 명사를 한정하는 용법으로 사용되며, doubtless(확실히)는 동사를 수식하는 부사입니다.

I have definitive proofs.

It is doubtless desirable for you to live alone.

Ⅰ실전문제Ⅰ

11. <해석> 모든 사람들은 농장 노동자들이었고, 그들은 하루에 10달러를 받았다. 그들 모두는 각자 똑같이 받았다.

<해설> 'the same ~as'는 '와 같은'의 의미를 가지는 관용구입니다. 따라서 이를 수식하는 경우에는 exactly the same ~ as처럼 전체를 수식해야 합니다.

12. <해석> "혜영아, 너 오늘 기분이 어때?" "나는 너를 만날 수 있어서 아주 기뻐"

<해설> ① too는 'too + 형용사 + to 부정사' ② 'so + 형용사 + that절'에 glad를 넣으면 의미가 전달되지 않습니다. ③ 형용사나 부사의 원급을 수식할 때는 very로 합니다.

13. <해석> 대부분의 한국학생들은 일본학생들과 같은 이유로 영어를 배운다.

<해설> as가 있기 때문에 the same ~as 구문이 쓰여야 하고, 부사로 강조할 때는 전체를 강조해야 합니다. much the same reason ~ as.

14. <해석> 어머니께서 심한 두통을 앓고 계실 때, 당신이 피아노를 치지 않으니 당신은 사려가 깊습니다.

<해설> considerable은 '고려할 만한'의 의미를 가지고 있고, '사려 깊은'의 의미를 지니고 있는 형용사는 considerate입니다.

Your proposal is considerable. You are very considerate.

15. <해석> 포도당은 그 구조식에 있어서 과당과 다르다. 그러나 이 두 당의 분자식은 유사하다.

<해설> 형용사 similar 앞에는 관사가 붙지 않습니다. 관사가 붙는 경우는 the same, the very, the only, the most 등 입니다.

16. <해석> 진짜 착색유리는 그 유리가 액체 상태에 있는 동안 착색된다.

<해설> 형용사를 배열할 때, 주관적형용사+객관적 형용사의 순서이고, authentic이라는 형용사를 authenticity 대신에 사용해야합니다. 명사 + 명사의 경우는 '명사+of+명사'로 사용할 수 있는데, 이렇게 되면 의미가 전혀 달라집니다. 'the authenticity of stained glass'는 '착색유리의 고유성'의 의미를 지니게 됩니다.

17. <해석> 그는 여러 번 설명을 들었음에도 불구하고 여전히 그 문제가 무엇인지를 이해하지 못한다.

<해설> 'not ~yet', 'still ~ not'의 어순입니다.

18. <해석> "벌써 경기가 시작될 시간인가?" "아니, 아직 아니야."

<해설> '이미, 벌써'라는 의미로 의문문에서는 yet이 사용되지만, 놀라움 또는 강조를 표현하기 위해서는 already가 사용됩니다.

19. <해석> 거위의 목은 오리의 목보다 약간 더 길뿐더러 백조의 목만큼 우아한 곡선미를 보이지도 않는다.

<해설> a tiny는 비교급을 수식할 수 없습니다. much, too, a little 등으로 비교급을 수식해야 합니다.

20. <해설> ① She felt proud that she had received the prize. → She **was proud** that ~.

③ I have come back home yesterday. → I **come back** yesterday.

④ Should a storm arise suddenly, we can find shelter easy.→ ~, we can find shelter **easily**.

⑤ He began playing enthusiastic on the piano. → He began playing **enthusiastically** on the piano.

<정답>

1. ② 2. ④ 3. ③ 4. ④ 5. ② 6. ③ 7. ③ 8. ① 9. ② 10. ④ 11. ④ 12. ④ 13. ② 14. ① 15. ④ 16. ① 17. ④ 18. ① 19. ① 20. ②

15장 비교

형용사와 부사를 사용해서 비교하는 방법에는 원급, 비교급, 최상급 등의 3가지 방법이 있습니다. 원급과 비교급은 2개 내에서의 비교이고, 최상급은 3개 이상에서의 최상급의 표현입니다.

1. 비교급/최상급과 열등 비교급/최상급 형태 만들기

1) 1음절 형용사와 부사의 원형에 er/est를 붙인다.
2) 2음절 형용사와 부사의 원형이 y로 끝나면 y를 ier/iest로 만들고, 원형이 er, le, ow로 끝나면 er/est 형태를 만들어 준다. 2음절 형용사와 부사의 원형이 y, er, le, ow로 끝나지 않으면 more/most를 원형 앞에 붙여 비교급/최상급을 만들어 준다.
3) 3음절 이상의 형용사와 부사 원형은 more/most 원형 앞에 붙여 비교급/최상급을 만들어 준다.
4) 열등 비교급과 최상급은 형용사와 부사 원형 앞에 less/least를 붙여서 열등 비교급/최상급 형태를 만들어 준다.
5) 불규칙형

1) strong-stronger-strongest
2) happy-happier-happiest
   clever-cleverer-cleverest
   noble-nobler-noblest
   narrow-narrower-narrowest
   careful-more careful-most careful

3) diligent-more diligent-most diligent
4) pleasant-less pleasant-least pleasant
5) good-better-best
bad-worse-worst
old-elder/older-eldest(서열, 순서)/oldest(나이)
late-later/latter-latest(시간)/last(순서)
far-farther/further-farthest(거리)/furthest(정도)
much/many-more-most
little-less-least

2. 원급

2.1 원급의 기본 형태

원급의 기본형은 'as(so) +형용사/부사의 원형+as'입니다. 평서문에서는 'as +형용사/부사의 원형+as', 부정문에서는 'so +형용사/부사의 원형+as'의 형태를 사용합니다.

Mary is intelligent. Jane is intelligent, too.
→ Mary is **as** *intelligent* **as** Jane.

Mary was **not** happy before. She is happy now.
→ Mary was **not so** *happy* before **as** she is now

Your hands are cold. Ice is cold, too.
→ Your hands are **as** *cold* **as** Ice.

2.2 원급으로 최상급 표현하기

(1) 부정주어 + so + 원급 + as

No one is **so happy as** Jane.
No one is **so brave as** Tom

(2) 긍정주어 + as + 원급 + as + any/ any other + 명사

Newton is **as famous as any scholar.**
Tom is **as brave as any other student.**

(3) 긍정주어 + as + 원급 + 부정관사 + 명사 + as + ever

Newton is **as great a scholar as ever lived.**

(4) 긍정주어 + as + 원급 + as + 주어 + can + 동사

I am **as kind as can be.**
Tom is **as brave as can be.**

2.3 원급의 관용적 표현

(1) as + 원급 + as possible = as + 원급 + as + 주어 + can : 가능한 한 ~하게

Please come **as soon as possible.**
= Please come **as soon as you can.**

It would be appreciated it if you reply **as early as possible.**
= It would be appreciated it if you reply **as early as you can.**

He wants to earn **as much money as possible.**
= He wants to earn as **much money as he can.**

(2) not so much A as B = not A so much as B : A라기 보다는 B

It is **not** what is matter **so much as** the way you say them.
= It is **not so much** what is matter **as** the way you say them.

(3) as many + 명사 : (앞에 나온 수를 받아서) 같은 수의

I waited for *ten* minutes; that seemed to me **as many hours**.

(4) as many/long as + 숫자 + 복수명사 : 무려/ ~씩이나

The boy bought **as many as ten books**.
They played football **as long as 120 minutes**.

(5) more/less than + 수사 : ~이상/~이하

The price has risen **more than twice**.
The price has decreased **less than two and half times**.

(6) A as well as B : B뿐만 아니라 A도

He's got plenty of brains **as well as** brawn.
He has plenty of information **as well as** skills.

(7) as far as + concerned : ~하는 한

As far as I am concerned, I will support him.

(8) as(so) long as : ~하는 동안

As long as I am studying, please be quite.

2. 비교급

2.1 비교급의 기본 형태

비교급의 기본형은 '비교급 + than'입니다.

Mary is tall. Her father is small.
→ Mary is **taller than** her father.

This pencil long. That pencil is short.
→ This pencil is **longer than** that.
→ That pencil is shorter than this.

I felt tired much yesterday. I feel tired a little today.
→ I feel **less** tired today **than** I felt yesterday.
→ I felt **more** tired yesterday **than** I feel today.

동일한 대상의 두 가지 성질을 비교할 때는 1음절이 형용사라도 more를 사용해서 비교급을 만듭니다.

He is **more** kind **than** wise.
He is **more** diligent **than** idle.

2.2 비교급의 강조

비교급을 강조하고 싶은 경우에는 비교급 앞에 even, still, much, far, yet, a great deal 등을 사용합니다.

I like tea **much** *better* than coffee.
She is **far** *more* beautiful than any other girl.

Mary is **a great deal** *taller* than her husband.

Your bag is **a little** *more* expensive than mine.

2.3 비교급으로 최상급 표현하기

(1) 비교급 + than any other + 단수명사
비교급 + than any one/anything else : 가장 ~하다.

My wife is **more** beautiful **than any other lady**.
= My wife is **more** beautiful **than anyone else**.
= My wife is **the most beautiful of all ladies**.

Gold is **more** important **than any other mineral**.
= Gold is **more** important **than anything else**.
= Gold is **the most important of all minerals**.

(2) 부정주어 + 비교급 + than

No mountain is **higher than** Mr. Everest.

2.4 비교급에 the가 붙는 경우

(1) the + 비교급 + of the two/ Of the two 복수명사, the + 비교급

This book is **the better of the two**.
Of the two books, a big one is **the better**.

(2) the + 비교급 + 이유(for/because/because of/owing to/due to...): ~ 때문에 더 ~

I like him **the better for** his good appearance.

(3) the + 비교급, the + 비교급 : ~하면 할수록, ~하다

The sooner, the better.

The more you have, **the more** you want.

2.5 than 앞에 원형이 오는 경우

(1) would rather A(동사원형) than B(동사원형)
= prefer to A(원형동사 혹은 동명사) rather than B(원형동사 혹은 동명사)
= would choose A(명사) in preference to B(명사) : A라기 보다는 B

I **would rather** have coffee **than** tea.

I **would rather** stay home **than** go out.

= I **prefer to** *stay home* **rather than** *go out.*

= I **prefer to** *staying home* **rather than** *going out.*

I **would choose** *the pen* **in preference to** *the sword.*

(2) be 동사 + other than + 절 : ~와 다른

This products you sent is quite different **rather than** what we ordered.

The result is a little good **rather than** what we expected.

2.6 than 대신에 to가 오는 경우

(1) inferior, major, minor, posterior, prior, senior, superior 등과 같이 라틴어에서 유래된 or로 끝나는 형용사

My ability **is inferior to** hers.

I **am senior to** little brother by three months.

= I **am** three months **senior to** little brother.

(2) preferable, second

A long dress is **preferable to** a short one for evening wear.
The size of U.S.A **is third** only **to** those of Russia and China.
The population of India **is second** only **to** that of China.

2.7 than이 생략되는 경우

(1) 문맥상

Never before was she **happier**.
= Never before was she **happier (than now)**.

I am **better** now.
= I am **better** now **(than ever)**.

2.8 배수사 + as ~ as/ more ~ than

'twice + as ~ as'를 사용하고, 3배 이상에서는 '배수사 + as ~ as' 혹은 '배수사 + more ~ than' 둘 다 사용할 수 있습니다.

The new car costs twice more than the used one.(X)
The new car costs **twice as much as** the used one.(O)
My brother has read **three times more books than** I have.(O)
My brother has read **three times as many books as** I have.(O)

'More than twice as ~as'는 두 배 이상으로의 의미를 나타냅니다.

I have tried **more than twice as** hard **as** I had.
I am eating **more than twice as** many fruits **as** I ate yesterday.

2.9 이중비교

두 종류의 비교문이 한 문장에 같이 나타나는 경우에 사용하는 것이 이중비교입니다.

North Korea is as poor as South Korea in 1950. North Korea is less poor than South Korea.

→ North Korea is **as poor as**, **if less than**, South Korea was in 1950.

→ North Korea is **as poor as** South Korea was in 1950, **if not less**.

The economic power of Korea is as powerful as that of Japan in 2000. But it is not more powerful than that of Japan in 2000.

→ *The economic power of Korea* is **as powerful as**, **if not more than**, *that of Japan in 2000.*

→ *The economic power of Korea* is **as powerful as** *that of Japan in 2000*, **if not more**.

A whale is not fish. A horse is not fish.

→ A whale is **no more** a fish **than** a horse (is).

2.10 비교급이 불가능한 형용사

형용사 absolute(절대적인), excellent(최상의), exquisite(완벽한), perfect(완벽한), preferable(선호하는), unique(독보적인) 등의 형용사들은 이미 비교급이나 최상급의 의미를 지니고 있기 때문에 비교급이나 최상급의 표현으로 사용할 수 없습니다.

My **favorite** subject is English.

The play was **unique** and **excellent**.

2.11 비교급의 관용적 표현

(1) no more than + 명사 = only

Gold is **no more than** a mineral.

(2) no better than + 명사 = like, be similar to

His prediction is **no better than** a wild guess.
= His prediction is similar to a wild guess.

(3) no longer any reason + to 부정사 = not necessary to 부정사

There is no longer any reason to think like that.
= It is not necessary to think like that.

(4) more often than not : often

More often than not she went to the church with her aunt.
= She often went to the church with her aunt.

(5) more or less : 점점, 점차로

I became **more or less** accustomed to using that machine.
= I became gradually accustomed to using that machine.

(6) know better than to 부정사 : ~할 만큼 어리석지 않다.

I **know better than to** fight with him.
= I know it is better not to fight with him.

(7) had better + 원형부정사 : ~하는 편이 좋다.

You **had better see** a doctor right now.

(8) no less than + 양적 표현 : as much as(적어도, ~씩이나)

No less than 30 percent of the population is poor.
= As much as 30 percent of the population is poor.

(9) no fewer than + 숫자적 표현 : as many as(적어도, ~씩이나)

I am going to read **no fewer than 30 books** during the summer vacation.
= I am going to read as many as 30 books during the summer vacation.

(10) not more than = at most(기껏해야)

I can lend you **not more than** 10 dollars.
= I can lend you **at most** 10 dollars.

(11) not less than = at least(적어도)

I have to borrow **not less than** 10 dollars.
= I have to borrow **at least** 10 dollars.

(12) much/still more = not to mention, not to speak of, let alone.(하물며, ~물론)

My daughter can understand English, **much more** Korean.
= My daughter can understand English, **still more** Korean.
= My daughter can understand English, **not to mention** English.
= My daughter can understand English, **not to speak of** English.
= My daughter can understand English, English **let alone**.

(13) much/still less = not to mention, not to speak of, let alone.(~은 고사하고)

My son can't understand Korean, **much less** English.
= My son can't understand Korean, **still less** English.
= My son can't understand Korean, **not to mention** English.
= My son can't understand Korean, **not to speak of** English.
= My son can't understand Korean, English **let alone**.

(14) no longer = not ~any longer

A dove is **no longer** the emblem of peace.
= A dove is **not** the emblem of peace **any longer**.

(15) no more = not ~any more

I have thought about the matter **no more**.
= I have **not** thought about the matter **any more**.

3. 최상급

3.1 최상급의 기본 형태

최상급의 기본 형태는 '(the) 최상급'입니다.

She is **the oldest girl** in her class.
Jane is **eldest**.
Everest is **the highest mountain** in the world.

3.2 최상급의 강조

최상급을 강조하고자 하는 경우에는 최상급 앞에 much, far, a great deal 등을 사용하여 강조하면 됩니다.

He is **much** *the best* runner in our class.
Jane is **far** *eldest*.

3.3 최상급에 the를 붙여야 하는 경우

(1) the + 형용사의 최상급 + in + 장소명사

Seoul is **the largest city in Korea**.
= Seoul is **Korea's largest city**.

Baseball is one of **the most popular sports** in Korea.
= Baseball is one of **Korea's most popular sports**.

최상급 앞에는 기수가 아닌 서수만이 올 수 있습니다.

Busan is **the second largest city in Korea**.
= Busan is **Korea's second largest city**.

(2) the + 형용사의 최상급 + of the three.

My mom is **the oldest of the three** sisters.
Of the three books I had, English fictions is the hardest to understand.

(3) the + 형용사의 최상급 + of all/any ~

My mom is **the oldest of all** her sisters and brothers.
Gold is one of **the most expensive of any** metal.

(4) the + 형용사의 최상급 + (관계대명사) +∼ever∼/∼yet∼

Everest is **the highest** mountain **that** human beings **have ever/yet** climbed.
This is **the best pie** I have **ever/yet** eaten.

(5) the + 형용사의 최상급 + there is

The rose is **the most beautiful** flower **there is**.
Gold is **the most expensive** metal **there is**.

(6) the + 형용사의 최상급 + possible/imaginable.

E.T. is **the cutest** alien **imaginable**.
This is **the best** choice **possible**.

3.4 최상급에 the를 붙이지 않는 경우

(1) 위에 있는 최상급에 the를 붙이는 경우를 제외한, 즉 최상급이 수식받지 않는 경우

The lady is most beautiful.
The lion is most fierce animal.

(2) 부사의 최상급

My mom *gets up* **earliest** in our family.
He runs **fastest** of all us.

(3) 소유격이 있는 경우

You are *my* **best** friend.

(4) 동일한 대상의 성질을 비교할 때

This lake is **deepest** in this point.

This mountain is **highest** of the mountains.

| 연습문제 |

1. Lake Victoria in Africa is the world's ___________ freshwater lake. [TOEFL]
   ① second largest ② two larger ③ largest second ④ second and large

2. The photographs of Mars taken by satellite are ________ than those taken from the Earth. [서울대대학원]
   ① clearest ② the clearest ③ much clearer ④ more clearer

3. "I want to get a good job."
   "Yes, the better the job, __________." [행시]
   ① they pay higher ② the smaller the pay ③ the better pay
   ④ they pay more ⑤ the higher the pay

4. Price for bikes can run _______ $250. [TOEFL]
   ① as high as ② as high to ③ so high to ④ so high as

5. Child Care is the most widely read child care manual ever written, and its author, Benjamin Spock, is the most famous pediatrician _______. [TOEFL]
   ① lived ② who lived ③ ever lived ④ who ever lived

6. The Japanese fox is probably the most cunning animal ___________ is. [행시]
   ① that ② which ③ each ④ there ⑤ it

7. Eagles <u>and hawks</u>(①) are <u>believed to</u>(②) have <u>the keener</u>(③) sight <u>of all birds</u>(④). [TOEFL]

8. More people are <u>employed in</u>(①) education <u>than in</u>(②) <u>any another</u>(③) professional <u>activity</u>(④). [TOEFL]

9. 다음 중 문법적으로 옳은 것은? [행시]

① The more prettier of my two dresses is the blue one.

② The most pretty of my two dresses is the blue one.

③ The most prettiest of my two dresses is the blue one.

④ The prettier of my two dresses is the blue one.

❙ 실전문제 ❙

10. The bite of most varieties of tarantula is _____ the sting of a bee. [TOEFL]

① more no deadly than ② no deadly more than

③ no more deadly than ④ more deadly than no

11. ______________ of all of the 1980 presidential candidates was Ronald Reagan. [TOEFL]

① The richest ② The richer ③ The most richly ④ The rich

12. Although exact statistics vary because of political changes, ____________ separate nation states are included in the official lists at any one time. [TOEFL]

① more than two hundred ② as much as two hundred

③ many as two hundred ④ most that two hundred

13. In her writing, Julian Wordsworth dealt with her own personality as it was, rather than __________. [서울대대학원]

① other's definitions ② as others defined it

③ its definitions by others ④ it was defined by others

❙ 연습문제 ❙

1. <해석> 아프리카 Victoria 호수는 세계에서 두 번째로 큰 담수호이다.
   <해설> 최상급 앞에는 기수를 사용하지 못하고 서수를 사용합니다.
2. <해석> 인공위성이 찍은 화성 사진은 지구에서 찍은 것보다 더 뚜렷하다.
   <해설> than이 있으므로 비교급을 사용해야 하며, 비교급은 much, a little, too 등으로 강조할 수 있습니다.
3. <해석> "저는 좋은 직장을 갖고 싶어." "맞아, 직장이 좋으면 좋을수록, 수입도 더 많지."
   <해설> 'the 비교급, the 비교급'은 '~하면 할수록, ~ 해진다.'의 의미를 나타냅니다.
4. <해석> 자전거의 가격이 무려 250달러에 달하기도 한다.
   <해설> 'as high as +수사'는 '무려 숫자만큼'의 의미를 나타냅니다.
5. <해석> Child Care는 지금까지 쓰여 진 아동간호 참고서 중 가장 광범위하게 읽히고 있고, 그 책의 저자 Benjamin Spock은 지금까지 살았던 소아과의사 중 가장 유명하다.
   <해설> 'the 형용사의 최상급 + 관계대명사 + ever ~'의 구문형태입니다. 선행사에 최상급이 오면 반드시 ever가 따라 붙습니다.
6. <해석> 일본 여우는 아마도 현존하는 가장 교활한 동물일 것이다.
   <해설> 'the + 형용사의 최상급 + there is'의 구문 형태입니다.
7. <해석> 독수리와 매는 모든 새들 중 가장 예리한 시력을 가지고 있는 것으로 믿어진다.
   <해설> 'the 형용사의 최상급 + of all 복수명사'의 구문형태입니다.
8. <해석> 다른 어떤 전문 활동보다 교육 분야에 더 많은 사람들이 채용되어 있다.
   <해설> '비교급 + than any other + 단수명사'는 최상급의 의미를 지닙니다.
9. <해석> 내 두벌의 드레스 중 더 예쁜 것은 파란 옷이다.
   <해설> 두 개를 비교할 때는 비교급을 사용합니다.
   Of my two dresses, the blue one is the prettier.
   The prettier of my two dresses in the blue one.

❙ 실전문제 ❙

10. <해석> 벌에 물리는 것이 위험하지 않는 것처럼 갖가지 종류의 타란툴라 독거미에 물리는 것도 위험하지 않다.
    <해설> 'A no more 형용사/부사 than C'는 'A가 B(형용사/부사) 아닌 것처럼, C가 B(형용사/부사)아닌 것과 같다'의 의미를 가지고 있습니다.
    A whale is not fish. A horse is not fish.
    → A whale is **no more** a fish **than** a horse (is).

11. <해석> 1980년 대통령 선거 후보들 중 가장 부유한 사람은 Ronald Reagan이었다.
<해설> 'the + 최상급 + of all + 복수명사'의 구문형태입니다. <문제 7번 참조>

12. <해석> 정치적 변화 때문에 정확한 통계들이 수시로 달라졌음에도 불구하고, 한때는 공식적 자료에 200개 이상의 독립된 민족국가들이 포함되어 있었다.
<해설> 'more than + 수사'는 '~이상의'의 의미를 나타내고, 'as ~ as + 수사'는 '~씩이나'의 의미를 가집니다.

13. <해석> Julian Wordsworth는 자신의 글에서 그녀 자신의 개성을 다른 사람들이 규정한대로라기보다는 오히려 사실 그대로 다루었다.
<해설> 'A rather than B'는 'B라기 보다는 A'의 의미를 가지고 있습니다. 따라서 A와 B는 성격이 같아야 합니다.

<정답>

1. ① 2. ③ 3. ⑤ 4. ① 5. ④ 6. ④ 7. ③ 8. ③ 9. ④ 10. ③ 11. ① 12. ① 13. ②